日本語 教育學의 理解

禹燦三 著

머리말

- 필자는 교육자적인 집안에서 태어나 어려서부터 선생이라는 직업에 대해서 많은 이야기를 들어왔고 또 그 영향으로 인해서 막연하나마 선생이 되어야겠다는 생각을 하였다. 사범대학을 선택하게 된 것이나 일본 유학에서 히로시마 대학을 선택한 이유도 그것과 무관하지 않을 것이다.

- 교육학의 전반적인 개론에 대해서는 사범대학 시절 접하기는 하였지만 그것은 어디까지나 교육원리, 교육심리, 학교와 지역사회, 교사와 윤리, 중등 교육론 등 교육학과에 개설되어 있는 과목들이었다. 그러나 이러한 과목들도 실제로 유학 시절 혹은 교수로서 학생들을 가르치는 작금에 있어서 많은 도움을 주고 있는 것 또한 사실이다. 이처럼 학부 시절에 교육학에 대한 전반적인 개론들을 접하기는 하였지만 일본어 교육학에 대해서 접할 기회는 거의 없었다. 일본어 교육학에 대해서 본격적으로 접하게 된 것은 히로시마 대학 대학원에서이다. 박사 과정을 마치고 내가 받은 학위 명칭도 문학박사가 아닌 교육학박사이다. 누가 나의 전공이 무엇이냐고 물으면 나는 서슴없이 일본어 교육이라고 대답한다. 잘 알다시피 일본어 교육이라는 것은 대단히 포괄적인 개념이기 때문에 좀 더 구체적으로 물으면 한자 교육이라고 답하곤 한

다. 즉 일본어 교육학에 대한 전반적인 틀을 이론적으로 전공하였지만 그 중에서도 일본의 한자를 한국인 일본어 학습자들에게 어떠한 방법으로 가르치면 가장 효과적일까라는 것이 나의 주된 연구 과제이기도 하다.

● 필자가 일본어 교육학을 전공한 탓에 현재 근무하는 대학에서 줄곧 학부의 일본어 교육학 관련 과목과 교육대학원의 일본어 교육학 관련 과목을 가르쳐 왔다. 일본어 교육학 관련 과목을 담당하면서 임용고사를 준비하는 학생들, 일본어 교사를 희망하는 학생들로부터「일본어 교육학에 관한 책은 무엇을 보아야 합니까?」「일본어 교육학은 어떻게 공부해야 합니까?」등에 대한 질문을 많이 받곤 하였다. 지금은 일본에서도 일본어 교육학 관련 문헌이 많이 출판되기에 이르렀지만 몇 년 전까지 만해도 일본어 교육학 관련 문헌은 다른 전공 문헌에 비해 빈약하였다. 고작 있었던 것이 일본어 교육학회에서 편찬된 『일본어 교육사전』정도였다. 따라서 학생들에게 『일본어 교육사전』을 소개해 주곤 하였다. 한편 일본어 교육학에 관한 개론서가 필요하다는 것도 인식하게 되었다. 일본어 교육 전반을 이론화한 일본어 교육학의 교재 작성의 필요성을 절감하면서 여러 가지 문헌들을 탐독하고 자료를 모으기 시작하여 2000년도 『일본어 교육학 개론』이라는 이름으로 세상에 졸저를 내놓았다. 나의 졸저는 일본어 교육학에 관한 이론서가 변변치 않던 그 당시, 임용고사를 준비하는 학생들에게 많은 참고가 되었다는 이야기를 직·간접적으로 들으면서 졸저를 애독해 주신 여러분에게 진심으로 감사하는 마음이 들었다. 한편으로 책임감도 느끼게 되었다. 많이 부족하고 미흡한 부분이

있음에도 불구하고 출판을 하였던 것은 일본어 교육의 역사와 학습자의 수가 세계에서 가장 많은 우리나라에서 일본어 교육학이 하나의「학」으로서 정립되고 있지 못하다는 안타까움과 앞에서도 언급했듯이 교사를 목표로 하는 학생들에게 일본어 교육학에 관한 문의를 많이 받아왔기 때문에 용기를 내어 출판에 이르게 되었다.

● 필자가 출판한 때는 한국에서 제 6차 교육과정의 시기였으나 그 후 제 7차 교육과정이 실행되어 맞지 않는 부분이 있다는 점과 출판된 교재를 가지고 강의를 하면서 여러 가지 면에서 부족함이 많다는 점 때문에 전면적인 수정을 하기로 하였다. 그리고 전에 출판된 일본어 교육학 개론에서는 일본어 교육 전반을 크게 4개의 영역으로 나누어 기술하였는데 이번 전면 개정판에서는 일본어 교육학에 관한 내용에 충실하였다. 학습자들이 이해하기 어려운 부분은 각주를 추가하여 보충 설명을 하였다.

● 그 밖에 이 책의 특징을 몇 가지 들어보면 다음과 같다.
(1) 일본어 교육학에 관한 내용을 많이 수록하였다
(2) 학습자들이 이해하기 어려운 부분이나 알아야 할 사항은 각주를 통해 보충 설명을 하였다.
(3) 학습 지도안 작성의 예를 여러 가지 수록하여 교생 실습을 준비하는 학생이나 초임교사에게 도움이 되게 하고자 하였다.
(4) 일본에서 실시된 일본어 교육 능력검정 시험 10년분 중 일본어 교육학에 관한 문제 및 해설을 부록에 게재하였다.
(5) 한국에서 교육부가 주관하여 전국 공통출제 방식으

로 임용고사가 실시된 것은 1997년부터이다. 이 책에서는 임용고사를 준비하는 학생들로 하여금 일본어 임용고사의 경향을 파악하게 하기 위해서 2005년부터 2000년도까지의 임용고사 문제를 최근 순에서 2000년 순으로 부록에 게재하였다.
(6) 학습자들의 니즈 분석을 위한 기초 자료를 부록에 게재하였다. 니즈에 대한 조사표를 작성할 때 이 조사표를 참고로 각각의 학습 환경에 맞는 조사표를 만들면 좋을 것이다.

● 아무쪼록 졸저가 임용고사를 준비하는 많은 분들에게 참고가 되기를 바라고 많은 분들이 임용고사에 합격하여 훌륭한 선생님이 되기를 바라마지 않습니다. 그리고 그동안 졸저를 애용해 주신 모든 분들에게 이 자리를 빌어서 감사의 말씀을 드립니다. 필자의 연구 부족과 재주 부족으로 미흡함을 느끼지만 세상에 새로이 내놓으려 하오니 아낌없는 질정을 부탁드리며 더욱 정진하여 부족한 부분은 계속해서 수정·보완해 가도록 하겠습니다.

● 끝으로 항상 아낌없는 격려를 해주신 한남대학교 일어일문학과 교수님들과 자료 조사 및 교정을 맡아 준 사랑하는 대학원생, 교직 이수를 하고 있는 학부 학생들에게 감사드립니다. 이 졸저가 세상에 다시 빛을 볼 수 있도록 성원해 주신 어문학사의 모든 분들에게도 감사드립니다.

2005년 8월
우찬삼

머리말 • 3
차 례 • 7

서 장 • 13
  1. 일본어 교육학의 필요성 ················· 15
  2. 일본어 교육학의 태동 ················· 18
  3. 일본어 교육학과 관련 제 영역 ················· 20
  4. 광의의 일본어 교육학 ················· 21
  5. 협의의 일본어 교육학 ················· 24

제1장 일본어 교육 목표 • 27
  1. 일본의 일본어 교육 목표 ················· 29
  2. 한국의 일본어 교육 목표 ················· 30
  3. 단계별 교육 목표 ················· 38
    1) 초급 단계 ················· 38
    2) 중급 단계 ················· 39
    3) 상급 단계 ················· 40

제2장 일본어 교수법 • 43

1. 효과적인 교육 방법 ················· 45
2. 교수법이란 ························· 46
3. 어프로치와 메서드의 차이 ············ 47

제3장 외국어 교수법의 종류 • 49

1. 오디오 링걸 교수법(Audio Lingual Method) ····· 51
2. 커뮤니커티브 어프로치(Communicative Approach) ························· 58
3. 인지기호 학습이론(Cognitive Code Learning Theory) ·························· 66
4. TPR 이론(Total Physical Response Approach) ·························· 77
5. CLL(Community Language Learning) ········· 80
6. 침묵식 교수법(Silent Way) ··············· 83
7. 써재스트페디아(Suggestopedia) ··········· 86
8. 직접법(Direct Method) ················· 89
9. 네츄럴 교수법(Natural Method) ············ 92
10. 베르리츠 교수법(Berlitz Method) ·········· 93
11. 관 교수법(Gouin Series Method) ·········· 95
12. 오럴 교수법(Oral Method) ·············· 97
13. Army Method ······················ 101
14. GDM(Graded Direct Method) ············ 102
15. 기타 교수법 ························ 105

제4장 일본어 교육 교수법 • 109

1. 일본에서의 일본어 교육 교수법 ·················· 111
2. 한국에서의 일본어 교육 교수법 ·················· 114

제5장 일본어 교육 코스 디자인 • 117

1. 코스 디자인의 정의 ································· 119
2. 코스 디자인의 흐름 ································· 120
3. 니즈 분석 ··· 122
   1) 니즈의 조사 대상 ······························· 122
   2) 니즈의 조사 방법 ······························· 123
   3) 레디니스(readiness) 조사 ···················· 126
   4) 언어 학습 적성 조사 ··························· 126
   5) 학습 조건 조사 ·································· 126

제6장 일본어 교육 실러버스 • 129

1. 일본어 학습자를 위한 실러버스 ················ 131
2. 실러버스의 종류 ····································· 132
   1) 構造 실러버스(structural syllabus) ········· 132
   2) 機能 실러버스(function syllabus) ··········· 134
   3) 場面 실러버스(situational syllabus) ········ 136
   4) 話題 실러버스(topic syllabus) ··············· 138
   5) 技能 실러버스(skill syllabus) ················ 139
   6) 課題 실러버스(task syllabus) ················ 141
3. 실러버스 결정 시기 ································· 143
4. 실러버스 선택 시 주의 점 ························ 145

5. 학습 단계와 실러버스 ·············· 146

제7장 일본어 교육 커리큘럼 • 149

1. 일본어 교육 커리큘럼 ·············· 151
2. 교 재 ·············· 152
   1) 교재의 분류 및 종류 ·············· 152
   2) 교과서 선택 기준 ·············· 154
   3) 보조 교재 작성 ·············· 155
3. 교실 활동 ·············· 159
   1) 목표 설정 ·············· 159
   2) 도입 ·············· 160
   3) 기초 연습 ·············· 160
   4) 응용 연습 ·············· 161
   5) 즉석 연습 ·············· 162

제8장 일본어 교육 평가법 • 163

1. 평가의 목적 ·············· 165
2. 평가의 종류 ·············· 168
3. 평가의 시기 ·············· 169
4. 평가의 주체 및 대상 ·············· 170
5. 평가 방법 ·············· 171
   1) 테스트를 이용하는 테스트 법 ·············· 171
   2) 질문법 ·············· 174
   3) 면접법 ·············· 175
   4) 관찰 기록법 ·············· 175
   5) OPI (Oral Proficiency Interview) ·············· 176

6. 수업에 있어서 평가 활동 ·················· 178
7. 테스트 작성 시 구비 조건 ················ 179
8. 테스트의 형식 ······························ 180
   1) 객관 테스트와 주관 테스트 ·········· 180
   2) 항목 테스트와 종합 테스트 ·········· 183
9. 수행 평가 ··································· 185
   1) 수행 평가 도입 배경 ···················· 185
   2) 수행 평가의 특징 ······················· 186
   3) 일본어과 수행 평가의 의의 ············ 187
   4) 수행 평가의 방법 ······················· 188
   5) 수행 평가의 시행 절차 및 신뢰성 제고 ······· 188

제9장 일본어 교육 수업 연구 • 191

1. 학습자의 readiness ························ 193
2. 수업 전개상의 유의점 ···················· 195
   1) 교사의 역할과 학습자의 역할 ········· 195
   2) 학습자의 심리에 대한 배려 ············ 195
   3) 언어문화와 이문화에 대한 시점 ······· 196
   4) 학습 지도 과정의 특징 ················· 196
   5) 중시되는 언어 영역 및 기능 ··········· 197
   6) 시 험 ······································· 197

제10장 교육 실습 • 199

1. 수업 견학 시 관찰해야 할 점 ············ 201
   1) 교사에 관해서 ···························· 201
   2) 학습자에 관해서 ························· 205

2. 초급의 수업 준비 ················· 207
   1) 지도 항목에 대한 검토 ················· 207
   2) 세부 작업 ················· 208
   3) 전체의 흐름에 대한 구성 ················· 209
3. 교안 작성 ················· 210
   1) 교안 작성 시 주의 점 ················· 210
   2) 수업 중 주의해야 할 점 ················· 213
   3) 처음으로 수업에 임할 때 주의 점 ················· 220
   4) 학습 지도안 작성 예 ················· 221

■ 참고문헌 • 269

■ 부 록 • 275

[자료 1] 일본어 교수법 예상 문제 및 해설 ········ 277
[자료 2] 일본어 임용고사 기출문제 ················· 308
[자료 3] 일본어 학습에 대한 조사표 ················· 412

서 장

目 次

1 일본어 교육학의 필요성

　광복 후부터 1960년까지, 우리나라에서의 일본어 교육이나 일본 연구는 한일 간의 역사적 경위 등으로 인하여 거의 행해지지 않았으며, 금기시 되다시피 한 것이 사실이다. 그러나 1965년 한일 국교 정상화, 일본의 경제 성장 등과 더불어 1961년 한국 외국어대학교에 일본어과가 설치되었다. 이것이 해방 후 한국에서 정부의 공식적인 認可아래 행해진 최초의 일본어 교육기관이다. 그 이듬해인 1962년에 당시 국제대학교(지금의 서경대학교)에 일어일문학과가 설립된 것을 시작으로 70년대 초반과 80년대 초반, 많은 대학들에 일본어과 혹은 일본어 관련학과가 개설되었으며 1973년에는 고등학교에서 제2외국어 과목의 하나로 일본어가 개설되었다. 그 후 많은 고등학교에서 일본어를 제2외국어 과목으로 받아들여 일본어 교육을 행하고 있다. 뿐만 아니라, 제 7차 교육과정에서는 중학교 교육과정에도 재량 선택 과목으로 개설되어 많은 학교에서 일본어 교육이 행해지고 있다.
　어떤 외국어가 그 나라의 중·고교, 이른바 중등 교육기관에서 정규 외국어 과목으로 자리매김했을 때 그 외국어는 그 나라에서 외국어로서 시민권을 획득했다고 말할 수 있는 것이다. 그런 의미에서 볼 때, 우리나라에서 일본어는 독일어, 프랑스어, 중국어, 스페인어 등과 함께 제2외국어로서 시민권을 획득했다고 할 수 있을 것이다.

국제교류기금의 일본어 교육센터, 한국 일어일문학회의 조사 보고서 『한국의 일본어교육 실태 조사(1994, 1998)』에 의하면, 2001년까지 대학교 191개교 중 112개교, 전문대학 170개교 중 100개교, 고등학교 1,972개교 중 1,318개교, 이중 789개교는 일본어만 가르치고 있다. 고등학교의 일본어 현황을 학급 수와 학생 수로 보면 다음과 같다.

인문계 학급 수 : 7,707학급에 학생 수는 315,008명
실업계 학급 수 : 6,669학급에 학생 수는 240,296명

고등학교의 일본어 교육 현황은 학급 수 14,376학급(일반·실업고 포함)에 학생 수 555,304명의 학생이 일본어 교육을 받고 있는 것이다. 여기에 중학교 일본어 학습자 수까지 포함한다면 오늘날 중학교 이상의 정식적인 교육기관에서 일본어 교육을 받고 있는 숫자는 백만여 명에 이르고 있다고 할 수 있으며 비정규 교육기관(사설학원, 사내교육)에서 일본어 교육을 받고 있는 사람까지 포함하면 그 숫자는 훨씬 많아지리라는 것은 쉽게 예상할 수 있다. 이렇게 광복 이후 많은 세월동안 일본어 교육이 행해져 왔으며 일본어 학습자의 양적인 증가를 가져왔지만 한국에서의 일본어 교육학은 다른 교과 교육에 비해 충분한 연구가 이루어져 있다고 보기는 어려운 실정이다.

한국인에 의한 일본어 교육 관련 주된 연구서를 시대 별로 살펴보면 1995년 안병곤 교수의 『일본어 교수법』, 1998년 이덕봉 교수의 『일본어 교육의 이론과 방법』, 2000년 본인의 『일본어 교육학 개론』, 2002년 안용주 교수의 『웹기반 일본어 학습의 방법

과 효과』 정도를 들 수 있다.

　본래 교육에 종사하고 있는 사람은 교과 교육에 대한 지식을 갖고 있지 않으면 안 되는 것이다. 왜냐하면 교과 교육은 교육의 현장에서 실제적으로 무엇을 가르치는가라고 하는 교육 내용과 깊은 관련성이 있기 때문이다. 그러나「교과 교육학이란 무엇인가」라든지,「일본어 교육학이란 무엇인가」라는 물음에는 명쾌한 대답을 듣기 어려운 것이 사실이다.

　우리나라의 학교 제도 하에서 교과를 담당하고 있지 않는 교사는 존재하지 않는다. 이것은 교과야말로 교사의 본래적 사명이라고 하는 것을 입증하는 것이다. 따라서 교원 양성 혹은 교사 교육에 있어서 교과 교육은 대단히 중요하며 또한 교과 교육의 연구는 불가결한 것이다. 이것이야말로 전문직으로서 교사의 전문성을 보증하는 것이다. 일본어 교육학은 다른 교과에 비해 역사가 그다지 오래지 않아 지금껏 일본어 교육학에 대한 개념조차 정립되지 않은 것이 사실이다. 이 같은 현실에 직면해 있는 일본어 교육학을 하나의「학」으로서 정립시키고 교사를 교육 과학의 연구자로 확립시킴에 따라 교사의 전문성은 확립될 수 있을 것이다.

2 일본어 교육학의 태동

　현재 일본에서 일본어 교육학에 관한 연구, 혹은 그와 관련된 교재 개발 등이 활발히 진행되고 있다. 이 같은 배경에는 1980년대[1]부터 해외에서 혹은 일본 내에서 일본어 학습자 수가 폭발적으로 증가했던 것과 결코 무관하지 않다. 일본어 학습자가 증가하게 된 이유에는 여러 가지가 있겠지만, 가장 큰 원인으로는 70년대 이후 일본의 경제적 성장과 일본 정부의 유학생 10만 명 정책[2]을 들 수 있을 것이다.

　일본어 학습자의 급증은 단순한 수의 증가에 그치지 않고 일본어 교육의 필요성과 다양한 학습자의 needs에 적합한 교재 개발 등의 필요성을 초래하게 되었다. 그러나 70년대에는 국내외에서의 일본어 학습자의 요구에 걸 맞는 일본어 교육학의 내용이나 방법 등에 대한 교재 개발이 일본 내에서도 거의 이루어지지 않았다.

　1985년 츠쿠바(築波)대학의 일본어·일본문화학류와 東京外國語대학의 일본어과가 설치되고, 1986년에는 오사카(大阪)대학의 일본어과, 히로시마(廣島)대학의 일본어 교육학과가 설치되면서

---

1) 일본에서 1980년대란 일본어 학습자의 급증, 학습 목적의 다양화 등, 일본어 교육의 획기적인 시기로 이때 일본어 교육의 기틀이 마련되었다.
2) 1983년 8월 中曾根康弘 전 수상에 의해서「21세기 유학생 정책에 관한 제언」이른바 유학생 10만 명 계획이 발표되었다.

일본어 교육학이 하나의 학문 영역으로서 태동을 보게 된 것이다. 일본에서도 80년대 중반에 들어서 비로소 일본어 교육학이 태동을 보았기 때문에 오늘날 일본어 교육학이 완전한 학문 영역으로 자리매김 했다고 볼 수는 없을 것이다. 그러나 중요한 것은 일본어 교육학을 학문적인 영역으로 완성시키기 위해서 다각적으로 노력하고 있으며, 또 그 원리와 방법에 입각한 교재 개발이 활발히 진행되고 있다는 사실이다.

그렇다면 한국에서의 일본어 교육학은 어떠한가. 현재 교원 양성 대학에서 행해지고 있는 일본어 교육학의 내용은 교육 기관의 배경이나 담당자의 전문 영역을 반영하여 각각의 대학에서 특색을 달리하고 있다. 그 같은 원인을 크게 두 가지 측면에서 생각해 볼 수 있다. 하나는 일본어의 본 고장인 일본에서 일본어 교육학에 대한 학문 영역이 다른 교과 교육학보다 늦게 출발하여 완전한 학문 영역으로 자리를 잡지 못했다고 하는 점, 또 하나는 한국에서 일본어 교육학이 다른 교과 교육학보다 늦게 출발하였다는 점 등을 들 수 있다.

한국에서 일본어 교육의 역사나 학습자 수를 생각할 때 한국의 일본어 교육에서도 일본어 교육학의 연구 성과를 적극적으로 받아들이고 다각적인 연구를 통해서 한국의 실정에 맞는 일본어 교육학이 교과 교육학의 한 영역으로 자리매김할 수 있도록 노력해야 함과 동시에 그 원리와 방법에 입각한 교수법의 개발이나 교재 개발이 다양하게 이루어져야 할 것이다.

3 일본어 교육학과 관련 제 영역

 한국에서 일본어 교육학을 하나의 「학」으로 구축하기 위해서는 지금 현재 일본에서 활발히 진행되고 있는 일본어 교육학의 연구 성과를 적극적으로 받아들여 한국의 일본어 교육에 맞는 연구가 행해져야 한다고 하는 것은 이미 기술한 바와 같다. 뿐만 아니라 국내에서 하나의 「학」으로서 이미 확립되어 있는 국어 교육학이나 영어 교육학 등과 같은 학문 영역의 연구 성과도 충분히 수렴하여 한국의 일본어 교육에 활용할 수 있는 사항들을 적극적으로 도입하고 한국의 일본어 교육이라고 하는 관점에서 폭넓은 연구를 다각적으로 추진해야 할 것이다. 즉 「한국의 일본어 교육」이라고 하는 새로운 안목에서 일본어 교육학을 교과 교육의 한 학문 영역으로서 확립시키고 발전시켜야 할 것이다. 일본어 교육학이 하나의 학문 영역으로 확립됨에 따라서 일본어 교육학은 이미 확립되어 있는 국어 교육학, 영어 교육학, 국어학, 영어학, 언어학 등, 다른 학문 영역에 영향을 줄 뿐만 아니라 그들의 연구 영역을 써포트하는 결과를 낳게 될 것이다. 예를 들면 브로크(B. Block)의 일본어 연구가 아메리카의 구조 언어학의 이론적 구축에 공헌한 것과 같이 한국의 일본어 교육학의 확립이 일본에서의 일본어 교육학은 물론 한국의 관련 영역에도 많은 영향을 끼칠 것이다.

 그렇다면 구체적으로 일본어 교육학은 어떠한 학문 영역과 관련성이 있는가. 일본어 교육학과 학문 영역의 관련성을 광의로 보느냐, 협의로 보느냐에 따라서 달라질 수가 있다. 따라서 이하에서는 크게 광의의 일본어 교육학과 협의의 일본어 교육학으로 나누어 각각의 특징에 대해서 기술하고자 한다.

4 광의의 일본어 교육학

　광의의 일본어 교육학은 교직 전문적 성격을 갖는 포괄적인 의미의 일본어 교육학과 교과 전문적 성격을 갖는, 이른바 일본어 교육 내용학으로 나눌 수 있다. 교직 전문적 성격을 갖는 일본어 교육학은 일본어 교육학의 원리나 방법에 관한 것을 이론적으로 정립시키는 것이고, 이것을 기초로 한 세부 영역이 일본어 교육 내용학이 되는 것이다. 이것은 마치 구조주의 언어학이나 행동주의 심리학의 원리나 방법에 의해서 오디오 링걸 교수법이 탄생한 것과 비슷하다고 할 수 있다. 교과 전문적 성격을 갖는 일본어 교육 내용학은 일본어 교육과 깊은 관련이 있는 실제적인 영역으로 주된 내용은 일본 어학, 응용 언어학, 일본 문화학 및 비교 문화학 등이다.
　이와 같이 광의의 일본어 교육학은 이론적인 원리나 방법을 바탕으로 하는 일본어 교육학과 실제적인 영역인 일본어 교육 내용학의 각각의 영역 간의 유기적인 관계를 통해서 하나의 「학」으로서 정립되는 것이다. 이하에서는 일본어 교육학의 실제적인 영역인 일본 어학, 응용 언어학, 비교 문화학 등의 개요에 대해서 기술하고자 한다.

일본어 교육 내용학의 **첫 번째** 영역인 일본 어학은 일본어 교육과 밀접한 관련을 갖고 있는 실제적인 학문 영역이다. 일본 어학에서 다루어지는 하부 영역은 일본어의 문자·표기, 음성·음운, 어휘, 문법 등, 일본어의 구조나 일본인의 언어생활에 관한 지식, 일본어의 변천 등에 대해서 종합적이고 체계적으로 연구하는 것이다.

일본어 교육 내용학의 **두 번째** 영역으로 들 수 있는 것은 응용 언어학이다. 응용 언어학의 영역은 제2언어 습득 과정을 연구하는 제2언어 습득 이론에 관한 분야, 언어·비언어 커뮤니케이션 연구에 관한 분야, 학습과 학습자의 심리 연구에 관한 심리 언어학의 분야, 사회 언어학적 연구 분야, 일본어 학습자의 모어와 목표 언어인 일본어를 비교 대조하는 대조 언어학 분야, 학습자들의 오용을 분석하는 오용 분석 분야, 중간 언어 연구 분야, 교육 공학 분야, 일본어 학습 과정에 있어서 적응 장애의 치료적 연구 분야 등이 응용 언어학 분야에 속한다.

일본어 교육 내용학의 **세 번째** 영역으로 들 수 있는 것은 일본 문화학·비교 문화학이다. 언어가 특정 민족의 문화, 가치 체계, 혹은 사고방식과 깊은 관련성을 가지고 있다고 하는 것은 부정할 수 없을 것이다. 일본어는 일본인의 가치 체계나 사고방식을 언어 기호를 통해서 반영하고 있기 때문에 일본어를 배우고 가르치는 일본어 교육에서 일본 문화학이 차지하는 비율은 자못

크다고 할 수 있다. 언어의 기호만을 배우고 가르치는 것이 외국어 교육이 아니고 또 거기에는 한계가 있다는 것을 외국어를 배워 본 사람이라면 누구나 한 번 쯤 느꼈을 것이다. 일본어를 배우고 가르치기 위해서는 일본어 자체의 특질을 배우고 가르치는 것도 중요하지만 그 언어의 배경이 되고 있는 일본인의 사고방식, 사회 규범 등에 관한 문화적 지식도 일본어의 특질을 배우고 가르치는 것만큼 중요하다. 이것은 언어 교육 뿐만 아니라 오늘날과 같이 국제화, 세계화의 시대에 이문화간 이해를 돈독히 하는 데도 중요한 항목으로 작용하고 있다. 따라서 최근 일본 내의 일본어 교육에서는 일본 문화학, 혹은 비교 문화학에 관한 비교 연구 등이 활발히 행해지고 있다.

한국의 제 7차 교육과정에서도 언어의 네 가지 기능인 듣기, 쓰기, 읽기, 말하기를 기초로 한 의사소통 기능과 함께 문화 교육의 강화에도 중점을 두고 있는 것도 이와 같은 이유 때문이다. 일본어 교육에서의 문화 교육은 일본 문화에 대한 이해만이 아니라, 한국의 문화를 일본에 소개하여 양국의 상호 이해를 돈독히 하는 문화 교육이 진정한 문화 교육이 될 것이다. 이를 위해서는 일본 내의 문화학에 대한 선행 연구를 적극적으로 연구 검토하여 일본어 교육에 활용할 수 있는 방법을 모색해야 함과 동시에 한일 문화 비교 연구 등이 활발히 진행되어야 할 것이며 그 연구 성과가 일본어 교재나 교과서에 적극적으로 반영되어야 할 것이다.

5 협의의 일본어 교육학

 협의의 일본어 교육학이란 외국어로서 일본어를 가르칠 때 필요한 일본어 교육의 목적, 내용, 방법 등에 관한 이론적·실천적인 연구를 주된 과제로 하고 있는데, 주요 연구 영역을 들어 보면 다음과 같다.

① 일본어 교육 목표
　일본어 교육의 본질, 목적, 목표에 관계되는 영역

② 일본어 교수법
　일본어를 외국어로 가르칠 때 어떠한 방법으로 가르치는 것이 학습 목표를 달성하는데 가장 효과적일까 라는 교육 방법과 관계되는 영역

③ 일본어 교육 코스 디자인
　학습 목표를 달성하기 위해서 준비에서 종료까지의 구체적인 계획

④ 일본어 교육 실러버스
　지도 내용으로서 교육 목표가 설정되면 그 목표를 달성하기 위해서 무엇을 가르칠 것인가에 해당하는 영역

⑤ 일본어 교육 수업 연구

수업에 임하기 전 교사는 교육 목표를 세우고 목표 달성을 위해 지도 계획을 세운다. 그 계획 속에서 교재는 무엇을 선택하고, 어떤 부교재로 보충하고 만약 교과서를 사용하지 않는다면 어떤 자유 교재를 준비할 것인가 등에 대한 검토, 그리고 교재 작성 수업의 도입 학습 활동의 전개 방법 형태 등에 대해서도 구체적인 안을 염두 해 둔다. 특히 염두 해 두어야 할 것은 학습자가 누구인가를 파악해 두는 것이 무엇보다 중요하다.

⑥ 일본어 교육 평가

평가의 목적은 교육 목표를 어느 정도 달성했는지에 대해서 측정하는 것으로 단순히 학습의 도달도 평가만이 목적은 아니다. 평가는 교사로서는 반성과 개선 자료로 활용되고 학습자로서는 학습 방법 제고와 중요도 체크-학습 방향 포착에 도움을 준다.

⑦ 일본어 교사 학습자에 관계되는 영역

이미 기술한 바와 같이 광의의 일본어 교육학이 다른 주변 학문과 관련성이 있는 학제적인 영역인데 반해서 협의의 일본어 교육학은 직접적으로 일본어 교육과 관련성이 있는 구체적인 영역이다. 즉 일본어를 외국어로 가르치는 수업과 깊은 관련성이 있는 것이다. 이하에서는 이 영역들에 대해서 구체적으로 기술하고자 한다.

Chapter 1 일본어 교육 목표

1 일본의 일본어 교육 목표

　외국인을 주된 대상으로 하는 일본어 교육의 본질은 모국인을 대상으로 하는 국어 교육과는 본질적인 면에서 차이가 있으며 또 도달해야 할 목표도 판연히 다르다. 일본 문부성 조사국(1964)[3]에서 출판된 『日本語教育のあり方』라고 하는 소책자에는 일본어 교육의 목표에 대해서 기술되어 있다. 그것을 요약하면 다음과 같다.

① **일상생활에서 보통 볼 일을 마칠 수 있는 일본어**
　　일상생활에서 사용하는 회화나 간단한 인사, 간단한 제시물이나 표지를 읽을 수 있도록 한다. 자기의 행동 기록이나 친한 상대에게 편지를 쓸 수 있도록 한다.

② **사회생활 혹은 격식을 차려야 할 장소에서 필요한 일본어**
　　격식을 차려야 할 장소에서 회화나 의견 발표를 할 수 있고 쉬운 신문 기사 정도 읽을 수 있도록 한다. 격식을 차린 편지나 신고서를 쓸 수 있도록 한다. 일본인과 회화할 때 지장 없이 의사소통할 수 있도록 한다. 라디오 텔레비전을 청취할 수 있도록 한다.

---

[3] 1961년 문부성 조사국 내에 「일본어 교육 간담회」가 설치되어 1964년에 『日本語教育のあり方』라고 하는 소책자를 출판하게 되었다.

③ 일본에 관한 학문이나 문화를 이해하고 연구하기 위해 필요한 일본어

대학에서 전문 교육을 받을 수 있도록 한다. 일본어의 전문적 문헌을 이해하고 보고서나 논문을 쓸 수 있도록 한다.

이것은 일본 문부성에서 정한 일본어 교육 목표이지만 한국의 교육인적자원부에서 정한 일본어 교육 목표도 이와 대동소이하다.

2 한국의 일본어 교육 목표

교육인적자원부에서 발행한 제 7차 고등학교 교육과정 해설에 나와 있는 일본어과 교육 목표를 제시하면 다음과 같다.[4] 교육과정 해설서에는 183쪽에 일본어과 목표가 기술되어 있고 218쪽에 총괄적으로 제 6차 교육과정과 비교를 해 놓고 있는데 제 7차 교육과정의 목표가 제 6차 교육과정의 목표와 어떠한 차이가 있는지를 식별할 수 있도록 218쪽의 제 6·7차 교육과정의 목표를 제시하였다. 이것을 인용하면 다음 표와 같다.

---

4) 교육부(2001)『고등학교 교육과정 해설』 p.218

〈표〉 제 6·7차 교육과정의 목표 비교표

제 6차 교육과정	제 7차 교육과정
〈일본어Ⅰ〉 가. 일상생활과 관련된 쉬운 말과 글을 이해할 수 있게 한다. 나. 일상적인 화제와 관련된 내용을 간단하게 표현할 수 있게 한다. 일본인의 일상생활과 관습을 이해하게 한다. 다. 일본인의 일상생활과 관습을 이해하게 한다.	〈일본어Ⅰ〉 가. 쉬운 일본어를 알아들을 수 있고, 일본어 듣기 학습의 중요성을 깨달아, 듣기 학습 활동에 능동적으로 참여하는 태도를 가진다. 나. 쉬운 일본어를 원어민이 알아들을 수 있도록 말할 수 있고, 일본어 말하기 학습의 필요성을 깨달아, 말하기 학습 활동에 적극적으로 참여하는 태도를 가진다. 다. 쉬운 일본어를 읽어 그 뜻을 알 수 있고, 일본어 읽기 학습의 중요성을 깨달아, 읽기 학습에 스스로 노력하는 태도를 가진다. 라. 쉽고 간단한 일본어를 글로 쓸 수 있고, 일본어 쓰기 학습의 필요성을 깨달아, 쓰기 학습 활동에 스스로 참여하는 태도를 가진다. 마. 인터넷을 통하여 일본어에 의한 정보 검색의 기초적인 방법을 알고, 정보 검색에 흥미를 가진다. 바. 일본의 일상생활 문화에 대해 깊은 관심을 가지고, 일본 문화를 이해하고자 하는 자세를 기르며, 일본과의 국제 교류에 적극적으로 참여하는 태도를 가진다.

〈일본어 Ⅱ〉	〈일본어 Ⅱ〉
가. 일반적인 화제와 관련된 글을 이해할 수 있게 한다.	가. 일상의 의사소통 기능 수행에 따른 일본어를 소음이 수반된 상태에서도 알아들을 수 있고, 일본어 듣기 능력의 중요성을 깨달아, 듣기 학습활동에 능동적으로 참여하는 태도를 가진다.
나. 일반적인 화제와 관련된 내용을 표현할 수 있게 한다.	나. 일본어를 원어민이 알아들을 수 있도록 자연스럽게 말할 수 있고, 일본어 말하기 학습의 필요성을 깨달아, 말하기 학습 활동에 적극적으로 참여하는 태도를 가진다.
다. 일본인의 생활과 문화를 이해하고 올바른 가치관 형성에 도움이 되게 한다.	다. 일본어를 읽어 알 수 있고, 읽기 학습의 중요성을 깨달아, 읽기 학습을 위해 스스로 노력하는 태도를 가진다.
	라. 쉬운 일본어를 글로 쓸 수 있고, 일본어 쓰기 학습의 필요성을 깨달아, 쓰기 활동에 능동적으로 참여하는 태도를 가진다.
	마. 인터넷을 통하여 일본어에 의한 정보 검색의 방법을 알고, 정보 수집과 통신에 능동적인 태도를 가진다.
	바. 일본 문화에 대하여 깊은 관심을 가지고, 일본인의 행동 양식을 이해하며, 일본과의 국제 교류에 능동적으로 참여하는 태도를 가진다.

제 6·7차 교육과정의 일본어Ⅰ과 Ⅱ의 목표는 위와 같지만, 이것을 기능적인 목표와 정의적인 목표로 세분하여 비교하면 다음 표와 같다.

⟨표⟩ 제 6·7차 교육과정의 기능적 목표와 정의적 목표

제 6차 교육과정	제 7차 교육과정
목표 체계	총괄적 목표
(1) 기능적 목표 : 의사소통 능력 신장 가. 듣기·읽기의 이해 기능 신장 나. 말하기·쓰기의 표현 기능 신장 다. 이해 기능을 기반으로 표현 기능 개발 라. 의사소통 기능 신장	(1) 기능적 목표 가. 일상생활 일본어 이해 나. 일본어에 의한 의사소통 능력 다. 일본어 정보의 검색 능력
(2) 정의적 목표 : 일본 문화의 이해와 우리 문화 소개 가. 일본 문화의 이해 나. 우리 문화를 소개하는 능력 배양 다. 올바른 가치관 형성 라. 일본 문화에 대한 능동적 자세 확립	(2) 정의적 목표 가. 의사소통과 정보 검색에 적극적으로 임하는 자세 나. 일본의 언어와 문화에 대한 관심 다. 일본인과의 의사소통 및 국제 교류에 능동적으로 임하는 자세
	하위 목표
	(1) 기능적 목표 : 의사소통 기능의 항목별 신장 가. 일상의 의사소통 기능 수행을 위한 쉬운 일본어를 들어 이해하는 기능 나. 일상의 의사소통 기능 수행을 위한 쉬운 일본어를 말하는 기능

	다. 일상의 의사소통 기능 수행을 위한 쉬운 일본어를 읽고 이해하는 기능 라. 일상의 의사소통 기능 수행을 위한 쉽고 간단한 일본어를 글로 쓰는 기능 마. 인터넷을 통해 일본어로 정보를 검색하는 기능
	(2) 정의적 목표 : 일본문화의 이해와 적극적인 교류 자세 가. 일본의 일상생활 문화에 대한 이해 나. 언어의 네 기능 습득의 필요성 이해 다. 언어의 네 기능 학습에 능동적이고 적극적으로 참여하는 태도 라. 일본어에 의한 정보 검색과 통신에 대한 흥미 유발 마. 일본 문화에 대한 관심과 교류에 적극적으로 참여하는 자세

제 6차 교육과정에서 외국어 학습의 궁극적인 목표는 외국 문화에 대한 이해와 교육에만 그치는 것이 아니라, 외국 문화의 체험을 통해 사고방식을 익혀 학습자 자신이 국제화되는 데에 있다. 기능적 목표는 의사소통 능력 신장으로 듣기·읽기의 이해 기능 신장, 말하기·쓰기의 표현 기능 신장, 이해 기능을 기반으로 표현 기능 개발, 의사소통 기능 신장이 목표이다. 이해 기능을

우선적으로 지도하고, 말하기와 쓰기를 나중에 지도하도록 하고 있다. 이는 언어 습득 과정이 이해가 먼저 이루어진 뒤에 표현력이 습득된다는 습득 이론에 바탕을 둔 것으로, 외국어 습득에 있어서도 이해 단계를 먼저 습득시키려는 취지를 반영한 것이다. 정의적 목표는 태도 함양에 해당되는 행동 교육의 항목이라 할 수 있다. 그러나 상황에 맞게 일본어를 구사할 수 있기 위해서는 일본인의 언어 행동에 대한 이해가 필수적으로 병행되어야 한다는 점을 감안하면 문화 이해는 의사소통을 위한 기능적 차원에서 습득되어야 한다고 할 수 있다.

제 7차 교육과정에서는 크게 총괄적 목표와 하위 목표를 나누고 총괄 목표를 다시 기능적 목표와 정의적 목표로 나누어 제시하고 있다. 하위 목표 역시도 기능적 목표와 정의적 목표로 나누어 제시하고 있다. 기능적 목표에서는 언어의 네 기능을 중심으로 한 의사소통 기능 목표를 제시하고 정의적 목표에서는 일본 문화의 이해 언어의 이해 및 적극적인 교류 자세를 제시하고 있다. 제 7차 교육과정에서 하위 목표를 둔 점은 제 6차 교육과정과 다른 점이라고 할 수 있다. 제 7차 교육과정 해설서에서는 위와 같이 목표를 제시한 다음 해설을 첨부하고 있는데 그것을 아래에 기록해 두고자 한다.5)

외국어로서 일본어 교육의 주된 목표는 일본어에 의한 의사소통 능력을 기르는 데에 있다. 의사소통 능력이란, 기계적인 언어 능력 이외에 언어의 실행 가능성, 적합성, 실용성을 포괄하는 개념이다. 즉, 때와 장소, 대화 상대, 주제 등의 제반 상황에 맞는 언어 행위까지를 포함한 화용론적 개념인 것이다. 이러한 화용론

---

5) 교육부(2001) 『고등학교 교육과정 해설』 p.184

적 언어 학습의 목적이 정립된 것은 외국어 학습에 대한 시대적 요구의 변화와 관련이 있다. 즉, 단순한 정보 수집 도구가 아닌 직접적인 교류를 위한 언어 학습이 필요하게 된 것이다. 따라서 제6차 교육과정부터는 의사소통 능력을 중심으로 한, 실용성을 중시한 일본어 교육을 지향하고 있으며, 제 7차 교육과정에서도 문화의 이해와 상황에 맞는 언어 사용 능력의 신장을 더욱 강조하고 있다.

외국어 교육의 일반적 목표는 지적 능력과 교양 함양, 문자 및 인터넷을 통한 정보 수집 능력, 다른 언어 및 문화적 틀의 경험, 국제적 인간 유대, 문화 간 의사소통 등을 들 수 있다. 이 중에서도 외국어 학습의 궁극적인 목적은 빠른 정보 수집과 의사소통에 있다. 진정한 의사소통은 상대편의 표현 의도를 제대로 파악하고, 자신의 생각을 상대에게 이해시키고 설득하는 데 있다. 그러나 고등학교 일본어 학습만으로 이러한 목표를 달성한다는 것은 제한된 학습 시간으로 볼 때 불가능에 가깝다. 특히, 일본어를 학습하는 데 있어 과거 불행했던 한·일 관계사에 따른 학습자의 갈등은 다른 언어에서는 볼 수 없는 경우로서 학습 효과에 커다란 지장을 초래할 수 있고, 향후의 한·일 관계 정립에 있어서도 중요한 요인으로 작용할 수 있는 부분이다. 따라서 고등학교 일본어 교육에서는 의사소통을 위한 언어 기능 교육에만 그칠 것이 아니라, 일본어 학습에 대한 흥미를 가지게 하고, 일본에 대한 객관적인 이해와 올바른 일본관을 가지게 하는 태도 교육에도 힘을 기울여야 할 것이다.

또한 제 7차 교육과정에서는 중학교 교육과정에도 재량 선택 과목으로 일본어가 개설되었다. 한국 교육과정 평가원(2002)『제

7차 중학교 교육과정 해설』6)에서는 재량 활동으로서의 일본어과의 일반적인 목표를 다음과 같이 제시하고 있다.

첫째, 국민 공통 기본 교과를 심화・보충 학습할 기회로서 재량 활동을 설치・운영한다. 국민 공통 기본 교과를 여건과 실정에 따라 더 중점적으로 다룰 수 있고, 또 그 외의 교과에도 필요에 따라 활용할 수 있도록 한 것이다.

둘째, 기준 교육과정의 틀 안에서 다루지 못하는 중요한 교육적 경험을 가질 수 있도록 제도적으로 보장해 주며, 학교의 교육적 요구를 수용하여 창의적으로 교육 활동을 전개할 수 있도록 여건을 마련해 준다.

셋째, 학생의 흥미와 관심, 적성에 따라 학습에 대한 의사 결정을 할 수 있는 기회를 부여할 뿐만 아니라, 스스로의 결정에 의해 자기 주도적 학습 능력을 발휘 할 수 있도록 하는 학생 중심의 교육 활동을 전개할 수 있는 기회를 마련해 준다.

넷째, 학교와 교사에게도 교육과정 편성・운영의 재량권과 자율성을 부여하고, 교사에게 교육적 신념과 특기를 충분히 발휘할 수 있는 기회와 교육과정 편성・운영의 전문성을 함양하도록 한다.

다섯째, 교육과정의 최소 단위이며 최종 단위인 단위 학교에서 지역과 학교의 여건, 특수성, 학생과 학부모의 요구, 학교의 필요를 충분히 반영하여 학교 나름의 특색 있는 교육과정을 운영할 수 있도록 한다.

---

6) 한국 교육과정 평가원(2002) 『제 7차 중학교 교육과정 해설』 교육부고시1997-15호

이것은 한국의 중학교, 고등학교에서 일본어를 제2외국어로 교육할 때의 목표에 대한 것으로서, 대학 혹은 전문대학에서의 일본어 교육 목표는 달라져야 하고, 또 교원양성 대학에서 행해지는 일본어 교육인지, 문과대학 등에서 행해지는 일본어 교육인지에 따라서도 교육 목표는 달라져야 하며, 초급, 중급, 상급에 따라서도 교육 목표는 달라져야 할 것이다. 이하에서는 주로 『日本語敎育事典』(1982)[7]을 참고로 하여 단계별 교육 목표를 소개하기로 한다.

3 단계별 교육 목표

1) 초급 단계

일반적으로 「초급」이라고 하는 것은 학습 개시부터 약 200~300시간의 수업 시수를 거쳐 행해지는 학습 단계를 말한다. 초급의 학습 목표는 음성·문자 양면에 이르는 학습의 기초적 능력을 함양하는 것이다. 즉 일본어를 듣고 말함에 따라 일상생활의 간단한 내용에 대해서 의사소통을 할 수 있는 능력과 문자에 의해

---

7) 日本語敎育學會編, 『日本語敎育事典』 pp. 633-635

서 표현된 내용을 읽고 이해하며 스스로 문자로 표현할 수 있는 능력을 기르는 것이다. 이것을 언어의 요소 면에서 살펴보면 다음과 같다. 음성에 대해서는 일본어의 음운과 accent에 대한 지식과 바른 발음 방법을 습득하는 것이고, 문형에 대해서는 여러 가지의 견해가 있지만 기본 문형의 습득에 주안점을 두어야 할 것이다. 어휘 수는 약 1,500~2,000 단어, 문자는 히라가나, 가타카나의 습득과 한자 약 500자의 습득이 목표가 된다. 이상의 언어 요소를 적당히 배열한 교과서를 이용하여 언어의 네 기능의 기초적 능력을 정착시키는 것이 초급 단계의 목표가 된다.

2) 중급 단계

중급은 초급 과정을 수료한 학습자를 대상으로 하며, 상급 레벨의 학습이 가능하도록 교육시키는 단계이다. 따라서 중급이라고 하는 단계의 출발점은 초급의 종료 지점이지만, 도달점은 상급 단계의 출발점이 되는 것이다. 초급은 기초적 학습 단계이고, 상급은 학습을 완성하는 단계이기 때문에 양자를 연결하는 이 단계는 출발점과 도달점 사이에 상당히 큰 차이가 있는 것은 당연하다. 이 차이를 메워 주어야 하는 것이 중급 단계이다. 예를 들면 상급에서 일반교양 서적이나 신문 기사 등을 교재로 사용하고, 또 텔레비전의 교양 프로그램이나 뉴스 해설 등의 청취 교재가 사용된다면, 그와 같은 학습을 시작할 수 있는 능력을 중급 단계에서 해 주어야 한다. 이 능력을 기르기 위해서는 어휘 수 약 5,000~7,000 단어, 한자 약 1,000~1,500자 정도가 필요하며, 독해 교재가 중심이 된다. 이 단계에서 문형 연습은 각종 표현이나 관용구를 이해하고 그것을 사용하여 학습자 자신이 단문을 만들 수 있고, 사전을 사용해서 학습자가 自學自習할 수 있도록 하는 것이 중급 단계의 목표가 된다.

3) 상급 단계

일본어 학습의 최종 단계를 상급이라고 한다면, 상급 단계의 학습 목표는 일본어 학습의 최종 목표가 되는 셈이다. 상급 단계의 학습 목표를 언어의 네 기능 측면에서 기술하면 다음과 같다.

① 듣기 : 일상생활에 필요한 청취 능력 함양
강의, 연구 발표, 뉴스 해설 등의 청취 능력 함양

② 말하기 : 일상생활에 필요한 회화 능력 함양
수업, 강연, 좌담회, 토론회 등에 대해서 구두 발표할 수 있는 능력 함양

③ 읽기 : 참고 문헌 탐독 능력 함양
한자의 약 2,000~2,500자 정도 읽기 습득. 일본어의 읽기에 있어서 가장 중요한 것은 한자의 습득이다. 그 수는 상용한자 1,945자가 기준으로 되어 있지만, 전문 학습이나 연구를 행하기 위해서는 약 2,000~2,500자 정도가 필요하다.

④ 쓰기 : 문자 표현 능력 함양. 상급 단계의 쓰기 목표는 일본 문자를 쓰는 능력이 아니라, 문자 표현 능력을 말하는 것이다. 예를 들면 일본어 전공자가 논문, 리포트, 작문 등을 쓰

는데 그 능력을 함양시키는 것이 목표가 된다.

　요컨대 상급 단계의 학습 목표는 학습자가 자기의 목적을 일본어에 의해 달성하는 단계로서 어휘 수는 약 7,000 단어, 한자는 약 2,000~2,500자 정도 필요로 한다. 따라서 상급 단계의 학습 목표를 세울 때에는 여기에 따라 세우는 것이 바람직할 것이다.
　이상과 같이 일본어 교육의 목표에 대해서 단계별로 살펴보았다. 이것은 교사가 일본어 교육 목표를 설정하는데 도움이 되리라 생각된다. 또 매년 실시되고 있는 일본어 능력시험은 4단계(4급~1급)로 나누어 실시도고 있는데 그 출제 기준은 상기의 단계별 학습 목표에 준하여 출제되고 있기 때문에 일본어 능력시험 지도에도 많은 도움이 될 것이다.

도움 말

- 4급~3급 : 초급 일본어 과정을 수료한 자를 대상
- 2급 : 중급 일본어 과정을 수료한 자를 대상
- 1급 : 상급 일본어 과정을 수료한 자를 대상

Chapter 2 일본어 교수법

1 효과적인 교육 방법

 일본어 교육 방법이란 일본어를 외국어로서 가르칠 때 어떻게 가르치는 것이 학습 목표를 달성하는데 가장 효과적인 방법일까 라고 하는 문제로서 이는 교수법과 깊은 관련성이 있다.
 외국어는 어떠한 교수법으로 가르쳐도 도달도의 차이는 있지만, 학습 효과가 있다고 일컬어지고 있다. 어떠한 교수법이라도 정당성이 있다고 하는 이유가 여기에 있는 것이다. 그러나 여러 가지의 조건하에서 보다 효과적인 일본어 교육을 행하기 위해서는 어떻게 하면 좋을까 라고 하는 문제를 규명하는 것은 교사에게 중요한 과제 중의 하나이다. 효과적인 학습을 가능하게 하기 위해서는 효과적인 교수법이 있어야 한다고 하는 것은 너무나도 당연한 논리이다. 그러나 교수법에는 절대적인 것은 있을 수 없는 것이다. 교사는 학습자의 학습 목적, 도달 목표, 환경 등을 고려하여 적절한 교수법을 선택해야 한다. 교사가 교수법을 선택할 때는 여러 가지 사항들을 고려해야 하는데, 그 중 중요한 몇 가지를 들어보면 다음과 같다.

① 학습자의 학습 목적 등 학습자에 관계되는 사항
② 교사의 교육 목표, 목표 언어에 대한 지식 등 교사 자신에 관계되는 사항
③ 교재·교구 등 교재에 관계되는 사항

④ 교육 환경이나 입학시험 등 제도에 관계되는 사항
⑤ 사회적 환경과 목표 언어의 사용 환경 등에 관한 사회적 사항

이미 기술한 것처럼 교수법에는 절대적인 것은 없고 위와 같은 사항 등을 고려하여 적절한 교수법을 선택해야 할 것이다. 교사는 특정한 교수법에만 고집해서는 안 되며. 또 일반적으로 행해지고 있는 교수법뿐만 아니라, 최근의 교수법에 대한 지식을 섭렵하여 각각의 환경에 맞는 교수법을 선택하는 것이 가장 바람직하며, 학습 목표를 효과적으로 달성할 수 있다.

2 교수법이란

교수법이란 교육을 효과적으로 행하기 위한 방법론으로 언어교수법은 다음과 같이 3가지로 분류할 수 있다.

① 기초 이론 : 언어의 본질을 고찰하고 그것을 어떻게 교육할 것인가를 검토하는 이론

② 학습 이론 : 인간이 어떻게 언어를 습득하는가를 연구하는 등, 언어를 보다 효과적으로 습득하는 방법을 검토하는 이론

③ **지도법 이론** : 교재를 어떻게 취급하고 어떠한 순서로 지도해야 할까 등 교수 방법을 검토하는 이론

교실에서의 수업은 이 지도법 이론에 근거를 두고 있는데, 이 지도법 이론은 기초 이론이나 학습 이론에서 연구된 가설이나 원리를 체계화한 산물이라고 말할 수 있다.

3 어프로치와 메서드(Approach Method)의 차이

① Approach : 언어의 본질이나 그 습득 학습에 대해서 가설을 세우고 그것을 체계화한 언어 학습 이론
▶ 대표적인 어프로치 :
오디오 링걸 어프로치(Audio-Lingual Approach)
네츄럴 어프로치 (Natural Approach)

오디오 링걸 어프로치는 「언어는 구조체이며 언어의 본질은 음성이다」는 가설에 입각해서 만들어진 교수법이고 네츄럴 어프로치는 「제2언어의 능력은 습득에 의해서 달성되는 것이며 학습은 그것을 보충하거나 정정하는 종속적인 역할 밖에 수행하지 못한다」는 가설에 입각한 교수법이다. 네츄럴 어프로치의 대표적인

교수법으로는 베르리츠 교수법, 관 교수법 등이 있다.

② Method : 기초 이론인 어프로치에 의해서 개발된 교수법이다.
예를 들면 오디오 링걸 어프로치의 가설「언어의 습득은 습관 형성의 과정이다」라고 하는 기초 이론에 입각해서 모방(mimicry)과 암기(memorization) 방식인 ミム・メム(min-mem)연습이나 문형 연습이 개발된 것이다.

결론적으로 말하면 어프로치와 메서드의 차이는 어프로치의 응용이 메서드라고 생각하면 좋을 것이다. 그러나 이 두 가지는 자주 혼동되어 사용된다는 것도 이해할 필요가 있다.

Chapter 3 외국어 교수법의 종류

① 오디오 링컬 교수법(Audio Lingual Method)[8]

1930년대 당시의 최신 언어 이론이었던 미국의 구조주의 언어학[9], 행동주의 심리학[10]의 이론이 배경이 되어 발달한 교수법이

---

8) 일본에서는 Oral Approach라고 부르는 경우가 많다. 또 미시간 대학의 C.C.Fries가 중심이 되어 개발한 방식이기 때문에 Michigan Method, 혹은 Fries Method 라고 부르는 경우도 있다.
9) 콜럼비아 대학의 인류학자 보아스(F.Boas), 예일 대학의 언어학자 사피아(E.Sapir), 시카고 대학의 언어학자 브롬필드(L.Bloomfield)에 의해 연구된 언어 연구 방법이다. 이 언어 연구는 아메리컨・인디언의 언어를 기록하고 분석하려고 했던 것에서 출발하였다. 이것은 오디오 링걸 메서드의 이론적 근거가 되었으며 기본적인 생각은 다음과 같다.
   ① 언어는 구조체이다.
   ② 언어는 본질적으로 음성이다.
   ③ 언어는 과학적으로 분석하고 기술할 수 있다.
   ④ 언어에는 型(pattern)이 있다
   ⑤ 언어 습득은 습관 형성 과정이다.
   ⑥ 언어는 모어 화자가 이야기 하는 것이다.
10) 행동주의 심리학의 키워드를 요약하면 다음과 같다.
   ① 인간의 심리를 연구하는 심리학의 한 학파
   ② 20세기 전반 활발히 연구되었다.
   ③ 자극을 주면 반응을 보인다.(자극과 반응)
   ④ 20세기 후반 인지 심리학으로부터 비판
      비판 이유 : 행동주의 심리학에서는 표면의 행동 관찰은 가능하

다. 이 교수법을 主唱한 사람이 미시건(Michigan) 대학의 프리즈(C.C.Fries)이었던 것에서 미시건 메서드(Michigan Method) 혹은 프리즈 메서드(Fries Method)라고 부르기도 한다. 혹은 Audio Lingual의 頭文字를 따서 AL법이라고도 한다. 이 교수법에서는 언어 학습은 습관 형성 과정이라고 하는 것이 기본적인 생각이다. 그 목적 달성을 위해서 모방·기억 연습, 문형 연습을 통해서 교사 주도로 구두 연습이 행해진다. 모방·기억연습을 mim-mem 연습11)이라 하는데 이는 mimicry(모방)와 memorization(기억)의 약자로써 교사의 모델 발음을 학습자가 반복 연습함에 따라 발음을 교정하고 대화나 문형을 암기시키는 연습 방법이다.

문형 연습이란 오디오 링걸 교수법에서 문형을 습득시키는 연습 방법의 하나로써, 문형 연습 방법에는 대입 연습, 전환 연습, 응답 연습, 확대 연습 등이 있다.

나 내면 심리는 분석 불가능하다는 이유로 인지 심리학으로부터 비판을 받았다.
⑤ 언어 교수법에 이용 : 습관 형성 이론
습관 형성 이론이란 언어는 사회적 습관이고 언어를 학습한다는 것은 「새로운 습관을 형성하는 것」이라고 하는 이론으로 오디오 링걸 메서드의 학습 이론으로 유명하다. 습관 형성은 주어진 자극에 의해서 반응이 일어나고 이것을 반복함에 따라 습관이 형성된다고 생각하는 것이다. 즉 자극 → 반응 → 강화가 된다. 이를 위해서는 반복이나 문형 연습을 행해야 한다는 것이 이 이론의 주된 내용이다.
11) 오디오 링걸 교수법의 기본적인 교육 방법의 하나.

1) 대입 연습(Substitution Drill)

　오디오 링걸 교수법의 대표적인 연습 방법으로 기본이 되는 문형을 교사가 제시하고 그것을 학습자가 반복하여 습득하게 한 다음, 교사는 모델 문장에서 단어나 문장을 바꾸어 제시한다. 교사가 단어나 문장을 제시하는 것은 구두뿐만 아니라 그림이나 카드를 이용할 수도 있다. 이것을 받아 학습자는 차례차례로 문형을 바꾸어 가는데 이러한 연습을 통해서 학습자는 자연스럽게 문형을 습득해 간다. 구체적인 연습 예를 보면 다음과 같다.

[연습 예1]
　교사 : 中村さんは明日東京へ行きます。 (모델 文型)
　학생 : 中村さんは明日東京へ行きます。 (復唱)
　교사 : /学校/ (교사 제시)
　학생 : 中村さんは明日学校へ行きます。

[연습 예2]
　교사 : ブラウンさんは相変わらずがんばっています。(모델 文型)
　학생 : ブラウンさんは相変わらずがんばっています。(復唱)
　교사 : /田中さん、よく働いている/ (교사 제시)
　학생 : 田中さんは相変わらずよく働いています。

2) 전환 연습(Transformation Drill)

　교사가 제시하는 문형을 사전에 주어진 지시에 따라 전환하는 연습법. 문법 연습의 응용이 연습의 포인트가 되는 경우가 많기 때문에 문법 연습 혹은 변형 연습이라고도 한다.

[연습 예]
    교사의 지시 : 「受け身形にしてください」
    교사 : 雨が降りました。
    학생 : 雨に降られました。
    교사 : 父は私をほめました。
    학생 : 私は父にほめられました。

이러한 연습은 수동형뿐만 아니라, 긍정문을 부정문으로, 혹은 현재시제를 과거시제로 변형시키는 연습 등 다양하게 이용할 수 있다.

3) 응답 연습(Response Drill)

교사의 질문에 학습자가 대답하는 형식으로 행해지는데 전환 연습과 같이 미리 주어진 지시에 따라 대답하는 형식과 각각의 질문에 대해서 교사의 지시에 따라 대답하는 형식이 있다.

[연습 예]
    교사의 지시 : 「否定文으로」
    교사 : 昨日東京へ行きましたか。
    학생 : いいえ、東京へ行きませんでした。
    교사의 지시 : 지시에 따라 답하시오.

교사 : 今日はどこへ行きますか。/学校/
학생 : 今日は学校へ行きます。

4) 확대 연습(Expansion Drill)

긴 문장을 반복시키기 위해서 사용하는 연습 방법이다. 주의해야 할 것은 반드시 文末에서 시작하여 점점 문장을 늘려가는 방법을 취해야 하며, 끊을 때에는 항상 문장으로써 이해할 수 있는 부분을 거듭해 가면서 확대해 가야 한다. 예를 들면「毎晩、日本語の勉強のために、新聞を読んでいるんですよ」라는 문장을 확대 연습시킬 때「読んでいるんですよ」에서 시작하여 이어서「新聞を読んでいるんですよ」그 다음으로「日本語の勉強のために、新聞を読んでいるんですよ」마지막으로「毎晩、日本語の勉強のために、新聞を読んでいるんですよ」의 순서가 되는 것이다. 이와 같이 文末에서 점차 확대해 가는 방법을 build-up방법이라 부르기도 한다. build-up방법에서는「を読んでいるんですよ」와 같은 확대 연습은 안 되는 것이다.

[연습 예]
  모델 문장 : 毎晩、日本語の勉強のために、新聞を読んでいるんですよ。
  교 사 : 読んでいるんですよ。
  학습자 : 読んでいるんですよ。
  교 사 : 新聞を読んでいるんですよ。
  학습자 : 新聞を読んでいるんですよ。
  교 사 : 日本語の勉強のために、新聞を読んでいるんですよ。

학습자 : 日本語の勉強のために、新聞を読んでいるんですよ。
교　사 : 毎晩、日本語の勉強のために、新聞を読んでいるんですよ。
학습자 : 毎晩、日本語の勉強のために、新聞を読んでいるんですよ。

지금까지 주된 문형 연습 방법을 설명하였는데, 교사는 각각의 연습 목적을 확실히 파악하고 학습자의 정착 상황을 관찰하면서 보다 학습자에게 필요한 내용으로 연습을 진행해 가는 것이 학습자의 학습 의욕을 고취시키는데 기여할 것이다.

이 오디오 링걸 교수법을 언어의 네 기능 측면에서 보면, 우선 듣고 말하는 훈련에 중점을 두고, 다음 단계에서 읽고 쓰는 연습을 하는 방식이다. 즉 구두 연습과 문형 연습을 중심으로 한 많은 양의 드릴을 부여한다. 이 교수법의 장점과 단점은 다음과 같다.

▶ 장 점
　① 철저한 구두 연습을 통한 듣기와 말하기의 연습을 할 수 있다.
　② 다인수 집단이나 학습자 사이에 실력 차가 있어도 사용할 수 있는 교수법이다.
　③ 초급은 물론 중급에서도 사용할 수 있다.
　④ 원칙적으로는 모국어의 화자가 교사이기 때문에 정확한 발음을 습득할 수 있다.

▶ 단 점
　① 실제의 장면과는 관계없는 기계적인 문형 연습을 하기 때

문에 학습이 단조로워 학습 의욕을 상실할 가능성이 있다.
② 아무리 기계적인 연습을 능숙하게 하여도 실제로는 커뮤니케이션이 안 되는 수가 있다.
③ 초기 단계부터 모국어의 화자와 같은 발음이나 속도를 요구하기 때문에 실력이 없는 학습자는 자신감을 상실할 수 있다.
④ 연습이 꽤 빠른 속도로 진행되기 때문에 실력이 없는 학습자는 항상 긴장하여야 한다.
⑤ 학습자의 상상력이나 자주성을 살릴 수 없다.
⑥ 교사는 항상 그 모국어의 화자가 아니면 안 된다.

이 교수법에 의해서 쓰여진 대표적인 교과서로는 조던(E.Jorden)의 『Beginning Japanese』가 있다.[12] 이 교수법은 1960년대 전반까지 외국어 교육을 지배하였지만, 그 후 이 교수법의 기초이론인 아메리카 구조주의 언어학, 행동주의 심리학이 생성문법과 인지 심리학에 의해서 비판을 받게 되면서 Communicative Approach와 같은 새로운 교수법이 등장하게 되었다.

오디오 링걸 교수법의 주된 연습 방법인 mim-mem연습, 문형연습으로는 언어를 조작할 수는 있을지 모르지만 자발적으로 문장을 창조할 수 있는 능력이나 어떤 장면에 어울리는 발화 능력, 상대와 상황에 따라서 발화를 조정하는 사회 언어학적인 능력 등은 육성할 수 없다는 비판도 일게 되었다.

---

12) 『Beginning Japanese』는 Yale University Press(1962)로 이 교과서의 구성법을 보면, AL 방법이 구체적으로 어떠한 교수법을 하고 있는지를 알 수 있다.

그러나 이 교수법은 이러한 비판에도 불구하고 현재에도 일본어 교육뿐만 아니라 많은 교육기관에서 이것을 보안 수정하는 형태로 가장 일반적으로 사용되고 있는 교수법 중의 하나이다.

2 커뮤니커티브 어프로치(Communicative Approach)

1970년대부터 유럽을 중심으로 발전해 온 외국어의 **종합적 교수법**이다. 이 교수법은 언어를 문법 항목이나 문형, 어휘 등의 구성 요소로 분해하지 않고 언어를 커뮤니케이션의 **총체**로서 파악하여 언어를 사용하는 장면과 결부시켜 실제적인 전달 능력을 익히게 하려고 하는 교수법이다. 즉 언어의 운용 **능력 육성**과 **실천성의 추구**를 그 특징으로 하고 있는 교수법이다. 이 교수법에서 운용 능력이 중시되는 배경에는 언어나 언어 사용에 대한 발화 이론이나 사회학적 영향이 크다. 커뮤니커티브 어프로치에서는 이와 같은 발화 이론이나 사회학적 관점에 서서 외국어 교육을 파악하고 있다.

따라서 이 교수법에서 말하는 「언어를 바르게 운용할 수 있다」는 말은 다시 말하면 문맥이나 어떤 상황에 따라서 적당한 말을 사용할 수 있다는 것이고 상대와의 관계, 발화 장소, 전달 수단에 따라서도 적절히 표현할 수 있다는 것을 의미한다.

① 발화 이론의 시점

　언어는 상황과 밀접한 관계가 있으며 각각의 상황에 따라서 발화자가 상대에게 그 의도를 전달하는 담화이다.

② 사회학적 시점

　언어 사용이라고 하는 것은 화자의 사회적인 행위이다.

　다른 외국어 교수법에서는 문법 항목, 문형, 어휘 등의 구성 요소를 가르치고 나서 커뮤니케이션 장면에서 그러한 요소를 어떻게 사용할 것인가를 가르치는데, 이 교수법에서는 먼저 **언어의 운용 능력**(Communicative competence)을 양성하는 것을 목표로 하고 있다. 즉 문법 규칙을 배우는 것이 아니라 언어를 운용해서 커뮤니케이션을 달성하는 능력을 기르는 것이다. 따라서 장면 장면마다 순간적으로 적절한 표현을 선택하여 사용할 수 있어야 한다. 실러버스도 문법 중심이 아닌 학습자의 needs나 흥미를 반영한 언어 機能, 意味를 중심으로 하는 실러버스가 윌킨스(D.A. Willkins) 등에 의해서 제창되었다.

　지도의 원칙으로서는 학습자의 목적을 파악하고 그 목적에 맞는 커리큘럼을 작성한다. 커리큘럼을 작성할 때는 종래의 문법을 중심으로 한 실러버스가 아니라 개념이나 機能 등 전달 능력을 육성하기 위한 실러버스에 입각해서 작성한다. 이것은 언어의 4기능을 구분하지 않고, 전체적인 틀과 관련해서 통합적으로 지도한다. 학습자의 오용[13]에 대해서는 유연하게 대처하고 언어 형식

---

13) 커뮤니커티브 어프로치에서는 학습자의 커뮤니케이션 능력은 시행착

의 정확함을 너무 강조한 나머지 언어 사용이 저해를 받는 경우가 없도록 해야 한다.

1) 커뮤니커티브 어프로치의 특징

이 교수법의 특징을 정리하면 다음과 같다.

(1) 학습자 중심주의
  ① 니즈 분석에 의한 커리큘럼 작성 : 학습의 도달 목표나 학습 항목은 학습자의 니즈에 의해서 결정된다.
  ② 학습자에 의한 학습항목 교재의 선택 가능 : 종래의 방법에서는 교사에게 일방적으로 결정권이 주어졌지만 학습자가 지도 내용이나 교재를 결정할 수도 있다.
  ③ 개별 커리큘럼 개발이나 학습도 가능 : 통상 수업은 집단적으로 행해지지만 이 교수법에서는 개별 커리큘럼 개발이나 학습도 가능하다.
  ④ 일부 기능의 우선적 훈련 가능 : 제한된 시간 안에 일정한 기능을 향상시키기 위해서 필요에 따라서 언어의 네 기능 중 어떤 하나의 기능만을 우선적으로 훈련시킬 수 있다.

(2) 문법적 정확성 보다 발화의 유창성을 중시
  예를 들면「日本語は難しいでした」라는 문장은 문법적으로 오류를 거쳐 완성해 가는 것이고, 학습의 과정에서 범하는 오용은 정확함에 도달하기 위한 하나의 과정이라고 생각하고 있다.

오용이지만 전달 내용에는 크게 지장이 없다. 이와 같이 세세한 문법상의 오용이 있을지라도 지적이나 정정을 하지 않는 것이 이 교수법의 특징이기도 하다.

(3) 문화 이해 교육의 중시
커뮤니커티브 어프로치에서는 문화 이해를 중요한 학습 항목으로 삼고 있으며 이를 위해 교재나 학습법의 연구 개발이 활발하게 행해지고 있다.

(4) 살아 있는 교재의 적극적 활용
언어 기능과 문맥과의 관계를 인식시키고 이문화 이해를 도모하기 위해서 교재는 실제 언어생활에 가까운 것을 사용한다.

2) 커뮤니커티브 어프로치의 수업 활동

이 교수법의 수업 활동으로는 role play, simulation, drama, game, pair work, task학습, information gap을 메우는 연습 등이 있다.

(1) role play
복수의 학습자에게 회화를 위한 상황과 역할을 주고 그것에 따라서 자유로이 회화를 시키는 연습 방법. 롤 플레이 연습에서는 회화의 목적, 내용 등은 정해져 있지만 구체적인 어휘 표현 문형 등의 선택은 학습자에게 맡겨진다. 또 주어진 역할과 상대의 역할을 생각하여 경어나 겸양어 등의 대우 표현의 적절한 사용이 연습의 중요한 포인트다.

상황이나 역할을 설명하는 데에는 롤 카드(role card)14)가 사용되기도 하지만 다음과 같이 구두로 지시되는 경우도 있다. 롤 플레이를 효과적으로 행하기 위해서는 상황에 맞는 문형이나 표현을 선택하는 것이 중요하다. 뿐만 아니라 이야기의 진행 방법이나 비언어 행동까지에도 주의를 기울일 필요가 있다. 이런 의미에서 롤 플레이를 **종합적인 커뮤니케이션 능력**을 양성하기 위한 효과적인 **교실 활동**의 하나라고 하는 것이다.

(2) simulation

실제로 있을 법한 사회 문제를 정하여 대립하는 두 그룹으로 나누어 각각의 입장에서 목표 언어를 가지고 토론하는 연습 방법. 토론에 앞서서 각각의 주장에 유리한 자료를 모으고 논쟁의 준비를 하는 것도 학습의 중요한 부분이다.

(3) drama

여기서 말하는 드라마는 시청각 교재로써의 비디오 드라마가 아니라 학습자가 그 드라마에 참가하여 등장인물로서 언어활동을 하는 연습 방법을 말한다. 드라마의 스토리는 학습자의 레벨에 따라서 다르지만 설정에 따라 공적인 회화나 친밀한 회화를 경험하게 할 수 있다.

---

14) 상황이나 역할을 설명하기 위해서 사용되는 카드.

(4) game

수업 중에 게임의 요소를 사용한다면 긴장감을 완화시킴과 동시에 즐거운 분위기 속에서 언어의 사용 경험을 축척할 수 있다. 이 게임 방법에는 팀으로 나누어 득점을 올리게 하는 방법이나 교대로 무언가의 행동을 하게 하는 방법 등 여러 가지의 종류가 있다. 이러한 게임을 통해서 학습자는 언어 형식에서 언어 사용 의식으로 바꿀 수 있게 되는 효과가 있다.

(5) pair work

학습자가 2인 1조가 되어 조별로 연습을 행하는 방법. pair work에서 서로 번갈아 가면서 교사 역할과 학습자 역할을 한다면 연습량을 비약적으로 증대시킬 수 있을 것이다. 교사는 그 사이 교실 내를 돌아다니면서 각 조의 지도를 행하는 보조적인 역할을 한다.

(6) task학습

task학습이란 어떤 과제를 수행하는 과정을 통해서 언어를 배우는 방법으로, 클래스에서 배웠던 언어 구조의 학습을 실제로 사회에서 사용할 수 있는 활동으로 발전시키려는 연습이다. 커뮤니커티브 어프로치에서는 실천적인 커뮤니케이션 능력을 육성하는데 효과적이다 하여 중시하고 있다. 예를 들면 「국제 전화 거는 방법」「한국에서 일본을 가는 방법」등에 대한 **과제**(task)를 부여하고 그것을 조사하여 보고하게 하는 방법 등이 task학습에 속한다.

(7) information gap을 메우는 연습

　information gap이란 대화를 하고 있는 사람들 사이에서 한쪽은 알고 있으나 한쪽은 모른다고 하는「정보의 차」를 말하는 것으로 진정한 커뮤니케이션이란 이 정보의 차를 메우기 위한 활동이어야 한다. 이런 의미에서 information gap은 커뮤니케이션 수행에 초점을 맞춘 활동이라고 할 수 있다. 일본어 수업에서 교사와 학생은 자주 다음과 같은 질문을 주고받는다.

[日本語授業]
・先生：それは何ですか。
・学生：これは本です。

　그러나 위와 같은 사항은 선생이나 학생이나 이미 정보를 알고 있는 것이다. 따라서 이것은 진정한 커뮤니케이션을 위한 연습 방법이 아니라 연습을 위한 연습 방법에 지나지 않는 것이다.
　다른 하나의 예를 아래에 들어보고자 한다.

[空港の入国審査]
・審査官：それは何ですか。
・旅行者：これはゴルフクラブです。

　위의 예는 입국 시 세관 직원이 여행자의 하물이 무엇인가 모를 때 물어보는 말이다. 본래 커뮤니케이션이라고 하는 것은 자기와 상대 사이에는 어떠한 형태로든 정보의 차가 존재하기 마련이다. 이것을 메우는 것이 진정한 커뮤니케이션이다.

존슨(K.Johonson)이나 모로우(K.Morrow)(1981)[15)]에 의하면 「information gap이야 말로 커뮤니커티브 어프로치에서 가장 중요시 하고 있다」고 기술하고 있다. 왜냐하면 커뮤니케이션의 목적은 서로 결여되어 있는 정보를 채우는 것에 있기 때문이다. information gap을 메우는 연습은 학습자 A, B가 서로 상대를 모르는 정보를 가지고, 서로 그 정보에 대해서 질의응답을 주고받는 형태로 행해진다. 예를 들면 일상생활 속에서 정보 전달 요소를 많이 포함하고 있는 활동으로서 학습자 A와 B 중 어느 한쪽이 정보가 결여되어 있는 경우, information gap이 있는 그림이나 표를 가지고 서로 상대로부터 정보를 찾아내어 그 그림이나 표를 완성시키는 pair work를 행하는 것이다.

지금까지 개관해 온 커뮤니커티브 어프로치는 AL 교수법(Audio Lingual Method)이나 인지 학습 이론의 대용으로 1970년대 이후 언어 교육의 주류를 이루어 왔던 것이 사실이다. 그러나 이 교수법에도 장·단점은 있다.

▶ 장 점
① 문법에 의하지 않고 학습자의 목적, 필요성에 따라 현실 생활에 유용할 수 있는 학습을 할 수 있다.
② 그 결과 학습자의 흥미나 학습에 대한 의욕을 불러일으킬 수 있다.

---

15) "Communication in Classroom Longman", 1981. (小笠原八重訳 "コミュニカティブ·アプローチと英語教育" 桐原書店, 1984)

③ 문맥이나 장면에 맞는 적절한 표현이나 행동을 할 수 있다.

▶ 단 점
① 반드시 언어 운용 능력을 습득할 수 있는 것은 아니다. 가르치는 방법에 따라 다르지만, 단지 機能이나 개념에 따라 그 표현 형식을 학습하는 것만으로는 문형이나 표현의 암기로 끝나 버릴 위험성이 있다.
② 機能 항목이 주가 되고, 문법 항목은 부차적인 것이 되어 단계적이고 체계적으로 도입하기 어렵다.
③ 현실 장면에서 언어 사용을 목표로 하기 때문에 표현 형식이 복잡하여 초급 레벨에서 사용하기 어렵다.
④ 의미의 전달을 중시한 나머지 문법적 정확성이 경시되기 쉽다.

3 인지기호 학습 이론(Cognitive Code Learning Theory)

1950년대 후반에 **촘스키**(N.Chomsky)[16]는 구조주의 언어학에

---

16) 「인간의 뇌에는 무한하게 발화할 수 있는 능력이 존재 한다」고 하였다. 발화 능력은 발화 문을 창조하는 능력으로 문법을 연역적으로 교육하고 그것을 장면 중에서 연습하는 방법에 의해서 발화 능력이

대해 비판하고 생성 변형문법 이론을 제창하였다. 이 이론은 새로운 언어 습득 이론을 초래하였으며 이 이론과 인지 심리학을 기초로 해서 개발된 교수법이 인지기호 학습 이론이다.17)

　인지기호 학습 이론의 주된 내용은 언어의 습득은 오디오 링걸 교수법에서 말하는 언어 습관에 의한 것이 아니라 **학습자가 어떤 언어의 틀을 이해하고 그 규칙을 스스로 인지 구조에 삽입해 가는 것**이라고 하는 것이다. 즉 언어란 규칙의 집합이라고 가정하고 어떤 언어를 학습한다고 하는 것은 그 언어에서 행해지고 있는 구체적인 언어활동에서 거기에 내재화된 규칙을 배우고 그것을 활용하여 문법적인 문장을 만들어 가는 언어 능력을 획득하는 것이라고 하는 이론이다.

　이 이론에서는 외국어 학습에 있어서 우선 외국어의 문법 규칙이나 구조를 이해시키는 것이 목표가 되기 때문에 교육에 있어서는 그 교재에 포함되어 있는 규칙을 설명하고 나서 구체적인 예를 제시하는 **연역적인 방법**을 취한다. 오디오 링걸 교수법에서는 **귀납적인 방법**으로 행해진다. 현재 많은 일본어 학습에서 오디오

　　형성된다.
17) 인지 심리학이나 인지 학습 이론 등이 이론적 기반이 된 교수법
　　① 인지기호 학습 이론
　　② Silient Way
　　③ CLL
　　④ TPR
　　⑤ Natual Approach
　　⑥ Suggestopedia
　　구조주의 언어학이나 행동주의 심리학 등이 이론적 기반이 된 교수법
　　①오디오 링걸 메서드
　　② ASTP(Army Special Training Program)=Army Method

링걸 교수법에 이 학습 이론을 가미한 교수법이 행해지고 있다. 그 주된 내용을 몇 가지 들어 보면 다음과 같다.

(1) 목표 언어와 모국어의 비교

학습자의 모국어와 목표 언어의 음운, 언어 구조, 문화 습관 등이 어떻게 다른가를 고찰하여 이것을 교수 상에 활용하여 학습자에게 인지시키는 것이 학습 상 필요하다. 이것은 인지 기호 학습 이론에 입각한 것으로 미리 2개의 언어의 차이를 인식하고 있으면 교사나 학습자가 효과적으로 학습할 수 있다고 하는 생각이다.

(2) 학습자의 모어 사용

목표 언어와 모국어의 어휘나 문법 등의 차이점에 대한 설명은 학습자의 모국어를 사용하는 것이 효과적이다.

(3) 문법 설명

촘스키의 이론에 입각해서 문장을 생성하는 규칙인 문법을 우선 제시하는, 이른바 연역적인 교육이 효과적이다. 인간의 인지 능력을 이용하여 그 언어의 규칙을 이해하고 나서 언어 습득에 필요한 연습을 하는 것이 효과적이라고 하는 생각이다.

(4) 언어의 4기능 중시

오디오 링걸 법에서는 **구두 회화 능력**(말하기, 듣기 중심)에 중점을 두었는데 인지기호 학습이론에서는 말하기, 듣기뿐만 아니라 읽기, 쓰기, 즉 언어의 4기능을 모두 중시한다.

(5) 신출 어휘나 구문의 도입 방법

새로운 학습 항목 도입에는 반드시 이미 학습한 항목, 어휘를 사용한다. 왜냐하면 이미 알고 있는 어휘나 구문에서 새로운 학습 항목을 인지할 수 있고, 이에 따라 학습 효과를 높일 수 있기 때문이다.

(6) 발음 지도

학습자가 목표 언어의 음 체계를 알고 있으면, 그 만큼 효과적인 학습을 할 수 있다고 하는 생각에서 이 교수법에서는 목표 언어의 음운에 대한 설명을 하면서 지도한다. 오디오 링걸 교수법에서는 모국어의 화자와 같은 속도로 이야기해야 한다고 주장하는데 이 교수법에서는 이해하는 것을 중시하기 때문에 학습자의 레벨에 맞추어 속도를 조절해야 한다고 주장하고 있다.

(7) 연습 방법

오디오 링걸 교수법에서는 드릴과 모방을 통한 습관 형성에 목표를 두기 때문에 연습은 기계적이고 단조로웠다. 그러나 인지 학습에서는 학습자가 우선 학습 항목을 이해하고 나서 드릴을 행한다. 드릴 내용도 실제의 장면에서 활용할 수 있는 것이 많고 또 교사가 일방적으로 제시하는 것이 아니라 학습자의 상상력을 살릴 수 있도록 배려하고 있다.

(8) 문 자

오디오 링걸 교수법에서는 회화가 학습의 중심이기 때문에 문자 학습은 늦게 행해진다. 그러나 인지 학습법에서는 「인지」라고 하는 것이 주된 내용이기 때문에 문자도 빠른 단계에서부터 시작된다.

▶ 장 점
① 학습자는 학습할 항목이나 내용에 대해서 미리 설명을 들어 이해하고 있기 때문에 학습 효과를 올릴 수 있다.
② 문자가 빠른 단계에서 도입되기 때문에 청취력이 약한 학습자일지라도 시각적인 효과를 얻을 수 있다.
③ 교수법이 기계적인 연습이 아니고 학습자는 이미 알고 있는 어휘나 문형을 사용하여 자신이 말하고자 하는 것을 표현할 수 있기 때문에 학습 의욕을 증가시킬 수 있다.

▶ 단 점
① 언어 형식이나 추상적인 문법 규칙이 교육의 중심이기 때문에 언어의 운용이나 실제적인 장면에서 어떻게 기능하고 사용되고 있는지에 대한 교육이 결여되어 있다.

보충 자료

1. 생성문법(Transformational Grammar), (Generative Transformational Grammar)

　1950년대에 미국의 언어학자 촘스키(N.Chomsky)에 의해서 제창된 언어학 이론으로 **변형문법, 변형 생성문법, 생성 변형문법**이라는 용어도 동의로 사용된다.
　이 생성문법의 주된 이론은「인간의 뇌에는 무한한 文章을 창조할 수 있는 능력이 존재하고 있다」고 하는 것이다. 인간이 어떤 언어의 문법적인 文章을 만들어 내고 비문법적인 文章을 만들지 않는 어떤 장치를 생성문법이라고 하는데, 촘스키는 실제로 사용되는 文章의 분석만으로는 해명할 수 없는 문법적인 현상들이 있다고 보고 이것을 설명하기 위해서 어떤 文章이 만들어지는 과정을 **심층 구조**(화자의 머릿속에 내재되어 있는 추상적인 언어 구조)와 **표층 구조**(어떤 변형 규칙의 적용에 의해 표면화된 언어 구조)라는 개념으로 설명했다.
　예를 들면「太郎はだましやすい」와「太郎は怒りやすい」의 두 개의 文章을 보면 표층 구조는 비슷하지만 심층 구조는 다르다. 즉「だます」는「だれかが太郎をだます」라는 심층 구조이고,「怒る」는「太郎が怒る」라는 심층 구조로써 주체가 다르다. 이와 같이 우리가 일상 사용하는 文章은 심층 구조에서 만들어지고 이

심층 구조가 각각의 언어의 변형 규칙18)에 의해서 밖으로 표출되는 것이다. 이러한 생성문법의 영향을 받은 인지기호 학습이론에서는 실제 사용되고 있는 표층 레벨의 文章뿐만 아니라 심층 구조의 언어 능력도 범주에 넣어서 교육을 행하려고 하는 것이다. 언어 능력(Language competence)이란 모어 화자가 발화 가능한 文章을 무한정하게 만들어 낼 수 있는 능력으로 이러한 능력이 있기 때문에 지금까지 듣지도 못한 文章을 창조할 수 있고 어떤 文章이 문법적인지 비문법적인지를 판단할 수 있는 것이다.

 오디오 링걸 교수법에서 말하는 **습관 형성 이론**에서는 학습하여 습관화된 文章을 설명할 수 는 있었지만, 새로운 文章을 창조하는 능력에 대해서는 설명할 수 없었다. 따라서 **생성문법 이론** 등에 의해서 비판을 받게 된 것이다. 이 외에도 생성문법에서는 **생득설 혹은 언어획득 장치, 보편문법, 句 構造規則** 등의 용어

---

18) 변형규칙은 심층 구조를 표면 구조로 변환시키는 역할을 함.
   【예】(a) 이 아이가 그 소식을 들었다.
        (b) 그 소식을 이 아이가 들었다.
        (c) Suzan loves the boy.
        (d) The boy is loved by Suzan.
        (e) It is Suzan who loves the boy.
        (f) It is the boy that Suzan loves.
        (g) It is the boy that is loved by Suzan
   위의 예문 중 한국어 (b)의 문장은 (a)의 문장에서 목적어 이동이라는 변형규칙에 의해서 생겨난 것이다. 영어 문장의 경우도 이들 문장이 형태나 문체적인 차이는 있지만 모두 진위치는 같은 것이다. 즉 누가 누구를 어떻게 하느냐라는 내용은 같은 것이다. 그런데도 다른 형태로 나타나는 것은 거기에 각각의 변형 규칙이 적용되었기 때문이다.

가 자주 사용되기도 한다.

2. 생득설

  생득설이란 인간은 태어나면서부터 언어를 획득할 수 있는 능력을 가지고 태어난다고 하는 것이고 여기에서「언어를 획득하는 능력」이란 **언어 획득 장치**라는 용어로 자주 사용된다. 어린이가 유아기의 단기간에 모어의 체계를 마스터할 수 있는 것도 이와 같은 증거가 된다. 이 생득설과 대립하는 것이 **경험설**이다. 경험설은 사람이 획득하는 모든 지식은 생후 경험에 의해서 얻어지는 것이지 생득적인 것이 아니라는 이론으로써 이러한 입장을 지지하는 것이 **행동주의 심리학**이다.
  인간에게는 이러한 언어 획득 장치가 태어나면서부터 갖추어져 있는데 이것의 작용에 의해서 언어가 획득된다는 것이다. 그 중핵을 이루는 것이 **보편문법**이다. 이 보편문법은 특정한 언어의 특정한 규칙에 의해서 구성되어 있는 것이 아니라 모든 언어에 보편적으로 적용되는 추상적인 원리이다.

3. 句 構造規則 (phrase structure rules)

  구 구조규칙이란 구조주의 언어학의 직접 구성요소(IC분석)19)의 문제를 해결하기 위해서 생성 문법이 제창한 통어 이론으로써 句 構造規則을 간단히 보면 다음과 같다.

> **도움 말**
>
> 【句 構造規則】　　　S=sentence(文)
> - S → NP - VP　　　NP=noun phrase(名詞句)
> - NP → Det - N　　　VP=verb phrase(動詞句)
> - VP → NP - V　　　Det=determiner(冠形詞 혹은 限定詞)
> 　　　　　　　　　　N=noun(名詞)
> 　　　　　　　　　　V=verb(動詞)

---

19) 구조주의 언어학의 문 구조 분석 방법으로 문 전체에서 시작하여 점차적으로 분석해 가는 방법이다.

① 영어의 예 : The young woman worked hard

〈IC분석〉

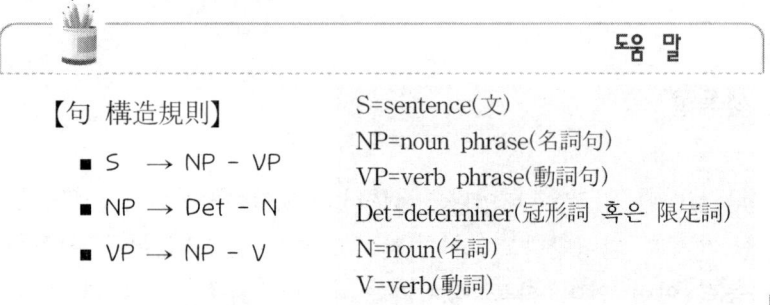

② 일본어의 예 : 花子は　学生です。

〈IC분석〉

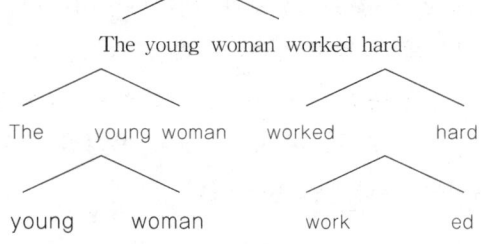

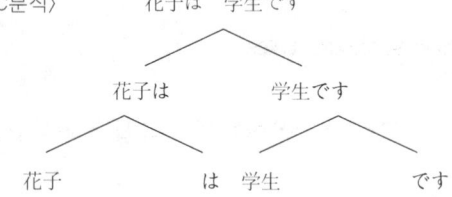

다음 문장을 이 구 구조 규칙에 의해서 나무 구조(tree structure)로 나타내면 다음과 같다.

ⓐ 영어 예문　　：The boy saw the dog.
ⓑ 한국어 예문：이 아이가 그 소식을 들었다.
ⓒ 일본어 예문：私は 先生です。

ⓐ 영어 예문의 나무 구조(tree structure)

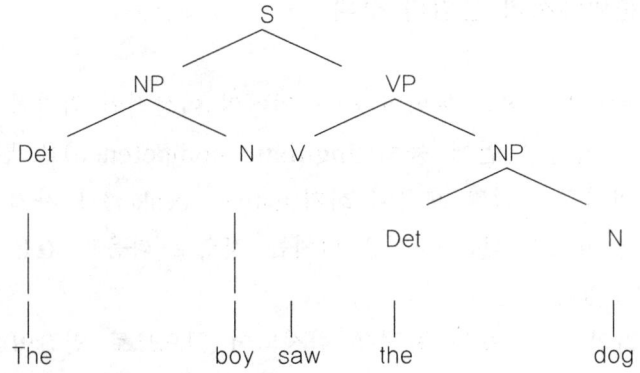

ⓑ 한국어 예문의 나무 구조(tree structure)

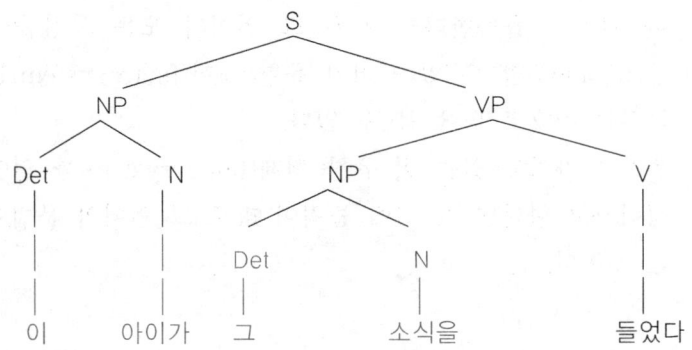

ⓒ 일본어 예문의 나무 구조(tree structure)

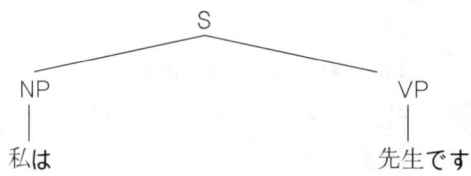

4. 생성문법에서의 문법의 정의

어떤 언어에 있어서 문법이란 그 언어의 이상적인 화자가 보유하고 있는 생득적 언어 능력(linguistic competence)을 말하는 것이다. 언어 능력이란 모국어 화자(native speaker)가 자기 언어에 대해서 가지고 있는 지식을 말하는 것으로 다음과 같은 특징을 가지고 있다.
ⓐ 우리의 지식 습득 능력은 한정되어 있으므로 인간이 자기 언어에 있는 무한한 수의 문장을 하나씩 배워서 머리에 기억한다고는 생각할 수 없다.
ⓑ 한 언어를 습득한다는 것은 그 언어의 모든 문장을 생성(generation)할 수 있는 어떤 유한 체제(finite system)를 습득하는 것으로 밖에 볼 수 없다.
ⓒ 우리가 가지고 있는 이 유한 체제(finite system)를 언어 능력이라고 한다면 이 언어 능력이 바로 그 언어의 문법이 되는 것이다.

4 TPR 이론(Total Physical Response Approach)

앞에서 살펴본 인지기호 학습 이론은 생성문법 이론을 언어 교육의 구체적인 방법에 결합시키는 것이 곤란하다고 하는 문제점 등이 있어 하나의 교수법으로서 확립되기에 이르지는 못하였다. 그리하여 1960년대 이후 미국을 중심으로 한 여러 나라에서 새로운 교수법 개발이 시도되어 여러 가지의 교수법이나 이론이 제창되었다.

그 중 대표적인 것으로는 **전신 반응 교수법**(TPR), **침묵식 교수법**(Silent Way), **써재스트페디아**(Suggestopedia), **커뮤니티 랭귀지 러닝**(Community Language Learning) 등이 있다.

TPR이란 전신 반응 교수법, 혹은 전 신체적 교수법으로 미국의 심리학자 앗셔(J.Asher)가 개발한 교수법이다. 이 교수법은 聽取(聽解)중심 교수법으로 학습자들은 청취한 말을 신체적 행동에 의해 반응해 가는 방법을 취한다.

청취를 중심으로 하는 교수법에는 **포스토프스키**(V.A.Postovsky)의 **컴프리핸션 어프로치**(Comprehension Approach[20])나, 위니츠

---

20) 이 교수법은 광의로는 청취 중심, 협의로는 이해 중심 교수법이다. 이것은 유아의 제1언어 습득 과정을 근거로 입문기 러시아어 학습을 비디오 교재에 의한 청취 연습에 중점을 두고 학습 내용은 텔레비전의 화면을 통해서 직접법적 방법으로 이해시킨다. 문자 학습은 처음부터 실시. 이 교수법의 의의는 언어 교육의 대상을 구조 중심에서

(H.Winitz)의 OHR Method[21]등이 있다. TPR은 청취 연습이 구두 연습에 우선한다고 하는 점에서는 이들의 방법과 같지만, 포스토프스키가 말을 텔레비전의 화면, 위니츠가 그림과 연계시키고 있는데 대해서 앳셔는 말을 **동작과 결합**시키고 있다는 점이 다르다. 말을 신체적인 동작에 의해 반응하는 교수법은 멀리 19세기의 관(Gouin Francois)의 "Series"[22]에 거슬러 올라 갈 수 있고, 파머(H.E.Palmer)의 "동작연쇄(Action chain)"[23]에서도 볼 수 있다. 그러나 TPR에서는 말 중에서도 듣는 연습에 동작을 이용한다고 하는 것이 큰 특징이다.

초보 단계에서는 교사가 명령문을 발하고 스스로 그 명령에 따르는 동작을 보이고 다음에 학습자들에게 똑같은 동작을 시킴으로써 **기억을 강화해 가는 방법**을 취한다. 예를 들면 「歩いて下

의미・이해 중심으로 전환했다는 데 있다.
21) OHR은 Optimized Habit Reinforcement Method의 약어로 효과적인 습관을 강화하는 교수법이라고 해석할 수 있다. 또는 OHR은 독일어로 '귀'를 의미하기 때문에 종래의 '귀와 입'에 의한 교수법이 아니라 '귀만'을 사용하는 교수법이라고도 해석할 수 있다.
위니츠(H.Winitz)가 개발한 청취 중심의 교수법이다. 이 교수법의 특징은 테이프나 그림을 중심으로 한 프로그램 교재를 사용하여 단계적으로 학습해 가는 방법을 취한다. 기본적인 이론은 인지 심리학이나 생성문법 이론에 기초를 두고 있는데, 오디오 링걸 교수법에서 자주 사용하는 프로그램 학습 이론도 채용하면서 자기의 페이스대로 무리 없이 배울 수 있는 교재를 사용한다는 것이 특징이다.
22) 연상하기 쉽게 배열된 일련의 연속적인 동작을 시리즈라 부르며, 교재도 이 시리즈에 의해서 구성되어 있다.
23) 내용적으로 연관된 일정한 연속적 동작을 명령문에 따라 하도록 하고 그 동작에 대하여 문답하게 하는 연습.

さい」를 충분히 연습시키고 나서「窓まで歩いて下さい」를 도입하고 이어서「窓まで歩いて窓を開けて下さい」와 같이 명령 내용을 점차 확대해 가면서 학습자의 청취 능력을 배양해 가는 것이다. 이 교수법은 어린이의 언어 습득 과정을 관찰해 보았더니 사람은 발화 활동을 하기에 앞서 청취 활동을 먼저 하고 그것을 신체적 행동과 연계시켜 간다면 학습이 효과적이라는 가설에 입각한 것으로 입문기 청취 훈련에 좋은 교수법이다. 이 교수법의 장점과 단점을 보면 다음과 같다.

▶ 장 점
① 무리하게 처음부터 발화하지 않아도 되기 때문에 학습자는 안심할 수 있다.
② 몸을 움직여 기억하기 때문에 집중력이 떨어지는 사람에게 효과가 있다.

▶ 단 점
① 청취력에서 발화력으로 이행하는 것이 앗셔가 말한 대로 용이한 것은 아니다.
② 발음 지도나 교정이 불충분하다.
③ 학습자들의 자발적 발화가 생기기 어렵다.
④ 어린이가 아닌 학습자에게는 학습 내용이 실제로 자연스럽게 사용되는 언어 운용과 거리가 있다.
⑤ 추상 개념의 도입이 어렵고 명령문을 들려주는 것만으로 어휘나 문법 규칙을 가르칠 수 있을까 하는 의구심이 있다.
⑥ 성인의 학습자에게 지시되는 동작이 '학습을 위해서'라고

해도 넌센스인 경우 그 같은 동작에 반감을 가질 수 있다.

5 CLL(Community Language Learning)

이 교수법은 오랫동안 카운슬링에 종사했던 미국의 심리학자 커런(C.A.Curran)신부에 의해 제창된 교수법이다. 새로운 외국어를 배울 때 학습자의 마음속에 불안이나 공포감이 있게 마련이다. 이것이 효과적인 학습을 저해하는 요인으로 작용하는데 교사는 우선 카운슬러가 되어 학습자의 불안이나 공포감을 제거해 주는 것이 무엇보다도 중요하다고 커런은 주장하고 있다. 여기에서 이름 붙여진 것이 Counseling-Learning (약해서 CL)이고, 이것을 외국어 교육에 적용한 것이 Community Language Learning (약해서 CLL)이다.

이 교수법에서 **교사는 助言者, 학습자는 被助言者**의 관계라는 생각에서 클래스를 일종의 Community(공동체)라고 보는 것이다. 피조언자인 학습자들은 카운슬러인 교사의 협력을 받아 과제를 해결하면서 학습을 진행해 나가는 것이 이 교수법의 특징이다.

수업은 교사의 시사에 따라 학습자들이 그 날의 과제를 정하고, 그 과제에 대해서 목표 언어를 사용하여 서로 이야기 한다. 이 때 모르는 어휘나 표현에 대해서 교사에게 협력을 구할 수 있다.

교사는 학습자들의 이야기에는 직접 참가하지 않고 협력을 구할 때에 한해서 조언을 하는 **보조자적인 역할**을 한다.

　외국어를 학습할 때 불안이나 공포에 대한 **방어적인 학습**(defensive-learning)보다는 비방어적인 학습을 실현할 때 학습 효과가 오르게 되는데 커런은 비방어적인 학습을 실현하기 위한 요인으로 안심감(Security), 주의력(Attention), 적극성(Aggression), 정착(Retention), 반성(Reflection), 식별(Discrimination) 등 6가지를 들고 있다. 안심감을 느끼는 환경에서 학습자는 학습 활동에 집중할 수 있고 이것은 결국 적극적인 학습을 가능케 하며 적극적인 학습에 의해 학습한 것은 빨리 정착된다. 그 정착은 반성 혹은 자기 평가에 의해 학습자의 공간에 학습 과정이나 학습 항목이 삽입된다. 이것은 학습자의 학습 의욕을 촉진시키는 역할을 하게 되는 것이다. 이상과 같은 과정의 반복을 통해서 학습자는 학습한 것과 그렇지 않은 것을 식별해 간다.

　이 교수법의 수업 방법을 좀 더 구체적으로 보면 다음과 같다.

① 학습자는 동그랗게 앉고 가운데에는 녹음기와 마이크를 놓는다.
② 조언자(교사)는 원 밖에 위치한다.
③ 학습자는 마이크를 잡고 손을 든다. 조언자는 그 학습자의 뒤로 간다.
④ 학습자는 표현하고 싶은 것을 모국어 또는 모국어와 목표 언어로 말한다. 조언자는 목표 언어로 번역한다. 목표 언어로 말한 경우 발음이나 문법을 정정하여 그 학습자에게 전달한다.

⑤ 그것을 모방하여 바르게 말할 수 있을 때까지 학습자는 가지고 있던 마이크를 사용하여 테이프에 녹음한다.
⑥ 이와 같이 발화를 녹음기에 녹음하면서 회화를 진행해 간다.
⑦ 일정 시간(10~15분정도)이 지나면 회화를 종료한다. 지금까지 녹음한 내용이 그 날의 교재가 된다.
⑧ 회화를 재생한다.
⑨ 조언자는 재생한 회화를 판서한다.
⑩ 학습자는 그것을 쓴다.
⑪ 학습한 구문이나 거기에서 사용된 어휘를 이용하여 학습자끼리 조를 편성하여 회화문을 만든다.
⑫ 학습이 끝나면 조, 혹은 그룹, 조언자가 교실에서 느낀 점 등을 이야기한다. 이 경우 듣는 사람은 자기의 의견이나 주장을 하지 않는다.

이 교수법의 장점과 단점은 다음과 같다.

▶ 장 점
  ① 종래의 교수법은 학습한 표현이나 어휘 밖에 사용하지 못했는데 이 교수법에서는 처음부터 추상적인 것이나 자기가 말하고 싶은 것을 말할 수 있다.
  ② 카운슬링이라고 하는 일종의 치료를 도입하기 때문에 어학 학습에 실패한 학습자 등에게 효과적이다.

▶ 단 점
  ① 학습 내용이 학습자의 선택에 의존하기 때문에 그것을 체계적으로 도입하는 것이 어렵다.

② 소그룹 집단에 한정된다.
③ 학습자의 모국어에 대한 지식과 번역 능력이 있는 교사가 필요하다.
④ 학습자의 모국어가 다양한 경우 조언자 한 사람 만으로는 무리가 있다.

6 침묵식 교수법(Silent Way)

미국의 수학자이며 심리학자인 가태뇨(C.Gattegno)가 개발한 교수법이다. 교사는 수업 중 가능한 한 발화를 피하고 학습자의 자발적인 발화나 상황에 따른 시행착오를 촉진하기 때문에 붙여진 것이 Silent Way이다. 가태뇨는 종래의 교육 방법에 찬성하지 않고 스스로 수십 년에 걸쳐 인간을 관찰해 새로운 과학의 분야, Science of Education(과학으로서의 교육)을 확립했다. 그것을 언어 교육에 응용한 것이 Silent Way이다. 가태뇨는 언어의 학습은 Mim-Mem이나 드릴 연습에 의하는 것이 아니라 학습자 자신이 자기의 지성으로 목표 언어의 문법 체계를 발견하거나 많은 시행착오를 거치면서 가능해진다고 보았던 것이다. 이 교수법은 학습자가 스스로 학습에 능동적으로 책임을 가지고 임하는 것이 무엇보다도 중요하다. 즉 이것은 학습자 중심의 교수법으로 학습자는 서로 협력하여 어떤 문제를 해결하고 많은 시행착오를 거치면서 언어를 습득하게 되는 것이다. 그러기 위해서 교사는 수업 중 가능하면 발언을 피하고 수업 시간에는 주로 학습자의 발언에 맞추고 학습자들의 발언에 실수가 있어도 교사는 정정해 주지 않고 학습자들 끼리 서로 문제를 해결할 수 있도록 도와주어야 한다. 그와 같은 습관이 형성되면 학습 동기가 강화되고 학습 효과도 상승한다고 하는 교수법이다.

이 교수법은 교사 자신이 필요 이상의 발화를 피하면서 학습자들의 자발적인 발화를 촉진시키기 위해서 많은 **보조적 교재·교구**를 사용해야 한다. 예를 들면 목표 언어의 음을 색으로 구분한 컬러 차트(발음 지도에 사용)나 색이 칠해진 rod(길고 가는 봉) 그림 교재 등의 교구를 사용하여 학습자들의 발화를 촉구한다. 교사는 학습 목표를 명시할 뿐 문제를 제시한 후에는 침묵하고 어디까지나 **학습자가 수업의 중심**이 되게 한다. 모방이나 반복 등의 기계적인 드릴은 행하지 않는다. 이것은 학습자의 정신이나 심리를 중시하는 精神力學系 메서드[24]의 대표적인 교수법이다.

구체적인 수업의 일례를 소개하면 초기의 수업에서 교사는 푸른 봉을 들고, 한번만「푸른 봉」이라고 말한다. 다음으로 학습자에게 같은 것을 말하게 한다. 다음에 빨간 봉을 들고 말하지 않고 학습자에게 보여주며 무언가 말하도록 손짓으로 지시한다. 학

---

24) 학습자의 심리적인 안정을 중시하고 그 능력을 최대한으로 발휘할 수 있도록 하는 것을 목표로 하는 학습자 중심 교수법을 말하는데 대표적인 것으로는 유아의 언어 습득 과정과 같이 편안한 상태에서 언어 학습을 할 수 있도록 하는 silent way, 카운슬링의 기법을 응용한 CLL, 암시력을 이용하는 suggestopedia 등이 이 계통에 속하는 교수법이다.

습자는 빨강이라고 하는 어휘는 이미 습득하였다. 여기에서 배울 것은「빨갛다」라는 형용사의 사용법이다. 한 학생이 대답을 못하면 다른 사람에게 물어 본다. 두서너 명에게 물어 보았는데도 정답이 나오지 않으면 거기에서 다시 푸른 봉을 들고「푸른 봉」이라고 말하게 한다. 그리고 같은 사람에게 빨간 봉을 보여 주면서 말하게 한다. 여기에서「빨간 봉」이라는 대답이 나오면 다음으로「흰 봉」을 말하게 한다. 그리고 이미 배운 단어의 색을 차례차례로 사용하여 학습을 확실히 해 간다. 이 교수법의 장점과 단점을 보면 다음과 같다.

▶ 장 점
① 장시간에 걸쳐 발음을 습득하기 때문에 학습자는 정확한 발음을 몸에 익힐 수 있다.
② 한 번 밖에 들을 수 없기 때문에 집중력을 향상시킬 수 있고 동시에 청취력을 향상시킬 수 있다.
③ 학습자는 오용을 스스로 인지하지 않으면 안 된다. 그 결과 자기의 발음에 대한 모니터 능력을 익힐 수 있다. 또 정확한지 정확하지 않은지에 대해 주위의 반응 등을 보면서 판단하고 만약 틀렸다면 스스로 정정한다. 이러한 것이 판단력을 양성하고 개인의 자주성을 길러 줄 수 있다.

▶ 단 점
① 학습 내용이 인공적이기 쉽다.
② 소인수에 한정되어 있다.
③ 교사의 모델이 극단적으로 적기 때문에 교사에 의존하는 학습자에게는 부담이 될 수 있다.

④ 초기 단계부터 학습 내용에 대해서 교사가 조정하기 때문에 학습자들의 자주적인 발화가 그다지 없다.
⑤ 컬러 차트나 컬러 봉 등의 교구에 대한 사용을 하기 위해서는 상당한 훈련 기간이 필요하다.
⑥ 처음 사용되는 어휘가 상당히 특수한 것에 한정되고 단문 레벨의 학습이 많기 때문에 실제 커뮤니케이션에 유용할지에 대한 의문이 있다.
⑦ 학습자가 틀렸을 경우 다른 학습자에게 말하게 하고 계속해서 누군가가 정답을 말할 때까지 교사는 침묵을 지켜야 하기 때문에 시간적인 소비가 많다.

7 써재스트페디아(Suggestopedia)[25]

불가리아의 정신과 의사인 로자노프(G.Lozanov)에 의해서 개발된 교수법으로 암시력에 의해서 학습자의 능력을 최대한으로 발휘시켜 학습 효과를 꾀하려는 것이 이 교수법의 특징이다. 이 교수법은 암시력을 강조하기 때문에 암시식 교수법 혹은 언어 암시법이라고도 한다. 로자노프의 학습관은 「인간의 잠재 능력

---

25) suggestopedia는 암시학(suggestology)과 교수법(pedagogy)의 합성어이다.

(reserve complex)을 개발하고 활성화하는 것은 인류의 영원한 바람이다」라고 1978년에 유네스코 보고서에서 발표한 것과 같이 인간은 일반적으로 생각하고 있는 것보다도 훨씬 높은 학습 능력을 잠재적으로 가지고 있는 것으로 판단했다. 이 잠재 능력[26]을 개발하고 활성화하기 위해서는 편안한 환경이 필요하다. 그러기 위해서 실내의 설비나 내장이 필요하고 조용한 음악도 환경의 중요한 요소가 된다. 이 교수법에서는 다음과 같은 세 가지 원칙이 무엇보다도 중요하다.

① 긴장으로부터 해방

학습자가 정서적으로 해방되고 정신적으로 편안하게 학습할 수 있도록 학습 환경이나 수업의 프로세스에서 긴장, 불안, 공포 등의 부정적인 요인을 제거하는 것이 중요하다. 이 같은 상태일 때 학습자는 지적 기억이나 창조 활동에 집중할 수 있고 인간이 본래 가지고 있는「배우는 기쁨」을 얻을 수 있다.

---

[26] 잠재 능력이란 숨겨져 있는 능력, 의식되지 않는 능력이지만 실제 존재하는 능력이다. 인간은 본래 무한한 능력을 가지고 있지만 불안이나 긴장 등의 부정적인 심리 요인에 의해서 소외되고 스스로 자신의 능력의 한계를 설정해 버리기 때문에 충분히 발휘되지 않는 경우가 많다고 생각하고 있다. 이 같이 뇌 속에 있는 마이너스적인 요인을 암시나 음악의 힘으로 제거해 준다면 유아 시대와 같은 자기 긍정의 상태가 되어 잠재 능력을 도출해 낼 수 있다고 보는 것이다. 이러한 상태를 유아화(infantilization)라고 말한다.

② 顯在의식과 잠재의식의 통합
   학습 과정에서 학습자의 현재 의식뿐만 아니라, 잠재의식의 기능이나 반응도 활용해야 한다.

③ 잠재 능력 레벨에 있어서 관련성이 있는 암시의 활용
   잠재 능력을 개발하고 활용하기 위해서는 학습 과정에서 항상 학습자에게 아직 개발되어 있지 않은 잠재 능력 레벨에 효과적으로 암시를 결부시켜 활용할 필요가 있다.

Suggestopedia에 의한 외국어 교수법은 특수한 목적을 위해서 개발된 것이 아니라 그 도달 목표는 일상적으로 널리 활용할 수 있는 일반적인 커뮤니케이션 능력의 습득에 있다. 이 교수법의 장점과 단점을 보면 다음과 같다.

▶ 장 점
① 무의식중에 기억력이 증대된다.
② 유아화(infantilization)나 role play를 통해서 자기로부터 해방될 수 있다. 그 결과 학습이 촉진된다.
③ 단기간에 많은 양의 학습을 할 수 있다
④ 요가 등을 이용하기 때문에 건강 증진에도 도움이 된다.
⑤ 본문은 학습자의 주의를 끄는 재미있는 것으로 되어 있다.
⑥ 언어적인 능력 개발뿐만 아니라 잠재적인 미적 감각을 자극해서 감성을 풍부하게 할 수 있다.

▶ 단 점
① 소인수 그룹에 한정되어 있다.
② 학습 환경을 갖추기 위해서 상당한 비용이 든다.
③ 이 교수법에 대한 충분한 신뢰성이 없다면 효과는 기대하기 어렵다.
④ 이 교수법을 사용할 수 있는 자질이 있는 교사를 양성하기 어렵다.

8 직접법(Direct Method)

『英語教授法事典』(1970)[27]에서는 직접법을「言語表象と意味を母国語をはさまずに、直接に結びつける習慣を養う言語教授法」이라고 정의하고 있다. 여기에서도 알 수 있듯이 이 교수법은 외국어를 가르칠 때 목표 언어(target language)만을 사용하며 학습자의 모어는 사용하지 않는다고 하는데 직접법의 특징이 있다. 이 교수법은 전통적인 문법 번역법(Grammar Translation Method)[28]에

---

27) 市河三喜監修『英語教授法事典』 語学教育研究所, 開拓社
28) GT법이라고도 한다. 중세 유럽에서 라틴어 교육을 위해 개발된 교수법으로 목표 언어의 문법 규칙이나 어형 변화를 암기시키고 목표

대한 비판과 회화 능력 향상을 요구하는 시대 상황에 따라서 19세기 말부터 20세기 초에 걸쳐 개발되었다.

외국어 교육의 1차적인 목표가 외국어를 사용하여 자기의 사상이나 감정을 전달하는, 이른바 커뮤니케이션에 있다는 인식이 팽배해짐에 따라 이 교수법이 널리 행해지게 되었다. 앞에서 기술했듯이 이 교수법은 목표 언어만을 사용하기 때문에 문법적 설명은 최소한도로 줄이고, **귀납적**으로 예를 들어 가면서 이해시킨다. 그러기 위해서 그림이나, 동작, 사진, 실물 등의 **시청각 교재**를 효과적으로 사용하며 교사가 질문하고 학습자가 거기에 답하는 형식을 취한다. 초기 단계에서는 가능한 한 학습자들이 쉽게 접할 수 있는 구체적인 것을 사용하는 것이 바람직하다. 이 교수법의 장점과 단점은 다음과 같다.

▶ 장 점
  ① 교사가 항상 목표 언어만을 사용하기 때문에 그 언어와의 자연적인 접촉이 많다.
  ② 교사가 항상 목표 언어만을 사용하기 때문에 학습자가 외국어를 공부하고 있다고 하는 만족감이 강하다.
  ③ 그림, 동작, 실물 등을 보고 유추하고 추측하는 것이 중심이 되기 때문에 시간을 들여 생각하게 되고 생각하면서 이해하게 되어 학습한 것에 대한 정착이 용이하다.

언어의 문장을 모국어로 번역하여 그 의미를 이해하고 어휘를 학습하는 전통적인 교수법. 읽기 쓰기가 중심이며 문헌을 통해서 정보를 수집하는 것이 주된 목적. 이 교수법은 구두 커뮤니케이션을 지향하는 외국어 교육에는 적합하지 않기 때문에 점차로 직접법 계통의 교수법으로 대치되게 되었다.

▶ 단 점
① 소인수 학습에 한정되고 문답 형식이고 교사 주도형이기 때문에 학습자의 자주적인 발화 육성이 어렵다.
② 의미의 파악이 애매한 채로 지나치기 쉽다.
③ 추상적인 것에 대한 도입이 어렵고 때로는 이해하는데 너무 시간이 걸린다.

　학교 교육이라고 하는 틀 속에서는 직접법을 실행하는 것이 물리적, 시간적으로 많은 제약이 따르기 때문에 꼭 좋은 교수법이라고만은 고집할 수 없지만 모국어를 사용하지 않고 귀납적으로 학습시키고 이해시킨다고 하는 **직접법의 기본적인 생각은** 외국어 교육에서 많은 지지를 받고 있는 것이 사실이다. 현재 일본의 일본어 교육에서도 직접법적 Approach가 주류를 이루고 있다. 특히 학습자의 모국어가 다양하고 媒介語 사용이 곤란한 留學生, 就學生(취업을 목표로 하는 유학생) 교육에 이 교수법은 대단히 유용하다.
　이 직접법의 모체가 된 것은 자연법(Natural Method)이며 Oral Approach나 여기에서 파생된 파머에 의해 개발된 Oral Method, 베르리츠에 의해 확립된 Berlitz Method, 관(F.Gouin)에 의해 개발된 Gouin Series Method 등이 이 **직접법 계통의 메서드**이다.

9 네츄럴 교수법(Natural Method)

자연적 교수법이라고도 부르는 이 교수법은 전통적인 문법 번역법의 비판에서 생겨난 **구두 언어 중심 교수법**의 총칭이다. 직접법 계통의 하나인 이 교수법은 **문법 번역법**에서 등한시 되어 온 회화 연습을 강화하기 위해서 등장한 교수법이다. 따라서 이 교수법의 목표는 커뮤니케이션의 획득에 있다. 기본적으로는 이해할 수 있는 언어에 충분히 접하게 함에 따라 무의식중에 언어의 체계를 습득하도록 하는 **생성 변형문법의 모어 습득 과정**을 모델로 하고 있다. 다시 말하면 어린이가 모국어를 습득하는 과정을 모델로 해서 목표 언어를 사용한 회화 연습을 행하는 교수법이다. 어린이가 모국어를 습득하는 것은 **획득(습득)**이고 교실에서 의식적으로 익힌 것은 **학습**이라고 하여 생성 문법에서는 구분하고 있다. 오쿠다쿠니오(奥田邦男)(1992)[29)]에 의하면 「실제 언어 운용에서는 획득의 방식으로 익힌 능력이 발화의 원동력이 되고 학습한 능력은 오용을 체크하는 모니터의 역할을 할 뿐이다」라고 기술하고 있다

이 Natural Method는 직접법의 모체가 되었으며 미국에서 개발된 Berlitz Method[30)]나 프랑스에서 시작된 Gouin Series

---

29) 『日本語教育学』 p.28
30) Berlitz가 미국의 로드아일랜드 주에 Berlitz School of Languages를 설립한 후, 지금까지 34개국 175개교에서 교육을 하고 있다는 보고

Method는 직접법의 대표가 되는 교수법이다.

10 베르리츠 교수법(Berlitz Method)

Natural Method의 대표적인 교수법인 Berlitz Method는 독일 출생의 미국인 Berlitz에 의해서 제창된 교수법이다. Berlitz는 1878년에 독일에서 미국으로 건너가 자기의 학교를 설립했다. 그는 외국어를 습득하는 데에는 어린이가 모국어를 습득해 가는 것과 같이 귀로 듣고 그대로 반복하면 된다고 생각했다. 나가누마 나오에(長沼直兄)[31)]에 의하면 그의 학교는 다음과 같은 특징을 가지고 있었다.

① 학습자의 모국어 사용은 엄금한다. 번역은 하지 않는다.
② 교사는 그 언어를 모국어로 하는 사람에 한한다.
③ 학급은 소인수제로 한다.
④ 음성 언어를 중시하고 문자는 20시간 쯤 지난 후에 도입한다.
⑤ 어휘는 일상생활에 관련된 것을 선택한다.

가 있다.
31) 言語文化研究所(1981) 『長沼直兄日本語教育』 pp. 132-136

⑥ 기술적으로 훈련된 교사를 높은 급료를 주고 고용한다.
⑦ 교사의 독창성을 사용한 클래스 활동은 허용되지 않는다.
⑧ 교재나 지도 체제는 조직적이다. 교재는 쉬운 것에서 어려운 것으로 구체적인 것에서 추상적인 것으로 배열되고 각과가 연결되어 있다.
⑨ 어학으로서 전문적으로 배우는 사람보다도 여행이나 용무 등 실용적인 외국어를 배우고자 하는 학습자를 대상으로 한다.

 이 교수법은 여행자, 비즈니스맨 등이 단기간에 회화 능력을 향상시킬 목적으로 학습하는 경우에 대단히 유익한 교수법이다. 그러나 유아의 제1언어 습득과 성인의 외국어 학습에는 많은 차이점이 있다. 예를 들면 습득 언어에 접하는 시간의 양이 다르다. 심리적 견지에서는 모어의 간섭이 있으며 모방력이 감퇴하는 한편 사고 능력을 갖고 있는 성인 학습자에게 직접법이 과연 적당한가, 소인수 클래스는 일반 학교의 실정에는 맞지 않는다는 등이 일반적으로 지적되고 있다.[32]

---

32) 『日本語敎育事典』 p.627

11 관 교수법(Gouin Series Method)

 19세기 중엽 정치적, 경제적으로 외국과의 인적, 물적 교류가 빈번하게 되었다. 그 결과 단순히 교양으로서 외국어를 배우는 것이 아니라 실제 커뮤니케이션을 위한 수단으로서 외국어를 습득할 필요성을 느끼게 되었다. 어떻게 하면 외국어를 능숙하게 할 수 있을까, 효과적으로 학습할 수 있는 방법은 무엇일까 등에 의해 개발된 대표적인 것이 관 시리즈 메서드(Gouin Series Method)이다. 異名으로 Series Method, Gouin Method, Psychological Method 라고 부르기도 한다.
 관(F.Gouin)은 이론적 근거를 발달 심리학에 두고 언어 습득에 있어서 유아의 심리적인 측면을 중시했다. 따라서 이 교수법을 **심리학적 교수법**이라고 부르기도 한다. 이 교수법에서는「유아는 사고의 순서대로 말을 사용한다. 따라서 교재도 사고의 순서대로 배열해야 한다.」라고 하는 기본적인 생각을 바탕으로 우선 교사가 일련의 동작을 목표 언어로 기술하면서 행하고 이어서 학습자가 같은 문장을 말하면서 같은 행동을 한다. 이러한 이유에서 이 교수법을 시리즈 메서드(Series Method : 연속법)라고 부르는 것이다. 이 교수법은 특히 **동사**를 **중시**하고 어떤 동작의 순서를 쫓아 표현하는 것이 가장 기억하기 쉽다고 하는 생각에서 어떤 행동, 예를 들면 다음과 같다.

「席を立ちます。」
「ゆっくり窓のほうへ行きます。」
「手を上げて窓の鍵に触ります。」
「鍵の上の部分を前に引きます。」

이와 같이 어떤 동작의 과정을 나누어 그 순서를 모국어로 말하게 한다. 그 후 세세하게 나눈 행위를 배워야 할 외국어로 가르쳐 간다. 이 교수법은 제 1차 대전 무렵까지 프랑스에서 유행하였으며 일본에서는 영어 강습회에서 소개되었지만 그다지 주목을 받지 못했다. 그러나 대만의 일본어 교육에 받아들여져 그 후 한국, 중국 등으로 계승되었다. 이 방법을 일본어 교육에서 실천한 사람으로는 야마쿠치 키이치로(山口喜一郎)[33]이다. 그는 해외에서 52년간 일본어 교육에 종사했던 사람으로 기무라 무네오(木村宗男)(1992)[34]는 山口喜一郎의 Gouin 방법에 대한 평가와 비판을 요약해서 소개하고 있다.

① Gouin법에 대한 평가
　① 사물을 동적으로 파악하고 言表中心을 동사에 둔 것은 좋다.
　② 목적과 수단의 관계에서 교재를 통일하고 잡다한 사항에

---

33) 일본어 교육 선구자의 한 사람. 1897년부터 대만에서 관의 직접법을 일본어 교육에 응용하여 성공하였다. 1911년부터는 한국의 경성 사범학교 교장으로 취임하여 일본어 교육에 공헌하기도 하였으며 山口式 直接 敎授法을 개발하여 일본어 교육의 보급과 교사 양성에 노력하기도 하였다.
34) 『日本語敎授法』 p.278

질서를 부여하고 언어를 산만하고 난잡한 덩어리로 하지
　　　않은 점에서 啓發된다.
　　③ 객관적 언어와 주관적 언어를 대립시키고 그것을 연계해
　　　서 교수한다고 하는 생각은 자연스럽고 무리가 없는 방법
　　　이다.

② Gouin법에 대한 비판
　　① 한 교과의 항목 수를 20 내지 25로 한정한 것은 독단이고
　　　부자연스럽다.
　　② 어떤 제목이 제시하는 목적에 대해서 연상되는 수단 계열
　　　의 전개가 너무 번잡하여 교수 상 찬성하기 어렵다.
　　③ 외계 사물을 목적과 수단 관계로 보는 견해에만 중점을
　　　두고 실제로 우리들이 공간적 통일체로서 관찰하고 기억
　　　하는 방면을 방치한 점은 Gouin법의 결점이다.

12 오럴 교수법(Oral Method)

　　영국의 언어학자 **파머**(H.E.Palmer)가 개발한 교수법으로 일본의 영어 교육에 큰 영향을 끼쳤다. 파머는 1922년부터 14년간 일본에 체재하면서 영어 교수 연구소를 설치하여 일본의 영어 교육

보급에 노력하였다. 이 이론을 일본어 교육에 응용한 사람은 나가누마 나오에(長沼直兄)이다.

파머는 언어에는 기호로서의 언어(랑그에 해당)와 운용으로서의 언어(파롤에 해당) 양면이 있다고 생각했다. 이것은 **소슈르**(F.Saussure)35)가 언어의 본질을 사회적 존재로서의 **랑그**(langue)와 개인적 언어인 **파롤**(parole)로 구분한 것에 크게 영향을 받은 것이다. 파머는 이 양면의 학습이 없이는 외국어 학습이 이루어지지 않는다고 하는 언어 교육관을 가지고 있었다.

파머는 언어 학습에서는 다음과 같은 세 가지의 필요성을 주장했다.

① 언어 기호의 의미를 아는 것.
② 언어 기호와 그 의미의 융합을 꾀하는 것, 즉 언어 기호를 통해서 그것이 나타내는 대상을 떠올리고 또는 그 반대를 생각할 수 있도록 하는 것.
③ 실제의 장면에서 그러한 언어 기호를 적용할 수 있도록 하는 것.

이 교수법은 제2외국어 교육에 있어서 **음성** 교육과 **구두 연습** 등 언어의 운용 능력에 중점을 두었다. 이와 같은 훈련을 **습관 형성 이론**36)에 의해서 달성하려고 하였다.

---

35) 스위스의 언어학자. 언어학의 시조라고 일컬어짐. 오늘날 언어학에서 자주 사용되는 랑그와 파롤, 能記(음)와 所記(의미), 通時態와 共時態, 言語의 恣意性 등의 개념을 제창.
36) 언어는 사회적인 습관이고 그것을 획득하는 것은 반복 연습이 중요하다

유아의 모어 습득 과정을 모델로 음성 언어의 운용 연습을 중심으로 하는 이 교수법은 다음과 같은 7단계의 연습이 행해진다.

① 청취 연습
② 발음 연습
③ 반복 연습
④ 재생 연습
⑤ 치환 연습
⑥ 명령 연습
⑦ 정형(定形)회화37)

이 교수법은 일본어 교수법이나 교과서 작성에 직접적인 영향을 끼쳤으며 현재 일본 국내에서 행해지고 있는 일본어 교육의 대부분이 파머의 교수 이론을 응용하고 있다고 하는 점에서 일본어 교사가 배워야 할 점이 많다고 할 수 있겠다. 다음으로 이 교수법의 장점과 단점을 보면 다음과 같다.

▶ 장 점
① 학습자의 국적이 다양하여 공통어를 사용할 수 없는 경우에 유용하다.
② 교사가 학습자의 모국어를 못 해도 가르칠 수 있다.
③ 교사는 목표 언어를 사용하여 가르치기 때문에 학습자는

는 이론.
37) 자유 회화가 아니라 문답 방식에 의해서 학습자가 일정한 답을 구하는 연습 방법.

목표 언어에 접할 기회가 많아 만족감을 느낄 수 있다.
　④ 설명이나 도입은 그림이나 사진, 실물 등을 사용하기 때문에 학습자는 유추할 수밖에 없어 목표 언어 정착이 용이하다.
　⑤ 비교적 레벨에 관계없이 응용할 수 있다.

▶ 단 점
　① 어휘나 구문의 설명은 그림이나 사진, 실물 등을 사용하기 때문에 구체적인 것은 효과가 있지만 추상적인 경우에는 교사가 뛰어난 기술을 가지고 있지 않으면 학습자가 이해하는데 어려움을 느낄 수 있다.
　② 학습자가 성인으로서 이미 외국어 습득 경험이 있는 경우 어린이에게 가르치는 방법으로는 시간적, 경제적 손실을 초래할 수 있다.
　③ 교사가 질문하고 학습자가 대답하거나 드릴 연습이 많아져 학습자의 자주적 발언이 적어질 염려가 있다.
　④ 수업이 단조롭게 진행될 가능성이 있다.
　⑤ 학습자가 많은 클래스인 경우 학습자 전원의 주의를 집중시키기 어렵다.
　⑥ 교사가 주의하지 않으면 교사 주도형 수업이 되기 쉽다.

13 Army Method

제 2차 세계 대전 중 미국에서는 군사적인 목적으로 이용하기 위해서 외국어를 자유자재로 구사할 수 있는 인재 육성의 필요성을 느꼈다. 그래서 미국 정부는 여러 대학에 외국어 교육 프로그램 개발을 위탁했다. 당시 Yale 대학의 브롬필드(L.Bloomfield)[38]는 연구의 일환으로서 아메리카 인디언의 언어나 교과서가 없는 언어를 학습하는 프로그램을 개발했다.

이것이 1942년에 도입되어 ASTP(Army Specialized Training Program)가 설립되었다. 여기에서 탄생한 것이 Army Method이다. 이 교수법의 목표는 **원어민**(native speaker)에 가까운 발음으로 정확하고 유창하게 말하고 듣는 능력을 기르는데 있었다. 따라서 구어(話し言葉)가 중시되었다. 방법으로는 오디오 링걸 교수법을 채용했다. 구체적으로는 다음과 같은 방법이 취해졌다.

① 비교적 단기간에 많은 수업이 행해졌다.[39]
② 한 학급 10인 전후의 소인수 제를 채택했다.
③ 언어 구조의 학습과 회화 연습을 행했다
④ 반복 구두 연습을 중시하고 언어 습관 형성을 목표로 했다.

---

38) 아메리카 구조주의 언어학의 선구자로서 아메리카 언어학에 많은 영향을 끼쳤다.
39) 수업은 1일 6~8시간, 매주 5~6일 행해졌다.

⑤ 음소 분석과 음소 표기를 사용했다.
⑥ 배워야 할 언어의 모어 화자(informant)를 활용했다.
⑦ 수업은 언어학자에 의한 문법 이론 강의와 원어민(native speaker)에 의한 구두 훈련을 중심으로 단기간에 집중적으로 훈련시켰으며 수업 내용은 영어와 목표 언어의 비교 연구를 기초로 쉬운 것에서부터 어려운 것의 순서로 행해지며 시청각 기자재를 포함한 많은 교육 기기가 사용된 당시로는 최신의 교수법이었다. 따라서 이 교수법을 오디오 비쥬얼 메서드(Audio-Visual Method)라고도 부른다.

이 교수법은 단기간에 회화력 습득을 목표로 했던 그 당시 많은 성과를 거두었다. 제 2차 세계 대전 후에는 학교 교육에서도 활용할 수 있는 방법이 검토되어 Audio Lingual Method를 탄생시키는 배경이 되었다. 또 일본어 교육에도 도입되어 많은 성과를 거두었다.

14 GDM(Graded Direct Method)

미국에서는 1960년대 이후 지금까지의 교수법에 대한 불만과 비판이 일기 시작하였다. 그 계기가 된 것이 촘스키의 변형생성

문법이다. 촘스키는 언어를 과학적이고 객관적으로 분류, 기술하는데 그쳤던 미국의 구조 언어학은 언어 이론으로 불충분하며 모국어 화자가 갖는 언어 능력을 체계적으로 기술하고 언어 구조의 규칙만이 아니라 언어 습득 과정을 설명할 수 있어야 한다고 주장했다. 또 그는 유아의 언어 습득을 이성론에 의해 설명했다. 이에 의해 미국에서는 행동주의 심리학에 입각한 언어 습득 과정은 부정되고 Audio Lingual Method의 이론적 근거는 근본부터 부정되기에 이르렀다. 촘스키의 언어 생득설에 입각한 이성적 언어관은 **언어 습득 과정의 연구, 제1언어 습득과 제2언어 습득의 차이, 언어 심리학**의 활발한 연구를 불러 일으켰다. 그리고 그 성과를 언어 교육에 도입하려고 하는 시도가 행해져 GDM, **인지 기호 학습 이론**(Cognitive Code Learning Theory) 등 언어 교육의 새로운 approach가 탄생하게 되었다.

GDM이란 **단계적 직접법**으로서 1940년 하버드 대학의 **리챠드**(I.A.Richards)가 동 대학의 깁슨(C.M.Gibson)의 협력을 얻어 베이직 잉글리쉬(Basic English)[40]나 게슈탈트 심리학(Gestalt Psychology)[41]의

---

40) 영국의 심리학자 오그던(C.K.Ogden)이 고안한 영어 교육. 문법을 제한하고 850단어만으로 커뮤니케이션을 행한다. 오그던은 이 베이직 잉글리쉬를 국제 보조어로 통용시키려는 의도를 가지고 있었다.
41) 이것의 기본적인 이론은「場의 理論」이다. 여기서「場」이란 여러 가지의 부분을 내포하고 있는 공간 전체를 말하는 것으로「部分」이 전체의 일부로써 파악되었을 때 비로소 의미를 갖는다는 생각이다. 이것의 영향을 받고 있는 것이 GDM이다. 이 교수법을 언어에 적용하면「말」이란 단순한 기호로써 의미가 없다. 그러나 어떤「場面」에서 문장의 일부로 사용될 때 비로소 의미를 갖게 되는 것이다. 이러한 이론에 따라 GDM에서는「場面」을 중시한다.

영향을 받아 개발한 교수법. 이 교수법은 하버드 대학에서 연구하였기 때문에 「Harvard Graded Method」라고도 부른다.

　이것은 인지의 필요성을 염두 해 두는 교수법이기 때문에 무엇보다도 문장과 장면(situation)을 결부시키는 노력이 필요하다. 리챠드는 문장(sentence)과 그것이 전개되는 장면(situation)의 결합을 SEN-SIT라고 부르고, 이 문장과 장면을 함께 제시하는 것이 가르치는 것이라고 말하고 있다.[42] 이 교수법에 사용되는 교재에는 선이 그어진 그림이 자주 사용된다.

　언어에 있어서 의미를 성립시키기 위해서는 기호와 지시물이 있어야 한다. 그리고 교사는 새로운 것을 도입할 경우 몸과 사물을 사용하여 그것을 동작으로 제시한다(행동화). 다음에 그것을 선이나 그림으로 나타내고 학습자가 발화하도록 한다(이미지화). 마지막으로 그 내용을 문자로 나타낸다(문자화). 학습이 제대로 되기 위해서는 이 3단계 과정을 거쳐 정보처리 되어야 한다고 인지 심리학자 브루너(J.Bruner)는 말하고 있다. GDM은 행동과 이미지와 문자를 합친 방법을 취하여 가르치는 교수법이다. 이 교수법의 장점과 단점을 보면 다음과 같다.

▶ 장 점
　① 어휘 수나 문법 항목이 제한되어 있기 때문에 초기 단계의 학습에는 좋다.
　② 한정된 어휘를 사용하기 때문에 표현이 바뀔지라도 일상 회화에 유용한 표현을 학습할 수 있다.
　③ 동작이나 그림을 사용하여 장면 설정을 하기 때문에 학습

---

42) 『日本語教授法ワークショップ』 pp. 24-25

자는 자주적으로 발화할 수 있다.
④ 문자의 도입 단계가 빠르기 때문에 눈과 귀를 사용해서 학습할 수 있다.

▶ 단 점
① 어휘의 선정이 경제적이고 유용성이 있는 것에 한정되어 있기 때문에 전문 용어나 감정을 나타내는 말, 문학적 표현 등이 생략되어 무미건조한 수업이 되기 쉽다.
② 분석적인 표현이 많아져 표현이 편중될 가능성이 있다.
③ 어휘의 선택이 어렵다.

15 기타 교수법

지금까지 중요한 교수법에 대해서 기술하였다. 이 외에도 Phonetics Method, Eclectic Method, Reading Method, OHR Method, Comprehension Approach, VT法(Verb-Tonal Method) 등이 있다. 여기에 대해서 특징만 간단히 기술한다.

1) Phonetics Method
   ① 19세기 후반에 제창된 발음 기호를 외국어 교육에 도입한 일종의 네츄럴 교수법.
   ② 발음 중시, 문법은 귀납적으로 학습.
   ③ 추진자는 영국의 스위트(H.Sweet), 덴마크의 에스페르센 (O.Jespersen)

2) Eclectic Method
   ① 20세기 초반에 유럽과 미국에서 사용된 교수법.
   ② 직접법이지만 매개어도 사용하기 때문에 절충법.
   ③ 매개어에 의한 문법의 연역적 지도와 reading중심이 특징.

3) Reading Method
   1930년대 미국에서의 외국어 교육은 읽기 교육부터 시작하는 것이 일반적이었다. 이러한 배경 하에서 생겨난 교수법이 독해 중심의 교수법인 Reading Method이다. 이 교수법에서는 모어의 화자가 모어의 문헌을 읽을 때처럼 읽고 즉시 그 의미를 이해할 수 있도록 독해력을 기르는데 목표를 두고 이 독해력을 기초로 점점 언어의 다른 기능(듣기, 말하기, 쓰기)으로 발전시키려고 하는데 그 목적이 있다.

4) OHR Method
   ① 미주리 대학의 위니츠(H.Winitz)가 개발한 **청취 중심의 교수법**.
   ② 기본적인 이론은 인지 심리학이나 생성문법 이론이지만,

오디오 링걸 어프로치의 **프로그램 학습**43)이론도 도입하고 있다.

③ 교수 방법은 테이프나 그림을 중심으로 한 프로그램 교재를 사용하여 자기의 페이스대로 자발적으로 단계적인 자습을 행한다.

5) Comprehension Approach
① 러시아의 포스토프스키가 개발한 일종의 **청취 중심의 교수법**.
② 기본적으로는 유아의 언어 습득 과정을 모델로 하고 있다.
③ 입문기 러시아어 학습을 비디오 교재에 의해서 청취 훈련을 시킴.
③ 청취가 확립되기 까지는 발음 연습이나 발화 연습은 행하지 않는다.
④ 학습 내용은 TV화면을 통해 직접법적인 방법으로 이해시키며 문자 학습은 처음부터 행해진다.
⑤ 언어 교육의 대상을 구조에서 의미 이해 중심으로 전환하

---

43) 일정한 프로그램에 따라서 단계적으로 학습을 진행해가는 학습 방법. 학습 항목이 질문 형식으로 제시되고 학습자는 거기에 답하면서 학습을 진행하는 방식을 취한다. 같은 질문 내용을 여러 가지로 변형해 가면서 반복 사용되기 때문에 쉽게 배울 수 있는 것이 특징이다. 본래는 teaching machine(개별 학습용 교육기기)을 사용하는 것이 전제. 질문의 회답에는 다지 선택 방식, 양자택일 방식, 기입 방식 등이 사용된다. 正誤答의 여부는 그 자리에서 알려주고 정답인 경우 다음 문제로 나가고 오답인 경우 지시에 따라 같은 문제를 다시 풀면서 정답이 나올 때까지 반복하는 것이 기본적인 학습 방법.

였다고 하는 데에 이 교수법의 의의가 있다.

6) VT法
    ① 신체의 근육 운동에 의한 발음 지도가 특징인 교수법.
    ② 개발한 사람은 유고슬라비아의 그베리나(P.Guberina).
    ③ 교수 방법은 각각 한 장면의 그림마다 그 내용을 나타내는 음성 테이프가 준비되어 있고 학습자는 그림을 보면서 그 장면을 이해하고 음성 테이프를 들으면서 발음 연습을 한다.
    ④ 그림에 의해서 제시된 장면과 테이프의 음성을 결부시켜 학습하기 때문에 학습 내용의 의미뿐만 아니라 그 상황에서의 용법도 이해하기 쉽다는 장점이 있다.

Chapter 4 일본어 교육 교수법

1 일본에서의 일본어 교육 교수법

외국어를 효과적으로 가르치기 위해서 옛날부터 많은 외국어 교수법이 개발되어 왔다. 이 교수법의 흐름을 계략적으로 보면 다음과 같다.

유럽에서 라틴어나 근린의 외국어를 가르치는 방법으로 **문법번역법**(Grammar Translation Method)이 채용되었는데 19세기 후반 이것을 비판하는 언어학자들에 의해서 당시의 심리학이나 음성학의 연구 성과에 따른 새로운 교수법인 Natural Method, Phonetic Method, 그 후 20세기에 들어 와서는 19세기의 교수법을 더욱 발전시킨 직접법(Direct Method)이 외국어 교육의 주를 이루게 되었다. 제 2차 세계 대전 후 미국에서는 행동주의 심리학, 구조주의 언어학 등의 영향을 받은 Audio-Lingual Approach가 개발되어 전 세계의 외국어 교육에 큰 영향을 끼쳤다.

1950년대에는 노암 촘스키(N.Chomsky)의 **변형문법 이론** 등으로 인해 Audio-Lingual Approach가 비판을 받게 되고 대신에 **인지기호 학습이론**이 주창되었다. 1970년대에는 지금까지의 반복 학습과 암기에 주력하는 지도법과는 전혀 다른 **학습자 중심의 학습법**이 제안되었다. Silent Way, Counseling Learning 등이 바로 그것이다. 그 후 의미의 이해에 중점을 두고 구두 중심에서 **청취 중심의 교수법**으로 주목을 받고 있는 앗셔의 TPR, 위니츠의 OHR Method, 크라셴의 Natural Approach[44]가 개발되었다.

이와 같이 외국어 교육을 위해서 개발된 교수법이 일본어 교육에도 도입되어 교육을 효율화 하는 데에 공헌하였다. 大正時代(1912~1926)에는 일본 정부의 영어 고문을 지낸 영국인 언어학자 **파머**가 재창한 Oral Method가 일본어 회화 지도에 큰 영향을 주었다.

　전후에는 한 때 Audio-Lingual Method에 바탕을 둔 교수법이 지배적이었으나, 그 후 Audio-Lingual Method의 결점이 지적을

---

44) 미국의 스페인어 교사인 테럴(T.Terrell)과 교육학자인 크라센(S. Krashen)에 의해서 개발된 교수법. 일종의 언어 습득을 촉진시키기 위해서는 우선 청취 능력을 향상시켜야 한다는 것. 크라센은 제2언어 습득이론에 대해서 다음과 같이 다섯 가지의 가설을 세우고 있다.
① 습득·학습의 가설 : 유아의 모어는 습득이고 학교에서 배우는 것은 학습, 제2언어의 커뮤니케이션은 습득에 의해 달성되고 학습은 보조적 역할.
② 자연 순서의 가설 : 유아나 성인이나 언어를 습득할 때 어형 변화나 문법 규칙을 익히는 데는 자연적인 순서가 있다는 가설.
③ 모니터 가설 : 언어의 실제적인 운용 능력은 습득에 이해서 획득되는 것이고 학습에 의한 것은 오용을 체크하거나 정정하는 모니터 역할을 한다는 가설
④ input 가설 : input이란 학습자가 언어를 습득하는 과정에서 듣거나 읽어서 얻는 제2언어의 데이터. 이 언어의 데이터를 통해서 학습자는 제2언어를 습득한다. 이에 대해서 학습자의 발화(말하기, 쓰기)를 output이라 한다.
⑤ 情意필터의 가설 : 정의 필터란 습득을 방해하는「심리적 장벽」을 말한다. 학습자가 심리적으로 불안한 상태에서는 input이 필터를 잘 통과하지 못하기 때문에 기억되지 않아 습득에 이르지 못한다. 따라서 교사는 학습자의 불안 심리를 해소시켜 주어야 한다고 주장하는 가설.

받게 됨에 따라 인지기호 학습이론이나 **학습자 중심 교수법**[45], **청해 중심의 교수법**, Communicative Approach 등이 실험 단계를 거쳐 일본어 교육에 도입되기에 이르렀다.

현재 일본어 교육에서 가장 주목을 받는 Communicative Approach는 언어를 문법 항목이나 문형, 어휘 등의 구성 요소로 분해하지 않고 Communication의 **총체**로서 파악하려고 하는 교수법이다. 그리고 Communicative Approach에서는 학습이란 경험을 축적함에 따라 그 과정 속에서 성립한다고 하는 학습관을 가지고 있다. Audio-Lingual Method나 다른 교수법에서는 문법 항목이나 문형, 어휘 등의 구성 요소를 가르친 후, Communication의 장면에서 그러한 요소를 어떻게 사용할 것인가를 가르치는데 반하여 Communicative Approach에서는 커뮤니케이션을 선행시키고, 커뮤니케이션에 필요한 모든 능력을 가르쳐야 한다고 주장하고 있다.

---

[45] 학습자의 심리 안정을 중시하면서 학습자가 가지고 있는 능력을 최대한으로 발휘하도록 하는 교수법. CLL, Silent Way, Suggestopedia가 여기에 속한다.

2 한국에서의 일본어 교육 교수법

지금까지 일본에서의 일본어 교육과 교수법의 흐름에 대해서 기술하였다. 그럼 한국의 일본어 교육에서의 교수법은 어떠한가. 한국에서는 1961년 한국 외국어대학교에 일본어과가 설치되었고 1973년에는 고등학교 제2외국어 교과로 일본어가 정규 과목으로 채택된 이후 제 7차 교육과정[46] 이전까지 네 차례에 걸친 교과서의 개편이 있었다. 제 7차 교육과정에 의해 제작된 교과서가 현행 고등학교 일본어 교과서이다. 제 5차 교육과정까지 한국의 일본어 교육에서는 Audio-Lingual Method에 바탕을 둔 교과서가 편찬되고 교수법 또한 Audio-Lingual Method에 바탕을 둔 교수법이 지배적이었다. 그러나 제 6차 교육과정부터는 시대적인 요구에 의해 일본어의 실용성과 학습자의 자율성을 대폭 확대하여 일본어의 의사소통 기능 신장에 초점을 맞추었다. 또 제 6차 교육과정[47]부터는 교사 위주가 아닌 **학생 중심의 일본어 교육**, 정

---

[46] 국제화 · 정보화 시대로 특징지을 수 있는 21세기의 교육은 단순 기능인의 육성보다는 자기 주도적으로 지적 가치를 창조하는데 중점을 두어야 한다. 따라서 교육의 중요한 관건으로서 시대에 맞는 교육과정의 개혁은 불가피하며 이러한 요청으로부터 제 7차 교육과정이 1997년 발표되었다. 그러나 적용은 2000년에 초등학교, 2001년에 중학교, 2002년에 고등학교에 단계적으로 적용되었다.

[47] 제 2차 교육과정에서는 언어의 네 가지 기능 중 읽기와 듣기에 중점을 두었고 제 3차 교육과정에서는 듣기, 읽기, 제 4차 교육과정에서

확성보다 유창성을 중시하는 교육, 학생의 자율 학습을 중시하는 교육 등을 표방하면서 의사소통 기능 향상에 중점을 두는 Communication 교수법이 선보이게 되었다. 제 6차 교육과정의 연장선상에 있는 제 7차 교육과정에서도 큰 줄거리는 같지만 그 성격 부분에 시대적인 상황에 발맞추어 정보 수집과 통신에 대한 흥미 유발, 한·일 두 나라의 국제 관계에 긍정적으로 참여하는 자세 배양, 한·일 양 국민의 상호 이해의 필요성 등이 새롭게 추가된 것이 특징이다. 그리고 제 7차 교육과정에서는 다음과 같은 기본 방향을 설정하고 있다.[48] 그것을 요약하면 다음과 같다.

① 목표면
건전한 인성과 창의성을 함양하는 기초·기본 교육의 충실.

② 내용면
국제화·정보화에 적응할 수 있는 자기 주도적 능력 신장.

③ 운영면
학생의 능력, 적성, 진로에 적합한 학습자 중심의 교육 실천.

④ 제도면
지역 및 학교 교육과정 편성·운영의 자율성 확대.

는 말하기, 듣기, 제 5차 교육과정에서는 듣기, 말하기 등 음성 언어에 중점을 두었다. 제 5차 교육과정까지의 골격을 보면 거의 대동소이하나 중시하는 기능의 배열에는 조금씩 차이가 있다.
48) 교육부(2001) 『고등학교 교육과정 해설』 p.22

교육부의 고등학교 교육과정 해설에도 기술되어 있는 바와 같이 오늘날 한국의 일본어 교육에서도 일본에서 행해지고 있는 일본어 교육과 마찬가지로 **의사소통 능력 향상**을 주안으로 하는 Communicative Approach가 도입되고 있음을 알 수 있다. 이것은 시대적인 조건과 사회 여건의 변천에 따른 것이다.

그러나 오늘날 일본어 교육에서 Communicative Approach가 주목을 받는다고 해서 Communicative Approach는 좋은 교수법이고, Audio-Lingual Method가 **교사 중심, 문법 중심**이기 때문에 좋지 않은 교수법이라고 하는 생각은 배제해야 할 것이다. 이미 기술한 바와 같이 교사가 교수법을 선택할 때는 학습자들의 needs, 학습 목표, 주변 환경 등을 고려하여 선택해야 할 것이다. 예를 들면 기술 연수나 업무를 위해서 일본어를 학습하는 경우 등, 언어 운용 능력에 교육 목표를 둔다면 Communicative Approach가 주된 교수법이 되어야 하겠지만, 일본어를 **학문적으로** 연구하고자 하는 학습자 집단, 혹은 다인수 집단에서는 Audio-Lingual Method에 의한 일본어 교육이 선행되어야 할 것이다.

일본어 교육 코스 디자인

1 코스 디자인의 정의

집을 지을 때 설계도가 없이는 집을 지을 수 없는 것처럼 외국어로서 일본어를 가르치는 경우에도 각각의 코스에 대한 계획과 준비가 필요하게 된다. 일반적으로 **코스 디자인**(course design)이라고 하는 것은 어떤 학습 목표가 설정된 시점에서 그 목표를 달성하기 위해서 코스를 어떻게 할 것인가, 즉 **교육의 준비에서 종료에 이르기까지의 구체적인 교육 계획**을 작성하는 것을 말한다. 교육 계획을 작성할 때는 학습자의 배경이나 목적, 교사의 언어관 및 교수법, 교과서, 교육 기관 등 코스 디자인에 관계가 있는 직·간접적인 조건이나 요인을 분석하고 그 전체상을 파악하는 것이 무엇보다도 중요하다.

코스 디자인을 한다고 하는 것은 「ダレガ: 교사」, 「ダレニ: 학습자」, 「ナゼ: 목적」의 세 가지 조건을 충분히 분석하고 좁은 의미의 코스 디자인에 해당하는 「ナニヲ: **실러버스**」「ドウ·イツ: **수업 계획과 교수법**」 가르칠 것인가를 정해 가는 것이다. 그러기 위해서 실제 교실 활동의 일정 학습 항목의 순서나 시간적 배분을 설정할 것. 또 테스트의 횟수나 종류, 평가 방법 등을 정하고 구체적인 계획을 세울 것. 이것을 일본어 교육에서는 커리큘럼, **혹은 커리큘럼 디자인**이라고 부른다. 커리큘럼에 따라 수업을 행하고 최종적으로는 시험 결과나 평가 등의 피드백에 의해 앞으로 어떠한 개별 지도를 해 나갈 것인가, 코스 전체를 어떻게 해 갈

것인가 등에 대해서 재검토하는 것이다. 이 같은 일련의 흐름이 코스 디자인의 전체상이다.

2 코스 디자인의 흐름

코스 디자인이란 교육의 준비에서 종료에 이르기까지의 구체적인 계획을 작성하는 것이라고 하는 것은 앞에서도 이미 기술 하였다. 교육의 준비 단계에서부터 종료까지는 여러 가지의 단계가 있겠지만 여기에서는 대략적으로 5단계로 나누어 기술하고자 한다.

1) 니즈 분석의 단계

학습자들이 무엇 때문에 목표 언어를 배우려고 하는지에 대해서 파악해야 한다. 이것을 needs 분석이라고 한다. 학습자의 needs를 파악하기 위해서 정보를 수집하는 단계이다.

2) 도달 목표·학습 목표의 설정 단계

제1단계 니즈 분석을 통해서 얻어진 학습자들의 정보에 기초하여 학습 목표를 설정한다.

3) 실러버스

학습 목표가 설정되면 그 목표를 달성하기 위해서 무엇을 가르칠 것인가(지도 항목)를 검토한다. 이것을 실러버스라고 한다.

4) 커리큘럼

지도 항목을 어떻게 학습자에 가르칠 것인가를 검토해야 한다. 이것을 커리큘럼이라 한다.

5) 평가

어떻게 평가할 것인가, 즉 평가 시스템[49]을 결정하는 일이다.

이 중 세 가지 즉 「왜」 「무엇을」 「어떻게」가 코스 디자인을 하는데 있어서 가장 중요한 기초 자료가 된다. 그러나 실제로는 퀴즈나 간이 테스트를 통해서 학습의 진척 상황을 조사하거나 교실 활동을 검토하거나 혹은 학습자의 평가의 결과에 따라서 실러버스나 커리큘럼의 변경, 코스 전체의 수정 등이 필요할 때도 있

---

[49] 평가 시스템이란 평가 자체만을 가리키는 것이 아니라 다음과 같은 시스템을 말한다. 즉 평가 → 대책 → 피드백 → 개선. 구체적으로는 교육 활동 전반(교재, 교수법, 학습자, 교사, 커리큘럼, 코스 디자인 자체)에 대해서 정기적으로 평가하고 만약 문제가 있으면 그것을 검토하여 대책을 세우고 문제가 있는 부분을 피드백 하여 개선해야 한다. 이것이 평가 시스템이다.

다. 이러한 의미에서 보면 니즈 분석에서 평가까지를 했을 때 하나의 코스 디자인이 완성된다고 할 수 있다. 따라서 코스 디자인의 전체적인 흐름에 평가를 넣은 것이다.

3 니즈 분석

코스 디자인의 출발점이 되는 것이 니즈 분석이다. 이 니즈 분석에서는 니즈 조사, 레디니스 조사, 언어 학습 적성 조사, 학습 조건 조사 등을 행한 다음 그 결과를 분석하는 것이 니즈 분석의 최종 결과가 된다.

1) 니즈의 조사 대상

코스 디자인을 행하기 위한 최초의 정보는 학습자의 학습 목표와 목표 언어 사용의 니즈(needs) 분석으로부터 얻어진다. 따라서 교사는 코스 디자인을 하기 위해서는 우선 학습자가 무엇 때문에 일본어를 배우려고 하는가라는 학습 목적, 학습한 목표 언어의 사용 장면, 필요한 기능, 기대하는 도달 레벨 등을 조사 분석할 필요가 있다. 이것을 니즈 분석이라 한다. 니즈 분석의 결과는 코스 디자인의 실러버스 작성 등의 자료가 된다. needs라고 하는 말은 영어로 '필요성' 혹은 '요구'라는 의미로 사용되는데 일본어 교육에서 실제로 조사 대상으로 하는 것은 다음 세 가지 사항이다.

(1) 현재 혹은 앞으로 요구되는 일본어의 필요성
    학습자에게 어떤 일본어의 필요성이 있는가, 혹은 앞으로 어떤 필요성이 생길까에 대한 조사로서 학습자가 일본어를 사용하는 환경이나 요구되는 일본어 능력 등을 조사한다.

(2) 지금까지의 학습 방법과 일본어의 실력
    지금까지 어디에서 어떻게 일본어를 배우고, 그 결과 현재 어느 정도의 일본어 실력을 가지고 있는가에 대한 조사이다. 세부적으로는 사용 교재와 학습 범위, 수업의 진행과 그 시간수, 언어의 4기능의 습득 능력 등에 대해서 조사한다.

(3) 앞으로 행할 일본어 학습의 학습 환경이나 그 배경
    학습자가 어떤 환경에서 일본어를 배웠는가에 대한 조사로 여기에서는 학습 환경에 관한 조사로써 예정 학습 시간, 예정 학습 기간, 가정 학습의 가·불가, 교구가 될 수 있는 가전제품의 유무를 체크한다. 그리고 학습 배경에 관한 조사와 개인적인 정보에 관한 조사도 한다.

2) 니즈의 조사 방법

① 학습자와 인터뷰
② 조사표

③ placement test
④ 적성 테스트

(1) 학습자와 인터뷰

　　학습자의 **인터뷰**는 언어 운용 능력을 아는데 좋은 방법이다. 충분히 파악하기 위해서는 한 사람당 10~15분 정도가 필요한데, 교사의 수, 면접 장소 등을 생각하면 뜻대로 되지 않는 경우가 있다. 또 면접하는 사람의 차이에 따라서 학습자의 반응이 다르게 나타날 수도 있고, 그 평가에 대해서도 면접자끼리 차이가 있을 수 있어 객관적인 자료로 사용하기는 어려운 것이 사실이다.

(2) 조사표

　　조사표에 의한 방법은 가장 많이 사용되고 있다. 그 이유는 시간과 비용이 들지 않는다. 회답자에게 면접에서처럼 심리적 부담을 주지 않는다. 내용적으로는 넓은 범위에 걸쳐서 조사할 수가 있다. 객관성이 높다. 질문과 회답의 형식이 통일되어 있다. 그 결과를 분석 정리하는 경우에도 실리적이다. 이러한 여러 가지 이점이 있기 때문에 많이 이용한다. 다만 면접의 경우처럼 학습자의 세세한 부분을 알 수 없고 또 표현력이나 언어의 운용 능력을 볼 수 없다는 단점도 가지고 있다.

(3) placement test

　　placement test는 학습자를 레벨 별로 나누기 위해서 실시하는 일종의 **레벨 테스트**이다. 학습자가 어느 정도의 일본어 능력을 가지고 있는지에 대해서 학생들의 정보에만 의존하지 않고 객관적으로 파악할 수 있다고 하는 이점이 있다. 그러나 그것만으로는 학습자의 목적, 학습 환경 등을 파악하기 어렵다. 또 학습자의 능력을 측정할 수 있는 테스트 작성이 어렵기 때문에 언어 운용 능력을 충분히 파악하는 데에는 문제가 있다는 지적이 있다.

지금까지 기술한 것에서 알 수 있듯이 모두 장점과 단점을 가지고 있기 때문에 가능하면 이 세 가지를 모두 시행하는 것이 바람직하다. 여기에서 재인식하지 않으면 안 되는 것은 이와 같은 니즈 분석은 코스를 설정하기 전에 한 번만 하면 되는 것이 아니라는 것이다. 코스 도중에도 니즈 분석을 시행할 필요가 있다는 것이다. 왜냐하면 학습자의 니즈가 학습을 시작하고 나서 새로 바뀔 가능성이 있기 때문이다.

또 조사표에 실을 조사 항목에 대해서는 각각의 기관에 가장 적합한 것을 선택할 필요가 있다. 이 조사표를 작성하는데 참고가 되는 것으로는 일본어 교육학회 코스 디자인 연구 위원회가 작성한 조사표가 많은 참고가 되리라 생각한다.[50] 따라서 그 자료 표를 한국어로 번역하여 **부록**으로 게재한다.

---

[50] 부록 참조. 니즈에 대한 조사표를 작성할 때 이 조사표를 참고로 해서 각각의 학습 환경에 맞는 조사표를 만드는 것이 바람직하리라 생각된다.

3) 레디니스(readiness) 조사

레디니스란 준비 상황이라는 의미로써 좁은 의미로는 학습자의 既習能力을 말하고 넓은 의미로는 학습자의 적성이나 학습 조건까지도 포함한다. 레디니스 조사란 좁은 의미로 해석하면 학습자의 일본어 능력을 알기 위한 조사를 말하는 것으로 이 조사 방법으로는 필기 테스트와 인터뷰 조사가 행해진다. 레디니스 조사에서는 일본어의 기습능력에 대한 조사이기 때문에 일본어 학습 경험이 없는 사람, 즉 未習者는 레디니스 조사 대상이 아니다.

4) 언어 학습 적성 조사

언어 학습 적성이란 학습자가 언어 학습에 대해서 가지고 있는 能力을 말하는 것으로 未知의 언어음을 알아듣는 능력, 문법에 대한 감수성, 암기력 등을 말한다. 언어 학습 적성이 높은 사람은 같은 조건하에서 낮은 사람보다 언어 학습에 성공할 확률이 높다고 예측할 수 있다.

언어 학습 적성 조사에서는 일본어의 既習者, 未習者가 그 대상이 된다. 그러나 실제 교육 현장에서는 시간적 제약 등의 이유로 기습자에게는 레디니스 조사, 미습자에게는 언어 학습 적성 조사만 실시하는 경우도 있다.

5) 학습 조건 조사

학습 조건 조사란 일본어 학습에 관계되는 여러 가지 조건에 대한 조사를 말하는 것으로 다음과 같은 것이 있다.

(1) 학습자의 배경 정보

모어, 사용하는 외국어, 문화적 배경, 외국어 학습의 경험 유무, 외국에 가 본 경험, 흥미나 관심, 학습 스타일, 외국어 학습에 대한 신념 등.

(2) 학습에 관계되는 외적 환경

경제적 조건, 시간적 조건, 소유기기 등이 여기에 속한다. 예를 들면 자유로이 사용할 수 있는 테이프 레코더가 없는 학습자에게 청취에 대한 과제는 부여하지 않는다든지, 주변에 일본어를 사용할 수 있는 일본인이 있다면 교실에서 배운 것을 실제로 사용해 볼 수 있는 과제를 부여할 수 있다는 등을 파악할 수 있다.

Chapter 6

일본어 교육 실러버스

1 일본어 학습자를 위한 실러버스

  needs 분석을 통해서 학습 목표 내지는 교육 목표를 세운다. 이 교육 목표가 설정되면 다음 단계로 그 목표를 달성하기 위해서 무엇을 가르칠 것인가를 검토하게 된다. 실러버스란 무엇을 가르칠 것인가에 대한 것으로 **교수 항목** 혹은 **교수 세목**을 말한다. 어떤 코스 속에서 목표 언어의 총체를 가르칠 수 있다고 하는 것은 있을 수 없다. 그래서 목표 언어의 총체에서 교수 항목에 해당하는 것 중 무엇을 버리고 무엇을 선택할 것인가를 생각하지 않으면 안 된다. 외국어 **교육의 목적**은 목표 언어의 **커뮤니케이션 능력을 함양시키**는 데에 있다. 그 능력을 함양시키기 위해서 언어를 어떻게 분석할 것인가가 실러버스의 관점이 된다.
  실러버스의 종류에는 여러 가지가 있지만 어떤 타입의 실러버스를 사용할 것인가는 학습자의 니즈 분석을 통하여 도출된 조사 자료에 의해서 결정된다. 오늘날 일본어 교육에서 자주 사용되는 실러버스로는 다음과 같은 것이 있다.

1) 構造 실러버스
2) 機能 실러버스
3) 場面 실러버스
4) 話題 실러버스
5) 技能 실러버스
6) 課題 실러버스

2 실러버스의 종류

1) 構造 실러버스(structural syllabus)

구조 실러버스는 일본어 교육에서 채용되고 있는 가장 일반적인 실러버스이다. 가르쳐야 할 항목을 「-は-です」「-は-でした」「-は-ではありません」과 같은 문형으로 제시한 실러버스가 이 구조 실러버스에 속한다.

이것은 문법 항목과 어휘를 쉬운 것에서부터 점차 어려운 것의 순으로 제시되어 있기 때문에 학습하기 쉽고 문법적 분석 능력을 배양할 수 있다고 하는 이점이 있다. 일본어를 체계적이고 총체적으로 배우고자 하는 학습자나 장기간에 걸쳐서 일본어를 학습하고자 하는 학습자, 일본어를 전공하고자 하는 학습자에게 어울리는 실러버스이다. 일본어의 어느 교과서를 보게 되면 「これは本です」「私は学生です」가 처음에 나오게 된다. 그 후 존재를 나타내는 「います. あります」 형용사, 수사, 동사 등의 순으로 차츰 복잡해져 마지막 부분에서는 수수 표현, 사역 표현, 경어 등 인간관계에 관한 표현이 오는 것이 일반적인 흐름이다. 이 구조 실러버스에 의해 편성된 교과서의 예[51]를 보면 다음과 같다.

---

[51] 각 실러버스의 교과서 예는 アルク에서 발행한 『일본어 교육 능력 검정시험 제4~6회 경향 철저 분석 문제집』에서 발췌함.

교과서 예

- ■ 제1과　-は-です/-は-ではありません。
　　　　　-は-ですか/-も-です。
- ■ 제2과　こ/そ/あれは-です。
　　　　　ここは-です/-はどこですか。
- ■ 제3과　-は-赤いです/-くありません。
　　　　　-は-静かです/-ではありません。
- ■ 제4과　-に-があります。
　　　　　-は-にあります/います。
　　　　　-に-はありますか。

　이 구조 실러버스는 오럴 어프로치나 오디오 링걸 교수법의 실러버스로 잘 알려져 있다. 이 구조 실러버스의 지도 항목 제출 순에 관해서는 国際交流基金編 『日本語教科書ガイド』[52]의 부록에 자세한 조사표가 실려 있다. 이 구조 실러버스는 지도 항목을 문법적인 관점에서 분류하고 열거한 것으로 문법 실러버스라고도 한다. 구조 실러버스와 문법 실러버스의 개념은 같은 의미로 사용되는 경우가 많다. 그러나 구조 실러버스에는 음성, 문자, 어휘 등 문법외의 항목을 사용한 것도 있다. 예를 들면 음성 항목에서는 모음, 자음, 악센트 등이 취급되는데 이것 하나하나가 실러버스 항목이 되는 것이다. 구조 실러버스를 이와 같이 넓은 의미로 파악했을 경우 문법 실러버스는 구조 실러버스의 하위 개념

---

[52] 北星堂書店, 1989

이 되는 것이다.

이 구조 실러버스에서는 기본문형「-は -です」에서 경어까지 모두 초급 단계에서 종료시키는 것이 오늘날 일본어 교육에서 취급하는 일반적인 방식이다. 그 후 중·상급이 되어 어구의 의미나 용법을 검토하면서 문장을 읽어 가게 되는데 이러한 학습도 기본적으로는 이 구조 실러버스에 속하는 학습이라고 할 수 있다.

구조 실러버스는 교육의 초점이 **구조(문형)**의 습득에 놓여 있기 때문에 체계적으로 학습할 수는 있다는 이점이 있지만 살아 있는 일본어 학습이 어렵다는 점이 지적되고 있다. 따라서 최근 교과서에서는 構造 실러버스와 場面 실러버스를 병용한 교과서가 많이 선보이고 있다.

2) **機能 실러버스**(function syllabus)

구조 실러버스가 문형이나 단어의 **형태**에 초점을 맞추어서 구성된 것이라면 이 기능 실러버스는 문장 전체가 갖는 기능이나 의미에 의해서 분류하고 구성된 것이라고 할 수 있다. 예를 들면「コーヒーを飲みませんか」라고 하는 문장을 **타동사의 부정 의문문**이라고 하는 관점에서 파악한다면 이것은 구조 실러버스에 의한 분류 방법이지만, 그렇지 않고 이것은 **권유의 기능**을 갖는 표현이라고 분류한다면 이것은 기능 실러버스의 유형에 속하는 것이다. 이와 같이 어떤 문장을 구조적으로 파악하는 것이 아니라 기능적으로 파악하는 것이 기능 실러버스인 것이다. 즉 언어를 커뮤니케이션의 목적에 따라 **機能**(function)별로 모아서 편성한 실러버스이다. 언어를 機能, 표현 의도를 중심으로 교수 항목을 배열하였기 때문에 커뮤니케이션을 목적으로 일본어를 학습하는 자에게 유용하다. 교과서는 예를 들면「제1과 頼む」「제2과 誘う」「제3과 断る」「제4과 禁止」등과 같이 그 발화의 목적이나 의도별로 정리되어 있는 경우가 있다.「頼む」라고 하는 단원을 보면「お願いします」「書いてください」와 같은 의뢰 표현이 들어 있고「禁止」라고 하는 단원을 보면「-てはいけない」「-ないでください」와 같은 금지에 관련된 표현이 들어 있다.

　이 機能 실러버스는 構造 실러버스와는 달리 문법 형식의 난이도, 제출 순은 그다지 고려하지 않고 언어 機能이나 표현 의도를 중심으로 지도 항목을 배열한다. 이 機能 실러버스는 **실생활의 커뮤니케이션**에는 도움이 되지만 필요한 문법 항목을 구조 실러버스와 같이 모두 빠짐없이 넣을 수 없고 문법적 분석 능력을 기르지 못한다는 약점을 가지고 있다.

　따라서 오늘날 일본어 교육에서는 구조적 실러버스와 機能 실러버스를 절충하려고 하는 시도가 행해지고 있다. 이 機能 실러버스는 오늘날과 같이 교육 목표를 회화 능력 향상에 두는 경우에는 아주 유효한 실러버스라고 할 수 있다. 따라서 이것은 커뮤니커티브 어프로치의 실러버스로 자주 사용된다. 구체적인 교과서의 예를 보면 다음과 같다.

교과서 예

- 제1과 許可を求める。
   - -てもいいですか。
   - -させていただけますか。
- 제2과 誘う/断る
   - -しませんか。
   - -(明日)ひまですか。
   - すみませんが…
- 제3과 提案する
   - -(するの)はどうですか。

3) 場面 실러버스(situational syllabus)

　학습자가 커뮤니케이션을 행할 때 필요성이 높은 장면(상황)을 중심으로 교수 항목을 배열한 실러버스이다. 1940~1960년대에 걸쳐 영국에서 성행했던 것으로 의미를 명확히 하기 위해서 커뮤니케이션의 장면을 중요시한다. 학습자가 행하는 커뮤니케이션의 여러 가지 장면을 분석하여 그 장면에서 사용되는 어휘나 문형을 단계적으로 도입한다. 예를 들면 「제1과 銀行」「제2과 郵便局」「제3과 病院」「제4과 レストラン」「제5과 買い物」등과 같이 일상적으로 목표 언어가 자주 사용되는 장면을 종합 정리한 것을 장면 실러버스라고 한다. 장면 실러버스에서는 「제1과 銀行」에서는 은행이라고 하는 장면에서 필요한 문형, 어휘, 언어 기능 등이 하위 항목으로 기술된다.

여행 가이드북과 같이 한정된 장면에서 커뮤니케이션 능력을 단기 집중적으로 학습해야 하는 학습자에게는 이 장면 실러버스가 많이 사용된다. 「銀行」의 단원에는 구좌를 개설한다든지, 자동이체를 한다, 해약을 한다, 등과 같이 은행에서 필요한 표현들이 들어 있다. 만약 은행 업무나 은행에 가서 어떤 일을 할 경우 대단히 유용하다는 장점을 가지고 있다. 그러나 다른 장면에 접했을 때 응용할 수 없다고 하는 단점과 구조 실러버스처럼 「쉬운 것에서 어려운 것으로」라는 체계적이고 단계적인 학습이 어렵다는 단점을 가지고 있다. 따라서 이 실러버스는 구조 실러버스, 기능 실러버스와 함께 사용되는 경우가 많다. 이 장면 실러버스에 의해 편성된 교과서의 예를 보면 다음과 같다.

교과서 예

- 제1과 　喫茶店で
  　　　　-と-をお願いします。
  　　　　-(全部で)いくらですか。
- 제2과 　郵便局で
  　　　　(韓国)までいくらですか。
  　　　　(船便)でお願いします。
- 제3과 　駅で
  　　　　(精算所)はどこですか。
- 제4과 　デパートで
  　　　　包んでください。

4) 話題 실러버스(topic syllabus)

　학습자가 관심과 흥미를 가지고 있는 화제(topic)를 모아서 편성한 실러버스이다. 거기서 선택된 화제에 관련된 어휘나 표현, 관용구, 배경 등이 교육 내용이 되기 때문에 중급 이상의 학습자에게 적합한 실러버스라고 말 할 수 있다. 화제의 분류에는「자연과학, 정치, 문화, 예술」이라고 하는 도서 분류나「사건, 円高」등과 같은 사회적인 관심사,「가족, 취미, 휴가」등 여러 가지 관점에서 분류할 수 있다. 교과서가 만약「제1과 ふるさと」「제2과 家族」「제3과 趣味」등과 같이 화제별로 종합 정리되어 있다면 이것은 화제 실러버스에 의해서 편성된 교과서가 되는 것이다.「제1과 ふるさと」에서는 ふるさと와 관련된 어휘나 문형, 표현 등을 풍부하게 제시하게 될 것이다. 예를 들면「ふるさと」의 단원에는 도청 소재지나 인구 현황, 위치, 특산품 등의 표현이 다양하게 제시될 것이다.

　화제 실러버스는 일반적으로 중·상급 단계의 학습자에게 적합하지만, 일상생활에서 일어나는 것을 화제로 선정하고 쉬운 어휘나 표현 등을 선택한다면 초급 과정에서도 사용할 수 있다. 이것의 장점은 **학습자가 관심이나 흥미를 가지고 있는 것이 학습 내용**이 되기 때문에 만족감을 얻을 수 있다고 하는 것이다. 화제와 학습자의 흥미가 일치하면 학습자의 동기가 강화되어 학습도 한층 촉진된다는 것은 당연한 것이다. 그러나 모든 학습자가 같은 화제에 흥미를 가지고 있는 것은 아니기 때문에 화제로서 무엇을 선택할 것인가가 대단히 중요하다. 학습자에게 매력 있는 화제를 선택하기 위해서는 학습자의 니즈 조사에서 얻은 자료를 충분히 검토할 필요가 있다. 이 장면 실러버스에 의해 편성된 교과서의 예를 보면 다음과 같다.

　　　　　　　　　　　　　　　　　　　　　　　교과서 예

- 제1과　日本
　　　　（日本はどんな国か）
　　　　（日本の印象はどうか）
- 제2과　結婚
　　　　（結婚はどうあるべきか）
　　　　（結婚する年齢に関して）
- 제3과　環境問題
　　　　（環境破壊の原因は何か）
　　　　（環境保全と文明について）
- 제4과　都市

어학 교재는 아니지만 사회과 교과서 등을 보면「정부」「국회」「재판소」등의 화제로 과를 편성한 예가 있다. 각 과에서는 각각의 관련 정보를 집중적으로 소개하고 있는데 이러한 것이 화제 실러버스에 속한다.

5) 技能 실러버스(skill syllabus)

학습자가 필요로 하는 기술이나 능력 등을 감안하여 종합 정리한 것을 기능 실러버스라고도 한다. 자동차 학교나 요리 학교 등

에 만약 이름을 붙인다면 이 技能 실러버스가 되는 셈이다. 일본어 교육에서는 목표 언어를 언어의 4技能이라고 하는 관점에서 교수 항목을 배열한 실러버스이다. 예를 들어「書く技能」의 구체적인 교수 항목으로「紹介状を書く」「注文書を書く」「請求書を書く」「領収書を書く」등이 제시되는데 이것이 技能 실러버스에 의한 것이다. 또 일본어 학습자가 하나의 수업을 이해하기 위해서는 때로는 강의를 받아야 하고, 때로는 문헌도 읽어야 하고, 리포트도 써야 하고, 발표도 해야 한다. 이러한 작업은 기술 능력을 요구하게 되는데 이것들을 각각의 단원으로 만들어 가는 경우가 일본어 교육에서 이 技能 실러버스에 해당하는 것이다. 이 실러버스는 초급·중급 단계에서는 별도로 취급하는 경우는 드물고 상급 단계에서도 교재로서 독립되어 있는 것도 적으며 대부분은 부교재나 보충 교재로 취급한다. 이 技能 실러버스에 의해 편성된 교과서의 예를 보면 다음과 같다.

교과서 예

- 제1과   手紙の書き方ーその1
   (1) 友達に書く
   (2) 先生に書く
- 제2과   手紙の書き方ーその2
   (1) 礼状
   (2) 招待
- 제3과   レポートの書き方
- 제4과   メモの取り方

6) 課題 실러버스(task syllabus)

　언어는 앞에서도 기술한 바와 같이「機能」을 가지고 있는데 그 機能은 모두 어떤 목적을 달성하기 위해서 사용된다. 과제 실러버스에서는 학습자가 일본어를 사용해서 어떤 목적을 달성하는 능력을 육성하기 위한 훈련의 일환으로써 학습자에게 과제(task)를 부여하여 자율적으로 그것을 해결하도록 하는 실러버스이다. 학습자가 주어진 과제를 해결하기 위한 과정 그 자체가 학습이 되고 이것은 교실 내에서 수업을 통한 학습보다도 효과가 있다고 알려져 있다.
　구체적인 예를 들어 보면 학습자에게 일본으로「축전을 치는 법」이라는 과제를 부여하였을 경우, 학습자는 먼저 상황에 맞는 문안을 작성하여 그것을 전보문으로 고치고 다시 전화국에 가서 축전 치는 법 등을 조사하게 될 것이다. 이러한 과제를 통해서 습득한 과정을 학습자는 클래스에서 보고하게 된다.
　또 하나의 예를 들어 보면「회사의 간사가 되어 망년회를 도맡아 준비한다」는 과제를 부여 받았을 때 이것을 해결하기 위해서는 여러 가지 일들이 있게 마련이다. 장소 예약, 요리의 가격, 인원수 확인 등 이러한 일들을 순서로 배열하여 거기에 필요한 표현이나 어휘 등을 제시하는 것이다.
　이 실러버스는 **실제 언어 운용을** 하면서 학습한다는 면에서 최근 많이 사용되고 있는 실러버스이다. 그러나 이것도 技能 실러버스와 같이 이것만을 독립해서 중심 교재로 한 것은 거의 볼 수 없다. 다른 실러버스에 의한 교재를 주 교재로 사용하면서 이러한 발상을 활용한 실천적인 task 연습이나 **복습, 수업의 총**

정리 수단으로써 사용되는 경우가 많다. 이 과제 실러버스에서 사용되는 task 연습의 구체적인 예를 보면 다음과 같다.

【초급 학습자를 위한 task 연습 예】[53]

> task 練習　ピクニックの行き先を決める。
> task　　　10月10日の体育の日に、クラス全員でピクニックに行くことになりますが、あなたは次の点を調べるよう先生から頼まれました。
>
> 1. 日帰りのピクニックとして、どこへ行ったらいいか日本人の友人と相談して決める。
> 2. 候補地が決まったら、旅行会社へ行って20人のグループがそのピクニックをするのにどのくらいの費用がかかるかを調べてくる。
> 3. できあがった「ピクニック計画」をクラスの人たちに説明する。
> 4. 「計画」が承認されたら、日本人の友人に乗り物の手配を依頼する。

위의 예의 과제를 해결하기 위해서 학습자는 다음과 같은 활동이 필요하다.

① 제1단계: 교사의 의뢰를 이해하고 목적을 확인한다.(교사의 설명을 듣는다)
② 제2단계: 조사 방법을 검토한다.(상황에 맞추어 생각한다)
③ 제3단계: 조사를 실시한다.(친구나 여행사 사람과 상의한다)
④ 제4단계: 계획을 준비한다.(계획을 설명할 원고를 작성한다)
⑤ 제5단계: 학급 학생에게 계획을 설명한다.(설명과 질의응답

---

[53] 高見澤孟(2000)『はじめての日本語教育・2』 p.73

을 한다)
⑤ 제6단계 : 결정 사항을 교사에게 보고한다.(보고와 과정을 설명)

이처럼 과제 연습에서는 각 단계마다 사회에서 실제적으로 행해지고 있는 실천적인 활동을 행하게 된다. 언어의 사용뿐만 아니라 목적을 달성하기 위한 전략도 필요하기 때문에 교실 내에서의 학습 활동과는 다른 체험을 학습자들은 경험할 수 있기 때문에 커뮤니케이션 능력을 육성하는데 도움이 된다. task 연습의 일종으로서 task listening[54], task reading[55]의 학습 방법도 있다.

3 실러버스 결정 시기

일반적으로 실러버스를 정하고 나서 수업 계획을 세우는 것이

---

54) 주어진 음성 자료 중에서 필요한 정보를 발견해 내는 연습. 예를 들면 일기예보를 보고 자기에게 관련된 지방의 일기만을 듣는다고 하는 것도 일종의 task listening이다.
55) 찾아야 할 정보를 주고 주어진 시간 안에 기사의 내용 중에서 그 정보를 발견하여 보고하도록 하는 연습이다.

순서인데, 최근의 학습자 중심의 수업에서는 반드시 처음에 선정할 필요는 없다고 하는 생각이 있다. 매일 매일의 수업 속에서 학습자가 학습하고자 하는 것을 선택하여 거기에 따라 교사가 학습 내용을 보충하고, 학습 활동을 수행해 가는 방식이 행해지고 있다. 그 전형적인 예가 CLL이라고 하는 교수법에서 보인다. 이와 같은 방법으로 설정된 실러버스를 다나카노조미(田中望)56)(1988)은「후행 실러버스」라고 부르고 있다.57) 이 정도는 아닐지라도 학습자의 희망에 따라서 어느 정도 자유로이 실러버스의 변경을 행하는 쪽이 진정한 의미에서 학습자의 니즈에 부합될 수 있기 때문에 그렇게 하는 것이 바람직하다. 그러나 후행 실러버스는 다음과 같은 문제점이 있다.

① 복수의 교사가 하나의 코스를 가르치는 경우, 교수 항목을 자유로이 변경하거나 그 장소에서 결정해 가는 것은 준비를 충분히 할 수 없어 어렵다.
② 준비하는 시간도 꽤 부담이 된다.
③ 수업 내용에 일관성이 결여되어 학습자나 교사가 혼란에 빠질 위험성이 있다.
④ 전통적인 실러버스에 익숙해진 학습자에게는 다음에는 무엇을 할 것인가에 대한 추측을 할 수 없어 오히려 부담이 되기 쉽다.
⑤ 학습자의 희망 사항은 반드시 일치하지 않는다.

---

56)『日本語教育ハンドブック所収』 p.23
57)『日本語教育の方法 コース デザインの実際』 pp. 84-86

선행 실러버스는 후행 실러버스와 반대되는 실러버스로 처음부터 교수 항목을 결정해 가는 방법이다. 선행 실러버스의 경우, 이 같은 문제는 피할 수 있다. 그렇다고 해서 선행 실러버스가 유일 절대 불변의 것이라는 것은 아니다. 보다 좋은 지도를 위해서 수정을 인정할 때는 인정하는 유연한 자세가 무엇보다도 교사에게 요구된다.

어떠한 실러버스를 사용할 것인가는 학습자의 니즈 분석을 통해서 행해지는 것이지만 아무리 면밀한 니즈 분석을 하였다 할지라도 완벽한 실러버스에 대한 디자인은 어려운 것이다. 왜냐하면 코스 도중에 학습자의 니즈가 변하는 경우가 있기 때문이다. 따라서 니즈 분석을 통해서 선행 실러버스를 선택하였다 할지라도 코스 도중에 실시한 니즈를 통해서 학습자들의 니즈가 변하였다면 실러버스 자체도 변해야 하는 것은 당연한 이치이다. 이런 점을 고려하여 교수자는 코스를 성공적으로 유도하기 위해서 유연한 자세로 임하는 것이 무엇보다도 중요할 것이다.

4 실러버스 선택 시 주의 점

조사표의 자료와 니즈 분석에 입각해서 우선 어떤 일본어를 어떠한 장면에서 무슨 목적으로 사용하는가를 확인한다. 거기서 문제가 되는 것은 학습자가 장면에 따라 필요하다고 생각하는 일본어와 교사의 눈으로 본 일본어에는 차이가 있을 수 있다. 예를 들면 경어의 필요성을 느끼지 못 해 경어를 배울 필요가 없다고 하는 학습자, 혹은 일본어를 말할 기회는 많지만 쓸 기회는 그다지 많지 않기 때문에 어려운 한자 등의 쓰기는 필요 없다고 느끼는 학습자들이 가끔 있다. 이런 학습자들에 대해서 교사는 어떻게 대처하면 좋을까. 교사측이 필요하다고 학습자의 의향은 무시하고 교사의 주장만 내세우면 반감을 가지고, 코스 전체를 그르칠 가능성이 있다. 이러한 경우 교사는 학습자에게 교사의 생각을 잘 설명하고 그 필요성을 학습자가 충분히 납득할 수 있도록 하는 것이 중요하다.

5 학습 단계와 실러버스

앞에서 기술한 바와 같이 일본어 교육에서 행해지고 있는 실러버스에는 여러 가지가 있다. 이 중에서 교육 목표를 실현하기 위해서 적당한 것을 선택하게 되는데 여기에서 주의해야 할 사항이 있다. 그것은 학습 단계와 실러버스의 관계이다.

일반적으로 일본어 학습자가 일본어를 처음부터 시작하는 초보인 경우에는 구조 실러버스를 사용하는 것이 좋다. 그러나 구조 실러버스 만으로는 기능을 다하지 못하는 경우도 있다. 그것은 우선 구조 실러버스에 요구되는 시간의 문제이다. 앞에서도 기술한 바와 같이 구조 실러버스는 오랜 전통을 가지고 있으며 문법 항목이 쉬운 것에서부터 점점 어려운 것으로 구성되어 있기 때문에 각 항목 하나하나를 착실히 정착시킬 필요가 있다. 그렇게 하지 않으면 말의 구조를 이해하기 힘들게 되어 중도에서 포기하게 된다. 그것을 소화하는데 걸리는 시간은 대개 300시간 정도이다. 300시간이라고 하는 것은 매일 4-5시간 공부해도 4개월 걸리는 시간이다. 따라서 시간적인 여유가 없는 학습자에게는 적용하기 어려운 것이다.

또 하나는 구조 실러버스의 지도 항목 그 자체의 문제이다. 구조 실러버스의 관심사는 그 활용이나 구문, 지시하는 개념 등이 쉬운 것인가, 어려운 것인가에 있는데 그것은 대부분 현실적인 필요성의 유무와는 무관계이다. 예를 들면 자기소개를 할 때에 가장 많이 사용되는 「-と申します」「-でございます」의 표현은 구조 실러버스에서는 상당히 지난 후에 취급하게 된다. 왜냐하면 그것은 복잡한 인간관계를 반영한 경어이기 때문이다. 그 때까지는 「私は-です」라고 하는 표현으로 충분하다. 그러나 현실 생활에서는 「-と申します」「-でございます」라고 표현하는 쪽이 많이 사용된다. 즉 어떤 항목이 현실적으로는 많이 사용된다 할지라도 구조 실러버스에서는 어디까지나 난이도의 순서에만 중점을 두기 때문에 빈도순은 고려하지 않는다. 이것이 초급 단계에서 구조 실러버스를 선택할 때의 모순이다. 그렇지만 구조 실러버스가 가지고 있는 체계는 성인의 학습자인 일본어 학습자에게는 좋은 실러버스이다. 왜냐 하면 순서를 따라 납득해 가면서 차

근차근 배워갈 수 있기 때문이다. 그러나 앞에서도 지적했듯이 구조 실러버스는 커뮤니케이션 능력을 육성하는 데는 부족한 점이 있다는 지적이 있다. 따라서 오늘날 일본어 교육에서는 이 구조 실러버스를 배경으로 하면서 경우에 따라서는 다른 실러버스도 함께 병행하는 절충식 실러버스 방식을 취하고 있는 경우가 많다. 구조 실러버스 이외의 실러버스는 명확한 체계를 가지고 있지 않고 게다가 각각의 항목은 서로 관련성이 희박하다. 그래서 구조 실러버스의 단계를 취하다가 어느 정도 지나면 「買い物」「病院」「郵便局」「頼みます」「断ります」와 같은 場面 실러버스나 機能 실러버스의 화제를 삽입하는 것이다. 이렇게 해서 구조 실러버스가 가지고 있는 단점을 보완해 가는데 이것을 **복합 실러버스**라고 한다. 따라서 오늘날 일본어 초급 단계의 실러버스는 대부분 복합 실러버스라고 할 수 있겠다.

한편 학습자들의 니즈가 다양한 중·상급 단계에서는 각각의 항목을 전문화, 세분화하여 그것에만 전념하는 단일 실러버스를 취하고 있는 것이 일반적이다.

Chapter 7

일본어 교육 커리큘럼

1 일본어 교육 커리큘럼

　코스 디자인 중 실러버스가 무엇을 가르칠 것인가라는 교수 항목 혹은 교수 세목이라면 커리큘럼이란 어떻게 가르칠 것인가에 대한 계획을 가리킨다. 커리큘럼은 교과 과정이라고 말하기도 하고 전반적인 교육 계획을 의미하는 경우에는 교육과정이라고도 한다.
　한마디로 말하면 코스 디자인에서 결정된 교육 계획을 실시하기 위한 구체적인 스케줄이 커리큘럼이다. 코스 디자인에서는 needs 분석을 토대로 **교육 목표**를 설정하고 이어서 무엇을 가르칠 것인가(실러버스)라는 **교수 항목**을 선정한다. 커리큘럼에서는 이 교수 항목을 어느 정도의 내용으로, 어느 정도의 시간을 들여서 어떤 순서와 배분으로 할 것인가에 대해서 구체적으로 정하는 것이다. 일본어 교육에서는 이것을 커리큘럼 디자인이라 부르기도 한다. 이 커리큘럼에 의해서 교과서 및 교재를 선정하거나 작성한다.
　커리큘럼의 주요 요소를 다나카노조미(田中望)(1990)는 「교수법, 교실 활동, 교재이다」라고 기술하고 있다. 즉 커리큘럼에서는 교수법의 결정, 교재의 결정 및 작성, 교실 활동의 결정이 주된 요소가 되는 것이다. 교수법에 대한 상세한 것은 이미 기술하였기 때문에 여기에서는 교재 및 교실 활동에 대해서 기술하고자 한다.

2 교재

여기에서는 우선 교재에는 어떠한 것이 있는가를 본다. 그리고 교재의 대표적인 교과서를 선택하는 기준, 자주적인 교재를 만드는 방법 등에 대해서 기술하고 마지막으로 현재 사용되고 있는 교재를 소개하고자 한다.

1) 교재의 분류 및 종류

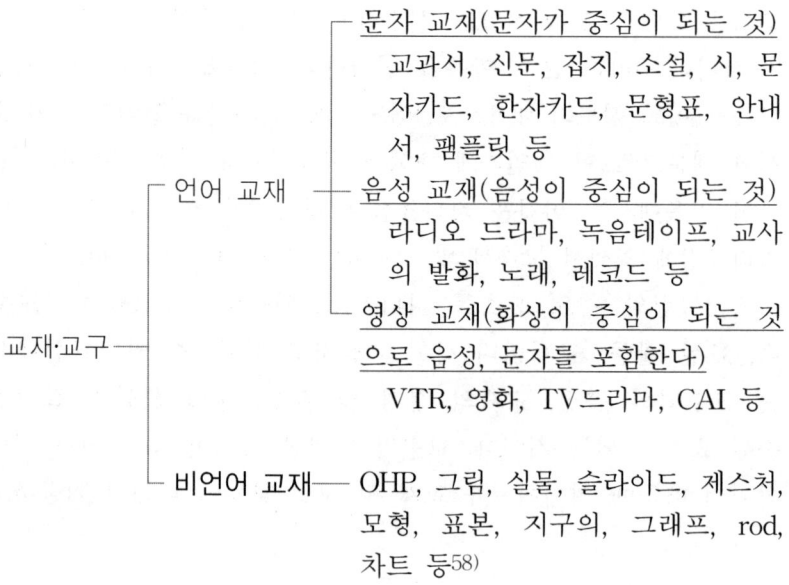

교재·교구
- 언어 교재
  - 문자 교재(문자가 중심이 되는 것)
    교과서, 신문, 잡지, 소설, 시, 문자카드, 한자카드, 문형표, 안내서, 팸플릿 등
  - 음성 교재(음성이 중심이 되는 것)
    라디오 드라마, 녹음테이프, 교사의 발화, 노래, 레코드 등
  - 영상 교재(화상이 중심이 되는 것으로 음성, 문자를 포함한다)
    VTR, 영화, TV드라마, CAI 등
- 비언어 교재 — OHP, 그림, 실물, 슬라이드, 제스처, 모형, 표본, 지구의, 그래프, rod, 차트 등[58]

교수 항목이 결정되면 다음으로 선택하는 것이 어떤 교재를 이용할 것인가를 생각하게 된다. 교재란 교실 활동, 혹은 학습자의 학습 활동을 도와주는 도구인데, 흔히 교재라 하면 교과서만을 생각하기 쉽다. 그러나 교재란 교육의 목적을 달성하기 위해 사용되는 모든 미디어를 말한다. 문자화된 교재로는 교과서, 각종 연습용 교과서, 문법 해설서, 한자 카드, 플래시 카드(flash card)59) 등이 있고, 음성이나 영상 교재로는 음성 테이프, 비디오테이프, 슬라이드 등이 있다. 비언어 교재로서는 그림이나 사진, 모형, 실물, OHP, 슬라이드, 표본, 지구의, 그래프, rod, 차트 등이 있다.

학습자를 위한 언어 교재가 아니라 일본인의 정보 제공 수단인 신문, 잡지, TV방송을 녹화한 비디오테이프 등의 실물 교재(生教材) 등도 있다. 이 실물 교재는 언어 학습을 사회와 직접 연결시켜 주는 수단으로써 좋은 교재가 될 수 있다. 이 밖에도 오늘날과 같이 정보의 발달에 의해 컴퓨터를 이용한 멀티미디어 교재 등도 활발히 개발되고 있다.

이처럼 교재의 종류에는 여러 가지가 있다. 또 이것만이 아니라 주위의 모든 것이 활용하기에 따라서는 교재가 될 수 있다. 그러나 가장 일반적으로 사용되는 것은 역시 교과서이다. 교과서를 중심으로 교육을 행한다고 하는 면에서 보면 당연한 것이다. 그러나 외국어 학습을 성공시키기 위해서는 여러 가지 교재를 적당히 사용하여 교실 활동에 변화를 주어야 한다. 그러므로 학습

---

58) 中西家栄子外2人 『実践日本語教授法』 p.129
59) 문자 학습 등에서 순간적으로 단어를 보이고 재빨리 그것을 읽어내는 연습을 위한 카드.

자들이 일본어에 대해서 흥미를 갖게 되어 목표를 달성할 수 있다. 많은 교재 중에서 교육 목표를 극대화하기 위해서 적절한 교재를 선택하고 그것을 효과적으로 사용하는 것은 교사의 역할 중 대단히 중요한 것이다.

2) 교과서 선택 기준

언어 교육에서 교과서는 필수 불가결한 것이라고 생각하기 쉬운데 과연 그럴까. 정해진 교과서를 사용하지 않고 학습자가 학습의 과정에 따라서 만들어 가는 것이 바람직하다고 하는 사람도 있다. 그러나 교과서는 학습자의 예습·복습을 위해서 필요하다. 왜냐하면 학습자들에게 교과서를 부여함으로써 코스의 도달 목표를 미리 알려 줄 수가 있고 학습자도 이 코스가 끝나면 이 정도의 학습이 가능하겠구나 하는 기대를 할 수 있기 때문에 학습 동기가 높아진다는 등의 여러 가지 이점이 있다. 그러나 어떠한 교과서라도 자기의 학습에 100% 맞는 것은 없다.

요컨대, 언어 교육은 교과서를 기본적인 교재로 해서 학습자의 니즈나 교실 활동에 따라 수정해 가는 노력과 부교재를 적당히 병행하는 것이 바람직하다. 그러면 교과서를 선택할 때는 어떠한 점을 주의해야 하는가.

교과서를 선택할 때는 우선적으로 목차를 보는 것이 중요하다. 왜냐하면 목차를 보면 그 교과서가 어떠한 실러버스를 토대로 해서 만들어졌는지를 판단할 수 있기 때문이다. 그 다음으로는 다음과 같은 사항을 고려하여 선택해야 한다.

① 누가 대상자인가.
② 실러버스는 무엇인가.
③ 목표는 무엇인가
④ 어떠한 교수법을 토대로 하고 있는가.
⑤ 어떠한 문형이 소개되고 있는가.
⑥ 문법 설명이 있는가.
⑦ 어휘는 몇 개 한자는 몇 개 정도 도입되고 있는가.
⑧ 회화 중심인가, 독해 중심인가.
⑨ 발음 연습과 청취 연습이 별도로 되어 있는가.
⑩ 번역이 있는가, 없는가.
⑪ 연습 문제는 어떠한 형식인가.
⑫ 한 과는 어느 정도인가.

교과서를 선택할 때는 여러 가지 항목이 체크 포인트가 되는데 이것은 어디까지나 참고로 할 뿐이다. 교과서를 선택할 때는 이 같은 점을 고려해서 학습 목표에 가장 적당한 교과서를 선택하는 것이 바람직하다.

3) 보조 교재 작성

어떠한 교과서라도 자기의 학습에 100% 맞는 것은 없다. 따라서 교과서를 기본적인 교재로 사용하여 학습자의 니즈나 교실 활동에 따라 수정해 가는 노력과 부교재를 적당히 병행하는 것이 교사로서의 중요한 역할이라고 하는 것에 대해서는 이미 기술한 바와 같다. 이 경우 고려해야 할 것은 우선 교과서의 어느 부분을 수정할 것인가, 무엇을 보충할 것인가를 분석하는 일이 필요하다. 그 기준이 되는 것이 앞에서 살펴 본 선택 조건들이다. 이 조건을 전부 만족시키는 것은 어렵겠지만 가능한 한 열거한 조건을 최대한 만족하도록 하는 노력이 필요하다. 예를 들면 일본어 교육에서는 여러 가지 보조 교재가 필요하게 되는데 보조 교재를 작성할 때는 다음과 같은 점을 주의해야 한다.

① 그림 카드의 작성

그림 카드는 세트로 되어 시판되고 있는 것도 있지만 이것만으로는 한계를 느끼는 경우가 있다. 이때는 잡지나 사진, 만화 등을 오려서 확대 복사해서 사용하든지, 스스로 만들어 사용하는 것이 좋다.

② 한자 카드나 문자 카드 작성

문자의 크기나 굵기 등 교실의 뒤쪽에서도 잘 보이도록 만들어야 한다.

③ 숙제 등 부교재의 작성

숙제의 목적은 어디까지나 학습을 촉진시키기 위한 것으로 여기에는 예습적인 성격과 복습적인 성격이 있다. 예습적인 성격의 숙제로는 수업에서 독해를 하기 전에 독해물을 집에서 읽고 두서너 가지의 문제를 풀어 오게 하는 것이다. 이 같은 숙제는 수업에서 독해 작업을 보다 효율적으로 수행할 수 있다. 또 스스로 어느 정도의 독해를 할 수 있는가를 인식시키는 데에도 유익하다.

④ 청취 테이프 작성

청취 테이프를 작성할 때는 우선 어떤 목적으로 어떻게 들려 줄 것인가를 생각하고 작성한다. 예를 들면 라디오 등에서 뉴스를 녹음하여 청취 교재로 사용할 경우 한 마디 한 마디를 모두 알아듣도록 하는 연습은 불필요하다. 뉴스는 요점이나 자기가 알고 싶은 것만을 알아들으면 되기 때문에 그 같은 것을 고려하면서 작성해야 한다.

⑤ 일본어 교재 리스트

오늘날 초급에서 상급에 이르기까지 실로 수많은 교과서 및 교재가 출판되고 있다. 교과서 및 교재의 홍수 시대를 맞이하고 있다고 해도 과언은 아니다. 따라서 이전보다는 교과서를 간단히 구할 수 있다. 그러나 그 반면 학습자의 목적이 다양화 되어 있기 때문에 학습자의 목적에 꼭 맞는 교과서를 선택하는 것이 대단히 어려운 것도 사실이다. 학습자의 목적, 학습 조건, 능력, 성격 등에 가장 적합한 교과서를 선택하는 것도 교사의 역할 중 중요한 것 중의 하나이기 때문에 교사는 항상 새로운 출판물에 관심을 가져야 한다.

오늘날처럼 수많은 교과서가 출판되는 경우에 교사는 교과서 리스트를 참고하는 것이 가장 좋다. 교과서 리스트는 여러 출판사에서 발행하고 있는데[60] 그 중에서도 일본어 교육에 필

---

60) 北星堂에서 1983년부터 『일본어 교과서 ガイド』(国立国語研究所)를 출판하고 있고, アルク에서 1991년부터 『外国人に日本語を教えるためのカタログ』를 발행하고 있다.

요한 것을 총 망라한 凡人社의 『日本語教材リスト』가 많은 참고가 되리라 생각된다. 여기에는 목적별로 다음과 같이 다섯 가지로 분류되어 있다.

㉠ 일본어 학습자용 교과서
㉡ 시청각 보조 교재
㉢ 사전
㉣ 교사용 참고서
㉤ 진학 정보

이와 같이 목적별로 분류한 다음 세부 항목을 들고 나서 구체적인 교재가 간단한 설명과 함께 제시되어 있다. 참고로 하나만 예를 들어 보면 다음과 같다.

【예】

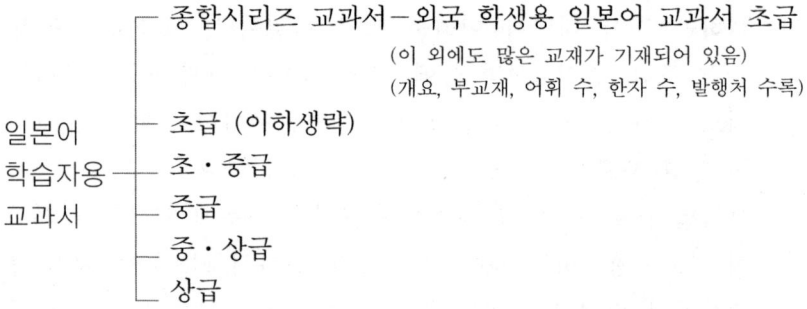

3 교실 활동

교실 활동(classroom activity)이란 학습자와 교사가 교육을 위해서 실제적으로 행하는 구체적인 학습 활동 혹은 교육 활동을 말한다. 이 교실 활동은 커리큘럼의 하위 개념이며 교육 실천 그 자체이다. 이 교실 활동에는 실로 여러 가지가 있다. 그 중 어떠한 활동이 행해지는가는 그 코스에서 사용되는 교수법이나 실러버스의 성격, 학습 목적 등에 따라서 다르다.

교실 활동에서 교사의 역할은 설정된 목표를 달성하기 위해서는 어떠한 수업 활동을 언제, 어떠한 방법으로 할 것인가를 판단하고 학습자의 반응이나 이해의 유무 등을 관찰하면서 가장 적절한 수업 활동을 준비하고 수행하는 것이다.

구체적인 수업 활동의 흐름을 보면 다음과 같다.

| 목표설정 | → | 도 입 | → | 기초연습 | → | 응용연습 | → | 즉석연습 | → | 확인복습 |

1) 목표 설정

수업 활동을 시작하기 전에 새로 학습하는 항목의 성격에 대해서 말한다. 즉 그것을 학습하면 학습자에게 어떠한 이점이 있으며 무엇을 할 수 있는지 등에 대한 전체적인 것을 말한다.

2) 도입

　새로 나온 표현이나 문법 등을 소개하고 학습자들에게 그것을 이해시키는 활동이 도입 단계이다. 귀납적인 방법으로 할 것인지, 연역적인 방법으로 할 것인지에 따라 교수법은 달라진다. 문법 규칙이나 의미를 이해시키기 위해서 그림이나 제스처를 사용하여 학습한다.

○ 그림 사용 예
　이미 학습한 동사의 그림 교재를 열 장 정도 준비한다.
　　［金さんは本を読んでいます］
　　［テレビを見ています］ 등.

○ 제스처 사용 예
　무엇인가를 먹는 동작을 하면서 ［私はりんごを食べています］ 등 여러 가지 동작을 반복한 후, 흑판에 ［食べる-食べています］와 같이 판서를 하고 학습 항목을 확인한다. 그리고 여러 가지 ［-て型］ 만드는 법을 모델로 제시하면서 문법 규칙이나 의미를 이해시킨다. 그 후 그것이 예문 속에서 어떻게 사용되는가를 분석하고 개개의 문장을 만들 때 그것들을 어떻게 적용시킬 것인가에 대해서 설명한다.

3) 기초 연습

　도입한 항목의 문형을 정확히 발화할 수 있도록 몇 번이고 연습하는 단계이다. 기초 연습에서 사용할 수 있는 것으로는 모방, 대입 연습, 대입과 변형, 변형 연습, 확장 연습, 결합 연습, 응답 연습 등 실로 다양하다.

　모방은 실물이나 그림 교재, 제스처 등을 사용하여 의미의 이해나 발음 연습 등을 시킨다. 대입 연습은 [日本人です → 韓国人です]와 같은 형식으로 행한다. 대입과 변형은 [あした田中さんに会います](昨日) → [昨日田中さんに会いました]와 같이 교사가 어떤 단어를 주고 그것을 대입해서 문장을 변형시키도록 하는 연습이다. 변형 연습은 [来ます] → [来ません]과 같이 문을 부정문 등으로 변형시키는 연습을 말한다. 확장 연습은 [来ます](昨日) → [昨日来ました]와 같이 교사가 어떤 단어를 주면 학습자는 그것을 사용하여 확장 문을 만드는 연습이다. 결합 연습은 [時間がない, 行かない] → [時間がないから行きません]과 같이 두 개의 짧은 문장을 주고 적당한 조사 등을 사용해서 한 문장으로 결합시키는 연습이다. 응답 연습은 [[来ますか](いいえ) → [いいえ, 来ません]과 같이 교사가 의문문을 제시한 후 학습자에게 はい, いいえ로 대답하게 하는 연습이다.

4) 응용 연습

　응용 연습이란 학습자가 이미 배운 문형을 사용해서 스스로 문을 만들거나 회화를 행하는 연습을 말한다. 이 단계에서는 학습자의 자주적인 발화를 촉진시켜 학습한 항목을 보다 자연스럽고, 정확하고, 유창하게[61] 사용할 수 있도록 하는 것을 목적으로 하고 있다. 문형 연습은 기계적인 반복으로써 학습자들의 자주적인 발상을 기대하기 어려운데 반해서 응용 연습은 학습자들이 자주적인 발상에 의해 문장을 생성할 수 있다는 이점이 있다.

5) 즉석 연습

교사는 관여하지 않고 학습한 것을 학습자가 사용할 수 있도록 상황만 설정해 둔다. 이 단계의 연습은 대부분 문제 해결이나 창조 활동과 같은 것이다. 이 단계에서의 목적은 자주적 발화나 적극성을 환기시키는 일, 유창함, 실제적인 장면에 임했을 때의 언어 운용 능력을 함양하는데 목적이 있다. 이 단계까지의 연습을 거듭함에 따라서 학습자는 단순히 언어 형식을 연습하고 문법을 지식으로써 습득하는데 그치는 것이 아니라 진정한 의미에서의 커뮤니케이션 능력을 습득할 수 있게 되는 것이다.

---

61) 정확함을 목적으로 하는 활동에는 반복 연습, 대입 연습, 문형 연습 등이 있다. 유창함을 목적으로 하는 활동에는 롤 플레이, 게임, 시뮬레이션, 드라마, 창작 활동 등이 있다.

일본어 교육 평가법

1 평가의 목적

　학교생활을 해오면서 우리들은 싫든 좋든 수없이 많은 여러 가지 테스트를 받아왔다. 교육과정과 평가는 불가분의 관계에 있으며 교육과정에서의 평가는 대부분 테스트를 통해서 실시되어 왔다. 일본어 교육에 있어서 평가의 목적을 좁은 의미에서 말한다면 **학습자가 가지고 있는 일본어의 지식이나 운용 능력의 측정**이라고 말할 수 있을 것이다. 이것은 테스트와 거의 같은 개념이다. 그러나 넓은 의미에서 말한다면 코스 전체나 각각의 요소(교재, 시간표, 학습 환경, 교수법, 학생의 도달 상황 등)에 대해서 실태를 파악하고 판단하는 것이다. 이런 의미에서 본다면 평가=테스트라는 등식은 반드시 성립하는 것은 아니다. 평가가 전체 집합이라 한다면 테스트는 부분 집합에 해당하는 것이다. 그럼 진정한 평가의 목적은 무엇일까?

　평가의 목적은 단순히 학습자의 성적을 매기거나 자격을 주기 위한 것이 아니라 교육 전반에 대해서 체크하고 만약 문제점이 있을 때 그것을 검토하여 대책을 세우고 문제가 있는 부분을 피드백하고 그것을 개선하는데 목적이 있다. 즉 **평가→대책→피드백→개선**의 수단으로 사용되는 것이 평가의 진정한 목적이 되는 것이다. 이 경우 평가의 대상이 되는 것은 학습자뿐만 아니라 교사, 교재, 교육 방침, 교수법, 교육 시설 등도 그 대상이 되는 것이다. 대상이 교육 전반인 평가는 넓은 의미의 평가이고 일반적

으로 일본어 교육에서 평가의 대상이 되는 것은 다음과 같은 것이 있다

① 코스 디자인에 대한 평가

교육을 시작하기 전에 학습자에게 최적의 교육을 하기 위해서 코스 디자인을 하는데 교육을 실시한 뒤 이것을 검토하여 그 적부를 판단하고 문제점이 있으면 해결책을 강구하고 그것을 개선하는 노력을 한다.

② 교재에 대한 평가

현재 사용하고 있는 교재가 과연 학습자의 학습 목적을 달성하는데 도움이 되는지에 대해서 검토하고 문제가 있으면 교재를 변경하거나 보조 교재를 준비하여 그 결함을 개선한다. 한번 선택한 교재일지라도 문제가 있다고 판단되었을 경우에는 변경하거나 다른 교재와 병행해서 운영하는 것이 중요하다.

③ 교수법, 지도법에 대한 평가

교수법이나 지도법은 학습자의 학습 목적, 학습 조건, 능력 등을 고려하여 선택되는데 교육을 실시하고 있는 동안 문제점이 발견되거나 학습자에게 어울리지 않는다고 판단되면 문제의 원인을 검토하고 해결을 위한 교수법이나 지도법을 채택할 필요가 있다

④ 학습자에 대한 평가

학습자의 학습 상황에서 교육의 성공 여부를 판단하기 위한 평가이다. 학습자의 능력을 측정하고 계획대로 성과를 이루고

있는지에 대해서 판단한다. 기대한 대로 성과가 나타나지 않는 경우에는 교육의 어딘가에 문제가 있다고 생각하고 그 원인을 검토하고 빨리 대응할 필요가 있다. 이 분야의 평가는 학습자의 성적으로서도 이용되지만 본래의 목적은 교육이 성공적으로 행해지고 있는지를 학습자의 학습 정착 상태에서 측정하고 문제점을 발견하여 그것을 개선하는데 이용하기 위한 것이다.

⑤ 교사에 대한 평가

교육의 성공 여부를 결정하는 또 하나의 중요한 요소는 교사이다. 학습자의 목적을 달성하기 위해서 그것을 지도하는 교사가 충분한 능력, 지식, 기술을 가지고 있는지를 판단하는 것이 이 평가이다. 학습의 성과가 오르지 않는 경우는 학습자뿐만 아니라 교사에게도 문제가 있다는 것을 인식해야 할 것이다.

이 들 5종류의 평가는 별개로 이루어지는 것이 아니라 학습자의 학습 진척 상황이나 정착의 정도를 기초 자료로 판단하는 것이다. 학습자의 학습이 순조롭게 진행된다면 **코스 디자인, 교재, 교수법, 교사**에게 문제가 없는 것이다. 우리가 흔히 말하는 평가란 학습자의 관점에서 본 평가를 말하는 것으로 이하에서는 학습자에 대한 평가에 대해서 각 방면에서 검토하기로 한다.

2 평가의 종류

좁은 의미에서의 평가는 학습자의 능력의 측정이다. 이것은 그것을 행하는 목적이나 시기에 따라서 다음 3종류로 분류된다.

① 진단적 평가

학습자의 현재의 능력을 분석하여 그것에 맞는 수업 내용이나 지도법을 선택하기 위해서 실시하는 평가이다. 학습자 한 사람 한 사람의 문제점이나 특징을 조사하여 앞으로 어떤 지도를 해야 할 것인가를 판단하기 위한 평가이다. 구체적인 측정 방법으로는 교육 개시 전에 행하는 placement test나 학기 초에 행해지는 학력 테스트가 있다.

② 형성적 평가

교육을 시작하고 나서 학습자의 습득 상황을 측정하기 위한 평가이다. 평가 결과는 학습자의 학습 상황뿐 아니라 교육 활동이나 교육 내용의 適否를 판단하는 자료로도 이용된다. 이 평가는 수업 중 학습자의 활동을 관찰하는 방법도 있으나 일정한 학습 단위가 끝난 뒤에 실시되는 achievement test, 예고 없이 실시되는 간이 테스트 등도 이 목적으로 사용된다.

③ 총괄적 평가

학기 말이나 학년 말, 졸업 때 교육 목적의 달성도를 측정하기 위해 실시하는 평가이다. 학기 말 시험이나 학년 말 시험은 각 학습자의 성적을 결정하는 것으로 사용되지만 그 외에 그것은 결과의 분석에 따라서 교육 활동을 재고하는 자료로도 사용된다.

3 평가의 시기

평가를 언어 교육의 수단으로 생각한다면 평가는 언제나 코스의 마지막에 행해야만 하는 것이 아니라 코스 전에나, 도중에나, 혹은 매일 매 시간 시행할 수 있는 것이다. 왜 학습자의 실력이 향상되지 않는가, 왜 같은 오용을 반복하는가, 등등 여러 가지 문제를 교사 측뿐만 아니라 학습자 측에서도 검토할 필요가 있다. 원인을 규명하지 않으면 그 대책을 적절히 수행할 수 없다. 또 좋은 결과가 나왔을 경우 어떤 면에서 좋았는지를 파악할 수 있다면 그것은 다음 코스를 설정할 때에도 유용하게 사용할 수 있다.

4 평가의 주체 및 대상

　우리들은 흔히 평가의 주체는 교사이고 그 대상은 학습자라고 생각하기 쉽다. 하지만 평가의 목적이 교육 활동이나 그 성과를 개선하기 위한 것이라는 점에서 그와 같은 생각은 타당하다고 볼 수 없다. 왜냐 하면 교육 활동을 개선할 수 있는 입장에 있는 것은 교사뿐만 아니라 학습자에게도 그 역할이 있기 때문이다. 물론 교사가 교육에 있어서 직접적인 책임자이고 교육을 개선할 수 있는 입장에 서 있는 주체인 것은 틀림없는 사실이지만 오늘날의 교육 활동이 **학습자 중심주의 교육**으로 바꾸어 가고 있다는 것을 생각하면 평가는 교사 중심이라는 생각은 시대착오적인 발상이다. 학습자와 협력한다는 사고의 전환이 필요한 시기이다.

　평가의 대상이 되는 것은 학습자 외에 교재, 교수법, 교실 활동, 실러버스, 커리큘럼 등 직접 교육에 관계있는 모든 것이 그 대상이 된다. 교재는 적절하였는가, 교수법과 실러버스는 그 코스를 수행하는데 적합 했는가 등 검토해야 할 항목은 무수히 많다. 이 때 주의해야 할 것은 학습의 목표가 코스를 시작하기 전에 명확히 설정되었는가, 그 목표를 달성하기 위해서 실러버스는 적절했는가, 교수법이나 교실 활동은 커리큘럼에 합당하게 작성 되었는가 등을 검토해야 한다.

5 평가 방법

타당한 평가를 시행하기 위해서는 우선 객관적인 정보를 많이 수집할 필요가 있다. 정보 수집 방법으로는 다음과 같은 방법이 있다.

1) 테스트를 이용하는 테스트 법

테스트는 그 목적에 따라 적성 테스트, achievement test, placement test, 능력 테스트 등으로 나눌 수 있다.

① 적성 테스트(aptitude test)
적성 테스트는 일본어 학습의 일반적인 적성을 측정하는 테스트로, 누이베요시노리(縫部義憲)(1992)[62]는 대체로 다음과 같은 항목이 여기에 포함된다고 기술하고 있다.
▶ 음에 대한 분별력(음의 식별 문제, 인토네이션의 변별)
▶ 시각적인 식별력
▶ 음성과 문자의 결합력(음과 형의 결합)
▶ 연상 기억
▶ 귀납적 추론

---

[62]『日本語教育学所収』 p.55

적성은 다른 조건이 동일하다면 어떤 분량의 학습량을 습득하는 데에 필요한 시간에 차이가 생긴다. 적성이 높은 학습자는 어떤 목표를 짧은 시간에 도달할 수 있다.

즉 적성 테스트는 학습자가 태어날 때부터 가지고 있는 능력이나 센스를 조사하여 어려운 언어를 학습하는 능력이 어떠한지를 파악하기 위한 테스트이다. 케롤(J.B.Carroll)은 적성 테스트를 「학습에 필요한 시간」의 長短을 결정하기 위한 시험이라고 말하고 있다. 미국에서 행해지고 있는 MLAT(Morden Language Aptitude Test) 등이 유명하지만 일본어 교육에서는 아직 본격적인 것은 개발되어 있지 않은 실정이다.

② 달성도 테스트(achievement test)

달성도 테스트는 도달도 테스트로 학습자가 학습 기간 내에 학습한 내용을 어느 정도 몸에 익히고 있는지를 측정하기 위한 테스트이다. 교재의 어떤 단원이 끝난 뒤에 실시되는 시험이나 매주 한 번씩 정기적으로 실시되는 학력 테스트 갑자기 실시하는 퀴즈 등 학습자의 학습 진척 상황을 조사하여 형성적 평가의 판단 자료로 하기 위함이다. 시험 결과가 좋지 않았을 경우에는 다음과 같은 원인을 생각해 볼 수 있다.

▶ 학습자의 노력이 부족하였다.
▶ 교사의 지도가 불충분하였다.
▶ 교육의 진도가 너무 빨랐다.
▶ 교재가 부적절하였다.
▶ 교육 계획(코스디자인) 전체에 문제가 있었다.

학교에서 실시되고 있는 대부분의 시험이 여기에 속하며 이 테스트는 학습자의 성적 결정의 자료로 이용될 뿐 아니라 교육개선의 자료로도 이용된다.

③ placement test

　placement test는 일본어를 학습한 경험이 있는 학습자를 대상으로 어느 레벨에 속하는가를 판단하기 위해 실시하는 평가로써 레벨 테스트라고도 한다. 이 시험에서는 학습자의 현재의 학력이 초급, 중급, 상급 중 어느 코스에 해당하는지를 조사함과 동시에 개개인의 학습의 장·단점을 기록하여 지도상 참고 자료로도 이용한다.

④ 능력 테스트(proficiency test)

　능력 테스트는 학습자의 학습 경험, 사용 교재, 지도 방침 등에는 관계없이 현재의 학력으로 무엇을 할 수 있는지를 측정하는 시험이다. 일본어 교육에서는 **일본어 능력시험**이 여기에 속한다. 이것은 4급에서 1급까지 4단계로 나누어 실시되고 있는데 1급의 합격이 일본의 대학에 유학하고자 하는 학습자의 어학 능력의 증명으로 사용되고 있다. 일본어 능력시험의 4급에서 1급까지의 내용이나 기준을 보면 다음과 같다.

〈표〉일본어 능력시험의 구성 및 인정 기준

급	구성			인정 기준
	유별	시간	배점	
1	문자·어휘	45분	100점	고도의 문법·한자(2,000자 정도)·어휘(10,000단어 정도)를 습득하고 사회생활을 하는데 지장이 없고,
	청해	45분	100점	
	독해·문법	90분	200점	

		계	180분	400점	대학에 있어서 교육·연구에 도움이 되는 종합적인 일본어 능력(일본어 900시간 정도 학습한 레벨)
2		문자·어휘 청해 독해·문법 계	35분 40분 70분 145분	100점 100점 200점 400점	약간 고도의 문법·한자(1,000자 정도)·어휘(6,000단어 정도)를 습득하고 일반적인 사항에 대해서 회화가 가능하고 읽기·쓰기가 가능한 능력(일본어를 600시간 정도 학습하고 중급 일본어 코스를 수료한 레벨)
3		문자·어휘 청해 독해·문법 계	35분 35분 70분 140분	100점 100점 200점 400점	기본적인 문법·한자(300자 정도)·어휘(1,500단어 정도)를 습득하고 일상생활에 필요한 회화가 가능하고 간단한 문장의 읽기·쓰기가 가능한 능력(일본어를 300시간 정도 학습하고 초급 일본어 코스를 수료한 레벨)
4		문자·어휘 청해 독해·문법 계	25분 25분 50분 100분	100점 100점 200점 400점	초보적인 문법·한자(100자 정도)·어휘(800단어 정도)를 습득하고 간단한 회화가 가능하고 쉬운 문장, 또는 짧은 문장의 읽기 쓰기가 가능한 능력(일본어를 150시간 정도 학습하고 초급 일본어 코스 전반을 수료한 레벨)

2) 질문법

학습자가 교사나 교재 등에 대해서 어떻게 평가를 하고 있는지를 파악하는 것은 대단히 중요한 일이다. 교사가 좋다고 생각하여 시행한 수업일지라도 학습자에게 맞지 않으면 수업의 효과는 기대하기 어렵기 때문이다. 이 질문법에는 여러 가지 형식이 있지만 수업 활동, 교재 ,교수법, 속도 등에 대해서 질문지를 만들어 회답을 체크한다. 예를 들면 다음과 같다.

① 수업 속도
  a. 너무 빠르다 b. 빠르다 c.적당하다 d. 느리다

② 교과서 내용
  a. 대단히 재미있다 b. 조금 재미있다 c.보통이다 d. 재미없다

③ 자기의 감상이나 느낀 점 등에 대해서 쓰라고 지시한다.

3) 면접법

구두로 학습자에게 질문하는 방법으로 언어적인 입장에서 말하면 테스트나 질문법만으로는 알 수 없는 표현력이나 전달 능력을 알기 위한 수단으로 이 면접법이 이용된다.

4) 관찰 기록법

학습자의 태도나 수업에 대해서 기록해 두는 것으로 여기에는 여러 가지 방법이 있으나 하나의 방법으로 교안 속에 평가의 공간을 만들어 거기에 교안대로 수업은 실시했는지, 그렇지 않다면 왜 그랬는지 등을 기록한다. 또 교안의 마지막 부분에는 학습자

개인에 대한 기록, 예를 들면 학습 태도, 출석률, 숙제 제출 유무 등등 세세한 정보를 첨가해 둔다. 그러한 교안 기록을 모아 두면 교재의 좋고 나쁨이라든지, 교수법 등 코스 전체에 대한 평가를 하는데 중요한 정보원이 된다.

5) OPI (Oral Proficiency Interview)

OPI란 Oral Proficiency Interview의 머리글자로 악트풀(ACTFL: American Councilon the Teaching of Foreign Languages 全美外國語教育協會)이 TOEFL, TOEIC을 개발한 ETS와 미국 국무성 연구기관들의 협력을 얻어 개발한 인터뷰 형식의 **구두 회화 능력 측정 테스트**를 말한다. 지금까지 학교의 회화를 비롯하여 입사 시험 등 일본어 교육 현장에서 실제로 많은 인터뷰에 의한 평가가 실시되어 왔다. 그러나 인터뷰 테스트의 가장 단점은 확실한 평가 기준이 없고 그것을 계량화 할 수 없다는 점이다. 면접하는 사람의 주관적이고 직관적인 판단에 의존할 수밖에 없기 때문에 판정 결과가 시험관마다 오차가 심하여 시험의 가장 중요한 요소인 신뢰성, 타당성에 문제를 안고 있었다. 그러나 이러한 단점을 보완하는 형태로 만들어진 테스트가 **OPI**이다.

OPI의 테스트 방법은 Tester라고 하는 시험관이 학습자와 1대 1로 약10~30분간의 인터뷰를 행하고 **구두의 언어 운용 능력을 측정**한다. 참고로 OPI 평가 기준[63]을 보면 다음과 같다.

---

63) 小林ミナ(1998) 『이해하기 쉬운 教授法(어문학사)』 p.132

〈표〉 OPI 평가 기준

級	종합적 task 기능	context	내용	정확성	text의 型
超級	자기의 의견을 적절한 표현으로 유창하게 말할 수 있고 가설을 세우면서 광범위하게 의논할 수 있다.	거의 informal (격식을 차리지 않는 스스럼없는 장면)한 장면.	일반적인 흥미에 관한 광범위한 화제와 특별한 관심사, 전문영역의 화제, 구체적이고 추상적인 화제.	조금 틀려도 실질적으로는 커뮤니케이션에 지장을 초래하지 않고 모어 화자에 가까울 정도.	광범위하고 연속적인 담화. (복수 단락)
上級	주된 시제와 아스펙트를 사용해서 사물을 묘사하고 서술할 수 있다.	거의 informal한 장면.	개인적인 화제, 일반적인 흥미에 관한 화제와 구체적이고 사실적인 화제.	모어 화자가 아닌 사람과의 회화에 익숙하지 않은 사람에게도 어려움 없이 이해할 수 있다.	단락을 가지고 있는 담화.
中級	간단한 질문을 하거나 질문에 답변할 수 있는 대면형 회화를 유지할 수 있다.	informal한 장면과 제한된 수에 대처할 수 있는 장면.	주로 자기 자신과 가까운 것에 관한 화제.	모어 화자가 아닌 사람과의 회화에 익숙해 있는 사람에게도 여러번 반복함에 따라 이해할 수 있다.	단문 또는 2-3의 연문.
初級	발화는 정해진 말이나 사물을 열거하는 것으로 제한된다.	매우 예측하기 쉽고 일반적이고 일상적인 장면.	일상생활에 가깝고 단편적인 사항.	모어 화자가 아닌 사람과의 회화에 익숙해 있는 사람조차 이해할 수 없다.	개개의 단어와 어구.

6 수업에 있어서 평가 활동

평가는 크게 **상대 평가**와 **절대 평가**로 나눌 수 있다. 상대 평가는 학습자 한 사람 한 사람에 대한 성적이 클래스에서 어느 위치에 있는지를 측정하고, 후자는 학습자가 도달 목표를 달성했는지의 여부를 조사하는 것이 목적이다.

절대 평가는 학습자 개개인의 학습상의 곤란 점을 파악하는데 편리하기 때문에 수시로 실시하여 그 결과에 따라 학습자 개개인의 약점을 보충하거나 학습 내용과 방법을 개선할 수 있다. 이 같은 평가 방법을 **형성적 평가**라고 한다. 이에 대해서 일정 기간이나 단원이 끝난 후 실시하는 평가 방법을 **총괄적 평가**라고 한다. 학기말 시험이나 코스가 종료되었을 때 실시하는 시험이 여기에 속한다. **총괄적 평가**의 목적은 일정 기간에 일정량의 학습 결과를 종합적으로 평가하여 학습자에게 평점을 주는 데 있다.

그런데 **형성적 평가의 목적**은 학습자의 성적에 순위를 부여하는 것이 아니라, 학습자 한 사람이 도달한 목표와 도달하지 않은 목표를 구별하기 위한 것이다. 즉 형성적 평가에서는 어느 목표를 어느 정도 달성 했는지 등에 대한 양적 측면과 어떤 목표를 달성하지 못했는지 라는 질적 측면을 분명히 해야 한다. 그 방법으로 오답을 골라내는 것이다. 오답수를 각 문제마다 골라내어 오답이 많은 문제에 대해서는 수업에서 한 번 더 취급하든지, 숙제용 프린트를 작성하는 방법을 생각할 수 있다.

7 테스트 작성 시 구비 조건

테스트를 작성할 때 구비 조건으로는 타당성(妥當性), 신뢰성(信賴性), 객관성(客觀性), 실용성(實用性)을 들 수 있다. 타당성이란 측정하려고 하는 것을 정확하게 측정하고 있는지에 관한 것이다. 신뢰성이란 테스트 득점의 안정도, 즉 우연성에 좌우되지 않고 안정된 결과를 얻을 수 있도록 작성해야 한다. 즉 같은 테스트를 같은 조건하에서 여러 번 실시하여도 언제나 같은 결과가 나와야 한다. 객관성이란 채점의 객관성을 말하는 것으로 객관 테스트는 채점이 주관적이 아니라 누가 채점하여도 결과가 같기 때문에 객관성이 높다고 말할 수 있다. 그러나 작문과 같은 주관 테스트는 주관성이 들어가기 쉽기 때문에 객관성이 낮은 편이다. 마지막으로 테스트 시행의 용이함, 채점의 용이함, 해석의 용이함과 테스트 실시에 어느 정도의 시간이 필요한지에 대한 경제성 등도 평가에서는 고려해야 할 사항이다.

이 가운데 평가에서 항상 문제가 되는 것은 신뢰성과 타당성이다. 이것은 신뢰성과 타당성이 있는 평가를 한다고 하는 것이 얼마나 어려운 것인지를 반증하는 것이다. 그 이유로는 학습자의 능력을 정확히 판단할 수 있는 테스트를 작성하는 것이 대단히 어려운 것. 또 교육 목표와 실제 평가된 것이 어떠한 이유에서든지 차이가 생겼을 경우, 그것은 정당한 평가가 되지 못 한다는 것. 그 외에도 인간이기 때문에 완전히 주관성을 배제하기가 쉽지 않다는 것. 또 여러 명의 교사가 담당하는 수업을 공동으로 평가할 경우, 개인의 입장이나 인생관 가치관이 반영되기 쉽다는 것 등이다.

  평가를 하는 경우에는 이러한 개인차도 극복하고 냉정한 입장에서 평가를 하지 않으면 안 된다. 그러기 위해서는 일정한 평가 기준을 만들어 그것에 따라 평가를 행하는 것이 무엇보다도 중요하다.

8 테스트의 형식

  테스트의 형식에는 크게 객관 테스트와 주관 테스트, 항목 테스트와 종합 테스트로 분류할 수 있다.

1) 객관 테스트와 주관 테스트

  객관적 테스트는 문자 그대로 객관적인 측정을 목적으로 하는 것이다. 이 객관 테스트는 채점자의 개인적인 판단에 의하지 않고 채점되는 형식으로 여기에는 再認形式과 再生形式으로 대별된다.

(1) 再認形式

再認形式은 인지나 이해에 초점을 두고, 주어진 선택지 속에서 학습한 것과 일치하는 것을 발견하는 형식이다. 다음과 같은 것이 여기에 속한다.

① 다지 선택법 : 선택지 중에서 바른 것을 하나 고르게 한다. 채점이 용이한 반면 우연히 맞추는 이른바 요행수의 답을 배제할 수 없기 때문에 신뢰성이 낮다는 단점이 있다. 선택지를 늘리면 늘릴수록 요행수의 확률은 줄어들지만 적절한 선택지를 여러 개 만든다는 것은 그리 간단한 일은 아니다.

② 진위법 : 문법적으로 맞는지, 틀린지, 본문의 내용에 맞는지, 틀린지를 대답하게 하는 형식으로 다지 선택법보다 문제 작성이 용이한 반면 요행수에 의한 확률이 50%로 높기 때문에 신뢰성이 낮다는 문제점을 가지고 있다.

③ 결합법 : 두 개의 항목 군에서 각각의 적당한 결합이 되는 것을 선택하는 형식이다.

(2) 再生形式

再生形式은 표현에 초점을 두고, 테스트 항목에 비추어 학습한 것 속에서 바르다고 생각하는 것을 상기해서 기술하는 것이다. 다음과 같은 것이 여기에 속한다.

① 질문법 : 선택지 중에서 맞는 것을 하나 고르게 한다.
② 지시법 :「수동형으로 바꾸시오」등과 같이 지시에 따라

대답을 쓰게 한다.
③ 완성법 : 두 개의 일본 문이 같은 의미가 되도록 공란을 메우게 한다.
④ 연상법 : A : B = C : D와 같이 같은 문법 관계가 되도록 대답하게 한다.
⑤ 전환법 : 문을 바꾸어 다른 구조를 만들게 한다.
⑥ 받아쓰기 법 : 일본문의 일부 혹은 전부를 받아쓰게 한다.
⑦ 철자법 : 히라가나를 한자로 고치게 하여 문자 표기에 대한 지식을 조사한다.
⑧ 번역법 : 일본어를 모국어로, 혹은 모국어를 일본어로 번역하게 한다.
⑨ 어구성법 : 어떤 단어를 사용해서 숙어를 만들게 하여, 단어와 단어를 결합하는 능력을 측정한다.

주관적 테스트의 대표적 형식에는 **논술식 테스트와 회화 테스트** 등이 있다. 객관적 테스트와 주관적 테스트의 특징을 이시다토시코(石田敏子)(1988)[64]는 다음과 같이 여덟 가지를 들어 기술하고 있다.

(3) 객관적 테스트의 특징
① 문제를 만드는 것은 어렵지만, 채점이 용이하다.
② 수험자는 문제를 읽고 이해하여 대답하는 것에 시간을 소비한다.
③ 주어진 선택지 중에서 가장 알맞은 답을 고르기 때문에

---

64) 『日本語教授法』 pp.187-188

처음부터 틀이 정해져 있다.
④ 문제 문항 수를 많이 할 수 없다.
⑤ 기계에 의한 채점이 가능하다.
⑥ 해답 결과를 통계적으로 분석하여 문제의 좋고 나쁨을 객관적으로 알 수 있다.
⑦ 요행수의 여지가 있다.
⑧ 단편적인 학력 밖에 측정할 수 없다.

(4) 주관적 테스트의 특징
① 문제를 만드는 것은 편하지만 채점이 곤란하다. 특히 채점의 기준을 일정하게 유지하는 것이 어렵다.
② 수험자가 해답을 쓰는데 많은 시간이 걸린다.
③ 자유스런 해답을 쓸 수 있다.
④ 문제 문항 수를 많이 할 수 없다.
⑤ 누구나 채점할 수 있는 것이 아니다.
⑥ 해답 결과를 가지고 문제의 좋고 나쁨을 객관적으로 알기 어렵다.
⑦ 표현력이 빈약한 수험자는 실력을 충분히 발휘하지 못할 가능성이 있다.
⑧ 종합적인 학력을 측정할 수 있다.

2) 항목 테스트와 종합 테스트

　1960년대에는 구조주의 언어학의 영향을 받아 언어 능력을 언어 요소(음성, 어휘, 문법)와 언어 기능(말하기, 듣기, 읽기, 쓰기)

으로 나누어 그 하나하나를 측정하는 테스트가 개발되었다. 이것이 **항목 테스트**이다.

항목 테스트는 문맥 없이 세세한 문법 항목에 대한 지식을 측정하는 것이다. 정답은 하나이거나 아주 좁은 범위에 한정되어 있다. 한 문제에 한 항목만을 테스트하기 때문에 그 항목에 대한 성취 여부를 정확히 판단할 수 있다. 항목 테스트에서는 **음운, 어휘, 문법** 등 작은 요소를 많이 테스트하여 그것을 종합하여 능력을 측정하는 것이 주된 것이다. 이 테스트의 문제점은 테스트는 할 수 있어도 실제로는 그 언어를 사용하지 못한다고 하는 점이다. 즉 테스트 결과와 실제 언어 운용 능력과는 관련성이 없다고 하는 점이다. 예를 들면 한국인 영어 테스트에서 문법적인 테스트는 영어의 화자보다 우수하지만 영어로 말을 하거나 듣는 경우에는 도저히 미치지 못하는 경우가 그 좋은 예이다. 그 이유는 언어 운용 능력이 부족하기 때문이다. 항목 테스트는 오늘날 한국의 일본어 교육에서도 많이 사용되고 있는데 예를 들면 **조사 넣기, 동사의 활용** 등이 이 테스트의 **유형**이다.

1970년대에 들어와서는 언어 운용 능력을 강조하게 되었다. 자기의 언어 능력을 이용해서 문제를 해결하거나 전달 활동을 테스트 중에 받아 들여 언어 요소나 언어 기능을 종합적으로 측정하게 되었다. 이것이 **종합 테스트**이다.

종합 테스트는 문맥이 있고 **실제적인 언어 운용 능력을 측정**하기 위한 것이다. 이 테스트의 주된 목적은 언어 항목의 조작 능력을 조사하는 것만으로는 언어 운용 능력을 측정할 수 없고 종합적인 입장에서 실제의 언어 달성도를 측정할 필요가 있다고 하는 생각에서 단일 언어 항목의 측정이 아니라 여러 가지의 항목을 종합적으로 구성하여 테스트를 실시한다. 또 실제의 언어 운용에 유사한 활동도 테스트한다. 이 테스트에도 문제점은 있다. 문제점으로는 언어 운용 능력을 판단하기 위한 타당성은 높지만 채점 기준의 명확성이 문제가 된다. 또 시험 감독에 대한 훈련, 테스트 시간, 테스트 결과에 대한 처리 등 실무적인 면에도 어려운 점이 있다.

일본어 교육에서 종합적인 언어 운용 능력을 측정하기 위한 테스트로는 받아쓰기, close test[65], 대면 테스트, 커뮤니케이션 테스트 등이 있다.

9 수행 평가

1) 수행 평가 도입 배경

수행 평가 제도는 학교 교육 정상화를 지향하고, 학생·교사에게 보다 의미 있는 교수·학습 정보의 제공과 수업 개선 및 21세기 지식 정보화 사회에 꼭 필요한 학생의 자기 주도적 학습 능력

---

[65] close test란 문장에 일정 간격으로 공란을 만들어 어휘, 문법 등을 총동원하여 거기에 적절한 말을 집어넣도록 하는 테스트이다.

과 창의력 신장 등을 목표로 도입되었다. 제 7차 교육과정에서 제시하고 있는 평가의 방향을 살펴보면 학교는 외부에서 제작한 평가지의 활용을 지양하고, 선택형 객관식 일변도의 지필 고사에서 서술형 주관식 평가로 전환하여야 한다고 하였다. 그리고 일상생활에서 사용되는 의사소통 기능을 중심으로 수업의 전 과정을 평가의 대상으로 하며 언어의 네 기능을 모두 평가하되 **말하기와 듣기에 중점을 두고 유창성을 중심으로 평가하도록 하였다.** 이와 같은 내용은 이제까지 학교 교육에서 선택형 개관식의 지필 고사 중심으로 이루어지던 평가의 역기능을 줄이고 평가의 적극적인 기능을 살리기 위한 방향제시라고 할 수 있다.

2) 수행 평가의 특징

수행 평가란 학생 스스로가 자신의 지식이나 기능이나 태도를 나타낼 수 있도록 답을 작성(서술 혹은 구성)하거나 발표하거나 산출물을 만드는 등 **구체적 행동으로 나타내도록 요구하는 평가 방식**을 말한다. 수행 평가에서는 기존의 교수 학습 평가 방식에서 결여되었던 창의성과 문제 해결력 등의 단점을 보완하기 위해서 도입된 평가 방식으로 수행 평가의 일반적 특징은 다음과 같다.

▶ 수행 평가의 특징
   ① 학습의 결과와 과정을 함께 중시한다.
   ② 학생의 학습 과정을 진단하여 개별 학습을 촉진한다.
   ③ 학생이 문제의 정답을 선택하는 것이 아니라, 학생 스스로

답을 작성하거나 행동으로 나타내도록 하는 평가 방식이다.
④ 기억력, 이해력과 같은 단순 사고 능력보다는 창의력, 비판력, 종합력 등과 같은 고등 사고 능력의 측정을 강조한다.
⑤ 단편적·일회적 평가를 지양하고, 학생 개개인의 변화와 발달 과정을 종합적·전인적으로 평가한다.

3) 일본어과 수행 평가의 의의[66]

기존의 선택형 평가는 공정성과 편의성이라는 장점은 있으나, 새로운 일본어과 교육과정에서 지향하는 목표 달성의 측면에서는 한계가 있다. 이러한 한계를 극복할 수 있는 수행 평가의 도입은 의사소통 기능의 함양은 물론 다양한 문제 해결책을 모색하는 절차나 전략에 관한 **수행 능력 함양을 목표**로 한 것이다. 학생의 언어적 지식뿐 아니라 지식의 적용 능력, 학습자의 문제 해결 능력 등에 관한 정보는 수행 평가를 통해 가능해진다. 또한 수행 평가는 개별 학습을 촉진시키려는 기능을 가지고 있으므로 자연히 교수-학습 과정에 통합될 수도 있다. 따라서 학생의 적극적 참여 동기를 부여하는데 용이하다. 결론적으로 수행 평가는 기존의 일본어과 평가에서 간과해 왔던 교수-학습의 목표와 과정의 세부 내용 및 요소들에 대한 중요성을 강조하여 이를 측정함으로써 전체 **교수-학습** 활동에 균형적이고 긍정적인 효과를 올릴 수 있다는 데 의의가 있다.

---

[66] 이덕봉(1998) 『日本語教育의 理論과 方法』 pp.287-288

4) 수행 평가의 방법

수행 평가의 방법들은 새롭게 개발된 것이 아니라 과거에도 있었지만 최근에 인지 심리학(cognitive psychology:인간의 인지에 대한 이론이나 탐구 방법에 관한 학문)을 기초로 하여 창의성이나 사고력, 문제 해결력 등 고등 사고 기능을 신장하기 위한 교육 평가 방법으로 각광을 받고 있다. 특히 수행 평가에서는 교수-학습 활동과 평가 활동을 상호 통합적으로 진행하는 것을 강조하기 때문에 다양한 교수-학습 방법(예 : 역할놀이, 현장 조사, 작품 감상, 만들기, 전시회, 발표 대회, 협력 학습, 개념도 구성하기 등)이 곧 수행 평가를 위한 평가 방법이 될 수 있다.

현재 널리 사용되고 있는 수행 평가의 방법으로는 서술형(주관식)검사, 논술형 검사, 실기 시험, 실험·실습법, 관찰법, 토론법, 구술시험, 면접법, 자기 평가 보고서법, 동료 평가 보고서법, 연구 보고서법, 포트폴리오법[67] 등이 있으며[68] 이러한 구분은 상호 배타적이라기보다는 보완적인 것이다.

5) 수행 평가의 시행 절차 및 신뢰성 제고

수행 평가는 학교 수업과 밀접한 관련을 지니면서 이루어진다. 교사는 학기 초에 한 해 동안 어떻게 수업을 하고 어떻게 평가할 것인지에 대하여 수행 평가 계획을 세워 그것을 학생들에게 공개

---

67) 작업이나 작품을 모은 자료집 또는 서류철
68) 한국 교육과정 평가원(1996) 『수행 평가의 이론과 실제』 pp.12-20

하여야 한다. 수업 및 평가 계획서에는 수업 방법과 평가 방법에 대한 구체적인 계획이 나타나 있으며 과목과 단원별 평가 목표, 내용, 수준, 평가 방법 및 채점 기준에 대하여 제시되어 있어야 한다. 이렇게 학기 초에 작성한 수업 및 평가 계획서를 토대로 교육 내용과 목표에 맞게 수업을 하고 교육 내용의 성격에 따라 수업 시간에 평가하기도 하고 혹은 수업 후에 평가하기도 한다.

수행 평가는 기본적으로 주관식 평가이므로 교사의 전문적이면서도 교육적인 판단을 중요시 한다. 따라서 100% 객관성을 보장하는 것은 사실상 어렵다. 수행 평가의 객관성과 신뢰성 제고를 위해 교과 협의회를 통해 수행 평가를 계획하고 구체적으로 어떻게 실시 할 것인지에 대해 끊임없이 논의하고 공동으로 수행 평가 문항을 만들면서 채점 기준과 예시 답안을 미리 작성하고 그것에 준하여 채점을 하는 것은 객관성 보장을 위한 노력의 일부이다. 그러나 교사들의 이러한 노력도 중요하지만, 최종적으로 학생·학부모가 교사를 신뢰해야 하며 이러한 신뢰가 전제되어야만 수행 평가가 제대로 이루어질 수 있다. 그런 의미에서 학부모와 학생을 상대로 한 수행 평가에 대한 교육적 가치와 효용에 대한 연수나 홍보도 매우 필요한 것이다. 또한 수행 평가가 타당성 및 공정성을 확보하기 위해서는 평가 계획의 사전 공개 및 평가 결과의 공개와 학생의 확인, 공동 출제 및 공동 채점, 평가 문항 개발 협의회의 지속적 운영 및 평가 결과에 대한 학생 이의 신청을 받는 기간을 운영하는 것도 중요하다.

Chapter 9 일본어 교육 수업 연구

1 학습자의 readiness

수업에 임하기 전에 교사는 수업 목표를 세우고 그 목표를 달성하기 위한 지도 계획을 세운다. 그 계획 속에는 교재는 무엇을 선택하고, 어떠한 부교재로 보충할 것인지, 만약 교과서를 사용하지 않는다면 어떠한 자유 교재를 준비하면 좋을지 등에 대해서 검토해야 한다. 그리고 교재를 작성하기도 하고 수업의 도입, 학습 활동의 전개 방법, 그 형태에 대해서도 구체적으로 안을 고려해 두어야 한다. 특히 고려해야 할 것은 수업을 받는 학습자는 누구인가를 파악해야 한다. 이것을 **학습자의 래디니스(readiness)** 라고 한다.

일본어를 가르치고 있는 사람에게 왜 그 교과서를 사용하고 있는가라고 물어 보면 이전부터 사용하고 있으니까, 다른 일본어 교사로부터 추천을 받았기 때문에, 또는 서점에서 책을 찾다 보니 이것이 가장 좋을 것 같아서라고 막연히 대답하는 경우를 종종 듣는다. 그러나 잘 생각해 보면 이것은 모두 교사 자신의 요구에 맞춘 것이고 학습자의 요구는 전혀 생각하지 않은 것이다.

주지하다시피 오늘날 일본어 교육에서 중요시 하고 있는 것은 교사를 중심으로 수업이 전개되는 것이 아니라, **학습자 중심으로 전개되어야 한다는 것이다.** 학습자 중심으로 수업을 전개하기 위해서는 학습자가 무엇을 생각하고 무엇을 원하고 있는지를 교사는 잘 관찰하는 것이 무엇보다도 중요하다. 이것이 학습자의 readiness이다.
학습자의 readiness에는 다음과 같은 것들이 있다

① 목표 언어의 readiness
② 외국어 습득의 readiness
③ 학습 조건의 readiness

목표 언어의 readiness에서는 학습자가 목표 언어인 일본어에 대해서 어느 정도 습득하고 있으며 레벨은 어느 정도인가 등에 대해서 파악한다.

외국어 습득의 readiness에서는 일본어 학습에 대한 학습자의 적성이나 학습 방법, 자기 교육력 등에 대해서 조사한다.

학습 조건의 readiness에서는 일본어 학습에 대한 유무, 일본어 학습에 투자할 수 있는 시간, 학습이나 일본어 사용 시 상대에 대한 유무, 경제적 조건 등에 대해서 파악한다.
같은 교실에 모여 있는 학습자일지라도 일본어를 배우는 동기나 목적은 전부 다르다고 하는 것은 쉽게 상상할 수 있을 것이다. 또 동기나 목적이 비슷하다고 할지라도 일본어 학습에 대한 능력은 여러 가지이다. 이것은 그다지 차이가 없다고 생각하기 쉬운 대학의 초급 과정에서도 예외는 아니다. 예를 들면 대학에 들어오기 전에 고등학교에서 제2외국어로 일본어를 배운 사람, 학원에서 배운 사람, 문자 정도 아는 사람, 어느 정도 회화가 가능한 사람, 등등 여러 가지가 있다. 따라서 교사는 수업에 임하기

전에 학습자들을 파악해야 한다. 교사가 학습자들을 얼마나 정확히 파악하느냐에 따라서 수업 목표에 대한 성패가 좌우된다.

2 수업 전개상의 유의점

1) 교사의 역할과 학습자의 역할

교사는 학생의 발화나 내용을 엄밀히 제어하는 지배자가 아니라 사회자나 조언자의 입장을 취하고 수업의 대부분은 학습자가 말하고 싶은 것을 말할 수 있도록 하는 학습 활동에 초점을 맞춘다. 또 교사는 학습자의 심리적인 면에 신경을 쓰면서 학습자들의 표현 의욕을 촉진시키고 적극적인 자세로 학습 활동에 임할 수 있도록 분위기를 조성해 주어야 한다.

2) 학습자의 심리에 대한 배려

학습자들은 일본어를 배우고자 하는 동기가 강할지라도 학습하는 과정에서 여러 가지 면에서 심리적으로 불안한 상태에 있는 것이 사실이다. 질문하거나 표현하고 싶은 것이 있는데도 불구하고 말이 나오지 않는 경우라든지, 본인은 열심히 학습에 임하는

데도 불구하고 학습 효과가 오르지 않는다든지 등등 학습자의 심리적 불안 요인은 대단히 많다. 이러한 학습자들을 교사는 잘 파악하여 심리적으로 안정시키는 것이 무엇보다도 중요하다.

3) 언어문화와 이문화에 대한 시점

언어는 인간과 교류, 공생해 가기 위한 필수 불가결한 수단일 뿐만 아니라 그것을 말하는 사람들의 문화와도 깊은 관계가 있다. 따라서 언어의 학습은 그 언어에 대한 구조의 이해뿐만 아니라 문화나 생활에 대한 이해도 필요한 것이다.

4) 학습 지도 과정의 특징

학습자는 게임이나 role play와 같은 학습 방법을 통해서 학습 효과를 올리는 경우가 종종 있다. 목적 달성을 위한 학습 활동을 효과적으로 하기 위해서는 다음의 세 가지 요소가 필요하다.

① 학습자가 정보를 교환하는 학습 활동이 중요하다. 예를 들면 펜이라고 하는 사실을 교사나 학생이 알고 있는데「これはペンですか」「はい, ペンです」와 같은 연습은 연습을 위한 연습일 뿐, 커뮤니케이션의 중요한 역할인 information gap을 메우기 위한 것이 아니다.
② 무엇을 말할까, 어떻게 말할까라고 하는 선택의 여지가 있어야 한다. 연습을 너무 제어하게 되면 대답이 자동적으로 결정되어 버려 선택의 여지가 없어진다.

③ 커뮤니케이션은 목적 수행을 위해 행하는 것이고 상대로부터 피드백이 없이는 성립되지 않는다. 학습 활동에서는 이해하지 못하면 발화할 수 없다고 하는 점에 중점을 두어야 하며 상대의 질문을 듣지 않고도 대답할 수 있는 기계적인 연습은 피해야 할 것이다.

5) 중시되는 언어 영역 및 기능

문법적으로 바른 문장을 만드는 능력은 있는데 전달 능력이 없다면 의사소통은 불가능한 것이다. 언어 능력, 즉 형식과 의미에 관한 지식은 필요하지만 이것은 커뮤니케이션 능력의 일부분에 지나지 않는다. 가능한 한 학습자가 필요로 하는 장면이나 주제에서 살아 있는 표현을 학습시키고 그 학습을 통해서 학습자가 말하고자 하는 것을 표현할 수 있도록 한다.

6) 시 험

시험을 보는 경우에는 다음과 같은 점을 충분히 검토할 필요가 있다. 시험을 보는 목적을 보면 크게 다음과 같이 나눌 수 있다.

① 성적 기입에 필요한 평가를 내기 위해서.
② 학습자의 학습 의욕이나 경쟁심을 자극하여 학습을 촉진시키기 위해서.
③ 학습 상 부족한 점이나 곤란 점을 분석하여 다음의 지도에 유용한 자료를 얻기 위해서.

그런데 시험 내용이 적합하지 않거나 학습자의 심리적인 면을 고려하지 않으면 역효과가 생길 가능성도 배제할 수 없다

Chapter 10 교육 실습

① 수업 견학 시 관찰해야 할 점

우선 교육 실습에 앞서서 행해야 할 것이 수업 견학이다. 자기가 실제로 교단에 서기 전에 가능하면 초급에서 상급까지의 수업을 견학하고 각 레벨의 정도나 교육 내용, 도달 목표 등을 파악해 두면 실제로 본인이 실습에 임할 때 대단히 유용할 것이다. 따라서 이하에서는 수업 견학 시 관찰해야 할 점에 대해서 상술하고자 한다.

타인의 수업을 보고 또 타인에게 자신의 수업을 보여주는 일은 일본어를 가르치는 사람에게 있어서는 필수적인 것이다. 실습생들은 본인이 실습에 임하기 전에 선배 교사들의 수업을 견학하는 것이 일반적이다. 이 때 실습생들이 관찰해야 할 점을 교사와 학습자로 나누어 기술하고자 한다.

1) 교사에 관해서

① 수업 계획은 어떻게 하는지를 체크해야 한다.
그 수업 시간 내에 가르칠 내용을 선배 교사는 어떻게 계획하는지를 눈여겨보아야 할 것이다. 많거나 혹은 적지 않았는지를 보아야 한다.

② 수업 준비는 어떻게 하는지를 체크해야 한다.

수업을 원활하게 진행하기 위해서 가르칠 내용과 거기에 따른 연습 방법, 사용할 교재의 준비 등을 선배 교사가 어떻게 준비하는지를 잘 관찰해야 할 것이다. 위와 같은 것은 수업이 시작되기 전에 행해지는 것으로 선배 교사에게 직접 물어 볼 수도 있는 사항들이다. 이하에서는 수업 중에 행해지는 것으로 실습생들은 다음과 같은 사항들을 고려하면서 한 시간 수업이 어떻게 진행되는지를 관찰하여야 한다. 이것은 교안을 작성할 때뿐만 아니라, 실제적으로 실습에 임했을 때에도 많은 참고가 되리라 생각된다.

③ 수업을 시작하기 전에 워밍업을 어떻게 하는지를 체크해야 한다.

벨이 울리고 나서 교실에 들어가자마자 수업을 시작하는 것이 아니라 약간의 워밍업을 하면 수업을 한결 원활하게 진행할 수 있다. 워밍업의 방법은 그 클래스나 배경에 따라 여러 가지 생각할 수 있지만 만약 수업이 월요일이라면 주말에 관한 것을 화제로 해도 좋고 날씨나, 뉴스 등에 관한 것을 화제로 해도 좋으리라 생각된다.

④ 도입은 어떻게 하는지를 체크해야 한다.

직접법으로 수업을 하고 있는 클래스 등 새로운 항목의 도입에는 충분한 준비와 기술이 필요하다. 그것이 없으면 도입에 시간이 많이 걸려 학습자의 연습 시간이 적어지게 되어 효과적인 수업을 할 수 없는 경우가 있다. 도입을 알기 쉽게 하기 위해서는 교재를 사용하는 경우가 많은데 그 방법에 관해서도 관찰한다.

⑤ 연습의 지시는 어떻게 하는지를 체크해야 한다.

열심히 연습을 준비했을지라도 그 지시하는 방법이 명료하지 않으면 학습자는 무엇을 어떻게 해야 좋을지 모르는 경우가 있다. 연습을 원활하게 진행하기 위해서는 알기 쉽게 지시하는 방법을 모색해야 한다.

⑥ 연습의 방법은 적당하고 효과적이었는지를 체크해야 한다.

새로운 표현이나 문형을 정착시키기 위해서는 기계적인 드릴이 필요하지만 가능하면 드릴 연습은 의미가 있는 문맥을 사용해서 행하는 것이 좋다. 왜냐하면 연습이 단조롭지 않고 또 바로 유용할 수 있기 때문이다. 같은 것을 반복해서 행하는 연습은 학습자를 지루하게 하기 때문에 여러 가지 변화를 주는 연습이 필요하다. 이러한 것을 생각하면서 관찰해야 한다.

⑦ 회화 연습에는 어떤 방법이 사용되는지를 체크해야 한다.

회화를 중심으로 한 교과서에는 대개 다이얼로그가 있다. 그것의 취급은 학습 목표나 교수법에 의해서 다소 차이가 있는데 어떻게 취급하는지를 관찰해야 한다.

⑧ 판서 방법을 어떻게 하는지를 체크해야 한다.

판서는 특히 듣기 능력이 부족한 학습자, 이해가 느린 학습자에게 도움이 되기 때문에 칠판에 쓰는 문자는 바르고 읽기 쉽게 써야 한다.

⑨ 수업 중에 사용되는 보조 교재를 체크해야 한다.

수업 중에 사용되는 보조 교재로는 주로 그림 카드, 프린트, 테이프, 비디오 등이 있다.

⑩ 시간 배분을 어떻게 하는지를 체크해야 한다.

지도 교안에서 시간의 배분을 정하여도 실제로 수업을 해 보면 예상한 대로 되지 않는 경우가 자주 발생한다. 노련한 교사라면 그와 같은 경우에 학습자들의 모습을 보면서 시간 조절을 할 수 있다. 선배 교사들이 시간 조절을 어떻게 하는지를 체크해야 할 것이다.

⑪ 교사의 발화에 대해서 체크해야 한다.

교사의 발음, 이야기의 속도, 소리의 크기는 어떠했는지를 체크한다. 학습자는 교사의 발음이나 이야기하는 법을 보고 흉내를 내기 때문에 교사는 정확한 발음을 구사해야만 한다. 이야기의 속도는 보통이 좋지만 학습자의 모습을 잘 관찰하면서 학습자가 이해하지 못한 것 같으면 속도를 떨어뜨리는 등 완급 조절이 필요하다. 교사의 목소리는 뒤에 있는 학습자들까지 들을 수 있도록 이야기 하는 것이 중요하다.

⑫ 정정 방법에 대해서 체크해야 한다.

수업 중 학습자가 이야기 할 때 발음이나 문법적인 오용을 범하였을 때 이것을 언제 어떻게 정정해 주는지에 대해서 관찰한다. 또 수업 중 학습자가 질문을 했을 때 교사가 어떻게 처리하는지를 눈여겨 볼 필요가 있다.

⑬ 학습자를 지명하는 방법도 교사에게는 중요하다.

지명 방법이 한쪽으로 편중되어서는 안 된다. 그리고 심리적으로 불안한 학습자를 연습의 처음에 두어서는 안 된다.

⑭ 수업의 흐름에 대해서 체크해야 한다.

수업은 한번으로 끝나는 것이 아니다. 한 시간 수업은 전에 행했던 수업의 연장이고 다음 수업에 연결되는 것이다. 또 한 시간 수업 중에도 시작과 끝이 있다. 이것을 수업의 흐름이라고 한다. 이 흐름에 따라서 수업 전체가 매끄럽게 되는 것이다. 교사는 이 흐름을 생각하면서 수업을 진행해 가야 한다.

⑮ 수업의 마무리와 다음 시간 지시를 어떻게 하는지를 체크해야 한다.

수업의 끝을 알리기 2~3분 전에 그 날 배운 것을 정리하고 숙제나 예습에 관한 설명을 간단히 하고 수업을 끝낸다. 그렇게 함으로써 학습자도 수업 내용이 정리되고 정리된 내용이 다음 시간 수업을 원활하게 하는 원동력이 된다.

지금 까지는 실습 교사가 선배 교사의 수업을 견학하면서 체크해야 할 사항을 교사의 측면에서 기술하였다. 다음에는 학습자들의 무엇을 관찰해야 하는지에 대해서 기술하고자 한다.

2) 학습자에 관해서

① 학습자들의 분위기를 체크한다.

어학 공부는 원래 즐거운 것이 아니기 때문에 학습자들은 수업에 흥미를 잃기 쉽고, 또 모르는 사항들이 많기 때문에 클래스의 분위기가 긴장되기 쉽다. 이러한 상태에서는 학습의 효과를 올리기 어렵다. 따라서 교사는 클래스의 분위기를 즐

겁게 하기 위해서 노력해야 한다.

② 학습자들의 학습에 대한 의욕은 어떠한지를 체크한다.
교사가 아무리 열심히 가르쳐도 학습자들의 학습 의욕이 없다면 그 수업은 성공했다고 말하기 어렵다. 그와 같은 클래스가 있다면 그 원인은 어디에 있는지를 분석해 볼 필요가 있다.

③ 학습에 대한 이해는 어떠했는지를 체크한다.
새로운 항목의 도입을 끝낸 후 교사는 학습자가 이해했을 것이라고 생각하고 수업을 진행하는 경우가 있다. 그러나 사실은 학습자가 이해하지 못한 경우가 종종 있다. 이 때 교사는 그 원인이 어디에 있는지를 체크해야 한다.

④ 학습자들이 서로 협조적이었는지를 체크한다.
학습을 즐겁고 효과적으로 하기 위해서는 교사와 학습자의 협력은 불가결한 것이다. 그러기 위해서는 서로 신뢰 관계가 무엇보다 중요하다. 좋은 수업을 행하기 위해서는 이 양자의 신뢰, 마음의 교류가 없어서는 안 된다.

⑤ 과제물 제출은 하였는지를 체크한다.
수업에는 가르친 것에 대한 피드백이 중요하다. 그러한 의미에서 과제나 테스트를 학습자에게 부과하는 것이다. 과제나 테스트의 결과를 보고 교사는 향후의 수업 내용을 점검하게 된다.

② 초급의 수업 준비

　일반적으로 실습생이나 경험이 부족한 선생이 지도 할 때 가장 불안하게 생각하는 것은 어떻게 수업 준비를 하며 또 어떠한 순서로 수업을 진행할 것인지에 대해서일 것이다. 따라서 여기에서는 초급의 수업 준비를 예로 들어 이것들에 대해서 기술하고자 한다. 수업 준비의 순서는 크게 지도 항목에 대한 검토, 세부 사항 검토, 전체 흐름에 대한 구성으로 나누어 생각할 수 있다.

1) 지도 항목에 대한 검토

① 기습 사항의 확인
　전 회 지도의 범위는 어디에서 어디까지이었는가, 각 학습자의 정착 정도는 어떠한가, 수업 중에 사용한 연습이나 숙제로서 부과한 것은 있었는지, 만약 있었다면 무엇이었는가, 이번에 담당해야할 지도 범위는 어디부터인가, 이러한 사항에 대해서 전에 담당했던 교사로부터 정보를 입수하여 파악하고 있어야 한다.

② 지도 항목의 수집
　교과서에서 다음과 같은 것을 점검한다.

▶ 말에 관한 것
  문법 항목
  어구, 표현
  담화
  발음
  문자, 표기
  기타
▶ 말 이외에 관한 것
  직접 교과서 본문 등과 관계있는 것
  (예: 장면 설명이나 구체적인 일본 사정 등)
  직접적으로는 교과서에 관계없는 일반적인 사항
  (예: 일본 사정, 습관, 문화 등)

③ 지도 항목의 취사선택

각각 수집한 지도 항목 중 다음과 같은 것을 점검하여 지도 항목을 선택한다. 지도할 학습자의 레벨에 필요한지 어떤지를 점검한다. 전 회에서 이번 회, 다음 회로 이어지는 일련의 흐름 속에서 이번에 취급하는 지도 항목이 필요한지 어떤지를 점검한다. 소요 시간은 어느 정도인지, 수업 시간 내에 소화할 수 있는지 어떤지를 점검한다. 기습의 중요 항목인 경우, 그 항목에 대한 정착은 어떤지를 점검한다.

2) 세부 작업

지도 항목이 선정되면 세부 작업을 행한다. 그 중심이 되는 것은 각 항목의 의미와 용법에 관한 자세한 분석과 그것에 대한 설명이나 연습이다.

① 각 항목의 의미와 용법에 관한 분석

　이들 항목에 대해서는 여러 가지 사전이나 참고서를 통해서 조사해야 하는데 사실은 조사해 보아도 쓰여 있지 않은 경우가 예상 외로 많다. 이러한 때 가장 적절한 정보를 가지고 있는 것은 선배 교사이다. 따라서 평소부터 선배 교사나 혹은 스승과 긴밀한 인간관계를 유지할 필요가 있다.

② 설명이나 연습에 대한 준비

　중심적인 의미와 주변적인 의미를 전형적으로 나타내는 예문을 충분히 준비해야 한다.
　활용이나 접속, 구문 등을 설명하는데 판서를 어떻게 할 것인가에 대해서 검토해야 한다.

③ 연습의 준비

　우선 연습이 필요한 항목을 충분히 점검해 두어야 한다.
　활용이나 접속, 구문 등의 연습을 행할 때 필요한 각종 보조 교재를 충분히 준비해 두어야 한다. 가능하면 지명의 순서 등도 고려해 두어야 한다.

3) 전체의 흐름에 대한 구성

　마지막으로 지도의 순서를 검토해야 한다. 지도 항목을 한 번

더 음미해 보고 어떠한 순서로 제출해 가는 것이 수업 목적을 달성할 수 있는가를 검토해야 한다. 그리고 각각의 지도 항목에 대한 시간 배분을 검토해야 한다. 대개 각각의 항목에 대한 시간은 5분 단위로 하는 것이 일반적이다.

3 교안 작성

어떤 단원을 어떻게 가르칠 것인가 어떤 수업을 어떻게 진행할 것인가 등에 대한 지도 계획안을 「교안」「학습 지도안」「지도 교안」 등이라고 부른다. 경험이 풍부한 교사는 기본적인 교안이 머릿속에 들어 있기 때문에 그다지 어려움 없이 수업을 진행할 수 있지만, 그렇지 않은 실습생이나 경험이 부족한 교사는 그렇게 할 수는 없다. 사전을 찾기도 하고 참고서를 이용하여 수업 준비를 하다 보면 밤 1시, 2시가 되는 경우가 허다하다. 경험이 풍부한 교사도 사실은 똑같은 과정을 거쳐 온 것이다.

1) 교안 작성 시 주의 점

① 클래스의 인원수

교안 작성은 학습자의 인원수에 의해서도 좌우된다. 클래스의 인원수가 많은 경우, 개별 연습만을 생각하게 되면 많은 시간이 걸린다. 이 같은 경우에는 그룹 단위의 게임 등의 연습 방법을 사용하는 것이 효과적이다. 역으로 인원수가 적은 클래스인 경우에는 개별적인 연습 방법을 이용할 수 있고 또 학습자의 오용 등에 대한 지도도 가능하다.

② 사용할 수 있는 교재·교구의 확인

교안을 작성하기 전에 수업 시간에 어떠한 교재나 교구를 사용할 수 있는가, 조사할 필요가 있다. 드릴에 필요한 그림 카드 등은 바로 작성할 수 있지만 파워 포인트나, 비디오테이프, 카세트테이프 등은 기구를 사용할 수 없다면 교재로서 사용하지 못하는 것이다. 이 같은 기구를 사용할 수 있는지 없는지를 교안을 작성하기 전에 확인해 두어야 한다.

③ 지도할 과의 목표 확인

한 과를 가르치기 전에 그 과의 목표가 무엇인지를 확인해야 한다. 그리고 앞으로 가르쳐야 할 학습자의 목표나 실력을 고려하여 조정해야 한다. 교과서는 수업을 진행하기 위한 재료이기 때문에 거기에 쓰여 있는 것을 모두 충실히 할 필요는 없다. 교사는 자기의 학습자에게 가장 적합한 방법으로 교과서를 사용하여 수업을 진행해 가면 되는 것이다.

④ 그 과의 지도 항목의 확인

문법 사항, 신출 단어, 문자 등을 조사해야 한다. 그리고 그 과에 제시되어 있는 항목을 모두 가르칠 것인가, 가르칠 필요가 있다면 무엇 무엇을 가르칠 것인가를 판단하여 정한다.

⑤ 지도 항목을 순서대로 열거한다.

지도 항목을 제시하는 순서에는 여러 가지 방법이 있지만, 대개 쉬운 것에서 어려운 것으로, 또 이미 배운 항목에 가까운 것이 있으면 그것에서 새로운 것으로 하는 방법이 타당할 것이다.

⑥ 시간의 배분

지도 항목과 제시 순이 결정되면 그 다음으로는 수업 시간을 어떻게 배분할 것인가를 정한다. 시간 배분을 할 경우 지도 항목 외에 워밍업이나 전날 배웠던 것에 대한 복습도 첨가해 두어야 한다. 지도 항목 중 중요하다고 생각하는 것이나 어렵다고 생각하는 항목에 많은 시간을 할애하게 되는데 예정 시간에 착오가 생길지라도 어딘가에서 조정이 가능하도록 여유 있게 계획을 세워야 한다.

⑦ 연습의 방법

새로운 구문의 구두 연습을 행할 경우, 가능하면 이미 배웠던 어휘나 학습자에게 유용한 어휘를 사용해야 한다. 또, 연습 등은 경우에 따라서는 예정보다 빨리 끝나 버리는 경우가 있기 때문에 조금 여유 있게 준비해 두는 편이 좋다.

⑧ 학습자의 기습 항목

새로운 과를 가르치기 전에 그 과의 전과까지 나와 있던 어휘, 표현, 구문 등을 조사하여 기억해 두어야 한다. 새로운 어휘나 구문을 제시할 경우에는 항상 이미 배운 어휘나 구문을 기초로 해서 도입해야 한다. 즉 학습은 항상 「옛 것에서 새로운 것으로」라고 하는 나선상의 형태로 진행해 가는 것이 좋을 것이다. 새로운 것을 학습하면서 동시에 복습도 겸함으로써 정착되어 가는 것이다.

⑨ 참고 문헌

참고 문헌은 평소부터 주의해서 모아 두거나 조사해 두면 교안을 작성할 때 대단히 편리하다. 특히 학기가 시작되면 수업 준비, 숙제나 시험 등으로 분주해지기 쉽기 때문에 학기와 학기 사이에 많은 참고 문헌을 조사해 두는 것이 좋다.

2) 수업 중 주의해야 할 점

① 수업 전에 교재 준비나 점검을 해야 한다.

수업 중에 컴퓨터, 카세트 테이프, 비디오 테이프, OHP 등을 사용해야 할 경우 미리 기구의 점검을 해 두어야 한다.

② 교실 작업의 순서를 정리한다.

수업 중에 하나의 지도 항목에서 다음 지도 항목으로 넘어갈 때 시간을 낭비하지 않고 순조롭게 작업을 행하기 위해서는 교안에 따라 순서를 정해 두는 것이 필요하다. 이것은 특히 경험이 부족한 교사에게 자주 볼 수 있는데 하나의 연습이 끝나고 다음 연습으로 넘어 갈 때 교재의 준비가 안 되어 학습자를 기다리게 하는 경우가 있다. 이와 같이 머릿속으로는 알고 있으면서 일단 수업에 임하게 되면 좀처럼 생각한 대로 되지 않는 경우가 많기 때문에 교안에 따라 순서를 정해 두는 것이 중요하다.

③ 수업 중에 지도 요점을 제시하는 방법

그 과에서 도입할 중요한 사항은 칠판에 알기 쉽게 판서하거나 그림 카드 등을 사용하여 분명히 제시하여야 한다. 그러나 이 경우, 문법 용어를 너무 사용하지 않도록 주의해야 한다. 특히 제 7차 교육과정과 같이 의사소통 중심 교육인 경우에는 더욱더 그렇다.

④ 연습을 시키는 방법

학습자에게 연습을 시킬 경우 어떠한 방법으로 무엇을 연습시킬 것인가를 알기 쉽게 제시해야 한다. 교사는 알고 있을지라도 지명을 받은 학습자가 무엇을 하는 것인지 알지 못하고 당황하는 경우가 종종 있기 때문이다. 연습 방법이 알기 어려운 경우는 교사가 먼저 시범을 보이고 나서 학습자에게 시키는 것도 하나의 방법이다. 또 연습 내용이 어려운 경우에는 이해력이 빠른 학습자를 먼저 시키게 되면 부드럽게 진행되는 경우가 많다. 만약 학습자 중에 새로운 항목을 이해하는 것이 더딘 사람이 있다면 그 사람이 열등감이나 불안감을 갖지 않도록 전체 연습을 우선시키고 그 다음에 개별 연습을 시키는 것이 좋다. 연습의 종류에는 다음과 같은 방법이 있다.

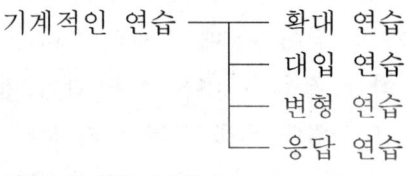

커뮤니커티브 연습

▶ 기계적인 연습

기계적인 연습은 너무 단조로워지기 쉽고, 또 실제 장면에서 기능하지 못한다고 하는 단점은 있지만, 새로운 표현이나 구문을 부드럽게 발화할 수 있게 하는 데에는 유용하다. 이와 같은 구두 연습에는 다음과 같은 것이 있다.

연습

- 확대 연습(Expension drill)
  - ▶友だちとハワイへ行ったとき、写真をたくさん撮りました。
  - ▶写真をたくさん撮りました。(→ハワイへ行ったとき)
  - ▶ハワイへ行ったとき、写真をたくさん撮りました。(→友だちと)
  - ▶友だちとハワイへ行ったとき、写真をたくさん撮りました。

- 대입 연습(Subsititution drill)
  - ▶友だちとハワイへ行ったとき、写真をたくさん撮りました。(ロンドン)
  - ▶友だちとロンドンへ行ったとき、写真をたくさん撮りました。(北海道)
  - ▶友だちと北海道へ行ったとき、写真をたくさん撮りました。

- 변형 연습(Transformation drill)
  - ▶今日は 寒いです。(明日、寒い)
  - ▶昨日は 寒かったです。(明日、暖かい)

▶ 明日は 暖かいでしょう。

■ 응답 연습(Response drill)
▶ 友だちとハワイへ行ったとき、何をしましたか。
▶ たくさん写真を撮りました。
▶ どこへ行ったとき、写真を撮りましたか。
▶ ハワイへ行ったとき、撮りました。
▶ だれとハワイへ行きましたか。
▶ 友だちと行きました。

▶ 커뮤니커티브 연습

위와 같은 연습을 하여 익숙해지면 가능한 한 커뮤니케이션을 위한 연습을 많이 해야 한다. 배운 표현이나 문형을 사용하여 자기의 의사나 희망 등을 표현하는 연습을 행한다. 그리고 그 날 배운 것을 바로 사용할 수 있게 되면 학습자의 학습 의욕은 높아지게 된다. 교실 내의 학습은 인공적인 것이기 때문에 교사는 가능한 한 자연스러운 연습을 생각하는데 신경을 써야 할 것이다.

⑤ 판서의 방법

판서는 크고 알기 쉽게 쓴다. 교사가 가르치는 것에만 열중하여 계속해서 판서만 하는 경우, 또는 칠판 여기저기에 글씨를 순서 없이 쓰는 경우를 종종 볼 수 있다. 이러한 경우 쓰는 것이 느린 학습자는 교사가 쓴 것이 어디에 있는지 몰라 찾게 되고 또 찾는데 신경을 쓰다 보니 교사의 설명을 듣지 못하는 경우가 있다. 따라서 판서를 할 때는 항상 제시 순에 따라 위에서부터 아래로 써 내려가야 한다. 또 신출 단어는 칠판의 좌측이나 우측의 공간을 이용하여 쓰든지 가능한 한 합리적인 방법을 생각해야 한다.

⑥ 지명 방법

지명 방법은 클래스의 인원수, 학습자의 능력, 성격 등을 고려해서 해야 한다. 클래스의 인원수가 많은 경우 어떤 일정한 방법(예 : 출석부 순, 좌석 순 등)보다는 임의로 지명하는 것이 학습자의 주의를 끄는데 좋다. 출석부 순이나 좌석 순으로 지명을 하게 되면 지명이 끝난 학습자는 다음 순번이 될 때까지 안심해 버리게 되고 수업에 대한 긴장감이 해소되어 수업에 대한 열의가 감소되기 쉽다. 또 교사는 기억하고 있는 학습자나 잘 하는 학습자 등 지명하기 쉬운 사람에게 많은 질문을 하는 경우가 있다. 그러면 학습자들은 불공평하다는 생각을 갖게 되기 때문에 좋지 않다. 학습자가 불공평하다는 생각을 갖지 않게 하기 위해서는 클래스 전원의 이름을 명함 카드에 써서 임의의 순서로 나열하여 그 순서에 따라 지명하는 방법도 좋을 것이다. 이렇게 하면 학습자는 언제 지명될지 모르기 때문에 항상 긴장감을 가지고 교사에게 주목하게 되고 또 교사도 학습자들에게 공평성을 제공할 수 있어 좋을 것이다.

클래스의 인원수가 적은 경우 교사는 학습자에게 공평하게 지명할 수 있다면 좋은데 클래스의 인원수가 적은 경우에는 학습자의 능력이나 성격 등을 고려해서 지명할 필요가 있다.

⑦ 교사의 말투

　초급 클래스보다 상급 클래스를 가르치는 경우, 교사는 보통 속도로 말하는데 초급 전반 클래스에서는 학습자의 태도를 보아 가면서 천천히 말할 필요가 있다. 처음부터 원어민과 같은 속도로 이야기해야 한다고 하는 사람도 있지만, 학습자가 이해할 수 없을 정도로 빨리 이야기하게 되면 학습자는 불안감을 느끼게 되기 때문에 처음에는 천천히 이야기하다가 익숙해지면 점점 빨리 이야기하는 쪽이 학습 효과를 극대화 할 수 있다. 또 정확한 발음과 표준어로 발음하도록 해야 한다. 외국어 학습은 교사 중심이 아니라 학습자 중심이기 때문에 가능하면 많은 시간을 학습자의 발화 시간에 사용하도록 해야 한다. 그러나 직접법으로 가르치는 수업 등에서는 교사가 이야기 하는 시간이 많아지는 수가 있다. 그렇게 되지 않도록 설명 등은 가능하면 간단하게, 그리고 알기 쉽게 해야 한다. 또 교재나 교구 지도 기술(롤 플레이, 게임, 시뮬레이션 등)을 사용하여 학습자의 발화를 증가할 수 있도록 해야 한다.

⑧ 수업 중 학습자의 질문이나 오용에 대한 교사의 대응

　수업 중에 학력이 낮은 학습자나 전 수업에 결석한 학생이 이미 배운 항목에 대해서 질문을 했을 경우 교사는 어떻게 대응하면 좋을까. 만약 질문 내용을 다른 학습자도 잘 이해하지 못하고 있다고 판단했을 때에는 그 자리에서 설명하는 것이 좋다. 그러나 질문을 한 학습자만이 이해를 못하고 있다면 수업이 끝난 후에 설명해 준다고 말하고 수업을 계속하는 것이 좋다.

교사 자신이 잘 모르는 질문을 받았을 경우 교사는 얼버무리지 말고 다음 시간까지 조사하여 정확한 대답을 알려 주겠다고 해야 한다. 학습자가 질문을 하거나 의견을 말하고 있을 때 발음이나 문법이 틀렸을 경우 교사는 어떻게 대처하는 것이 가장 좋을까, 그 자리에서 학습자의 발화를 멈추게 하고 오용을 정정해 주는 것도 하나의 방법이지만 만약 학습자가 발화를 중단하게 되어 이야기를 계속하고자 하는 의욕을 상실하게 된다면 오히려 역효과를 초래할 수도 있다. 따라서 교사는 학습자의 틀린 부분을 정정해 줄 적당한 시기를 잘 포착해야 한다. 틀린 부분을 메모하여 나중에 정정해 주는 것도 하나의 방법이다. 학습자 중에는 성격상 다른 학습자들 앞에서 자신의 오류에 대해서 지적받는 것을 싫어하는 학습자도 있다. 그와 같은 경우에는 무엇보다도 교사 측의 배려가 필요하다. 그러나 교사는 학습자가 틀리는 것에 과민 반응을 보이지 않고 배울 수 있는 분위기를 조성하는 것이 무엇보다도 중요하다.

⑨ 예습과 복습

학습자가 예습과 복습을 할 수 있는 시간적 여유가 있는 경우는 예습과 복습을 하는 것이 학습 효과를 올릴 수 있다. 그러나 시간적으로 여유가 없는 학습자의 경우는 복습을 시키는 것이 효과적일 것이다. 새롭게 학습한 사항은 좀처럼 한 번의 수업만으로 익숙해지기 어렵기 때문에 인내심을 가지고 자주 학습함으로써 정착되는 것이다.

⑩ 교안에 대한 반성

　수업이 끝난 후 한번 학습 지도안을 읽어 보고 실제 수업과의 차이점을 점검해야 한다. 만약 수업이 학습 지도안대로 되지 않았다면 어디에 그 원인이 있는지를 생각해 두면 다음 학습 지도안을 작성할 때 도움이 된다.

3) 처음으로 수업에 임할 때 주의 점

① 수업 전의 준비

　학습자의 학습 목적, 지금까지의 일본어 학습 능력 및 다른 외국어 학습 능력 등을 파악해 두어야 한다. 첫 수업이라고 하는 것은 교사도 불안하지만 학습자도 심리적으로 불안한 것이다. 교사가 미리 학습자의 배경을 머리에 넣어 두고 교실에서 학습자의 이름을 부르며 친근감을 보이면 학습자도 안심하게 되고 교사 자신도 안심하게 된다.

② 수업 중에 해야 할 일

　클래스 형식의 수업의 경우 교사와 학습자는 첫 대면이기 때문에 자기소개를 시킨다. 자기소개를 시킴으로써 학습자의 긴장을 완화시키게 되어 심리적 불안을 제거시킬 수 있다. 이렇게 되면 클래스의 수업 분위기는 밝아지게 되고 수업 목적을 효과적으로 달성할 수 있다. 따라서 교사는 항상 수업 분위기를 밝게 할 수 있도록 힘써야 할 것이다.

　첫 시간 수업은 한 학기의 수업을 잘 할 수 있느냐 없느냐를 결정한다고 해도 과언이 아닐 정도로 첫 수업은 학습자에게 영향을 많이 준다. 따라서 노련한 교사도 첫 시간 수업에는 수업 분위기를 조성하는데 신경을 쓴다.

③ 수업 후에 해야 할 일

첫 수업을 해 보면 대체로 학습자의 실력을 알 수 있다. 교실에 들어가기 전에 학습자의 배경 등을 조사하여 학습 지도안을 작성했는데 실제 수업을 해 보니까 약간의 차이가 있음을 발견하게 될 때가 있다. 이 때 차이가 너무 크면 한 학기 커리큘럼의 전면적인 수정이 필요하다. 그렇지 않을 경우에는 그때그때 보충 교재를 첨가하면 될 것이다.

교사는 수업 후에 자신이 행한 수업을 반성하여 좋았던 점과 결점을 객관적으로 평가하여야 한다. 그것이 다음에 가르칠 때에 유용하기 때문이다. 이러한 점은 학습 지도안의 반성 란에 메모해 두는 것이 좋다.

4) 학습 지도안 작성 예

학습 지도안이라고 하는 것은 남에게 보여주는 것이 아니라 어디까지나 자기 자신의 메모이기 때문에 정해진 서식이 있는 것은 아니지만 대개 다음 예에 제시한 사항들을 중심으로 자기 나름대로 작성하면 좋으리라 생각된다. 참고로 몇 개의 학습 지도안 예를 제시하고자 한다.

(1) 학습 지도안 예 1

【차 례】

Ⅰ. 교재 및 단원명
Ⅱ. 단원 설정 이유
Ⅲ. 단원 학습 계획
    1. 단원 학습 목표
    2. 지도 내용 및 방법
    3. 학습 지도상의 유의점
Ⅳ. 본시 학습 지도 계획
    1. 본시 학습 목표 및 요점
    2. 본시 지도의 유의점
    3. 본시 학습 지도안

이하에서는 위의 순서에 따라 좀 더 구체적으로 제시하고자 한다.

Ⅰ. 교재 및 단원 명
  1. 교재 : 고등학교 일본어(上) 금성교과서
  2. 단원명 : 제11과 空が晴れてまっ青でした。

Ⅱ. 단원 설정 이유
  동사에 접속되는 -て, -た, -たり, -ながら의 쓰임을 배움으로써 일본어에 대한 문장 구성력을 높이고 보다 능숙하게 일본어를 구사할 수 있도록 하기 위함이다.

Ⅲ. 단원 학습 계획

1. 단원 학습 목표
   (1) -て, -た, -たり, -ながら를 한국어와 비교하여 그 의미를 인식시키고 각각의 동사에 접속시키는 방법을 습득시킨다.
   (2) -て, -た, -たり, -ながら가 들어간 회화 표현을 익히게 함과 동시에 그것을 일상생활에 활용할 수 있도록 한다.

2. 지도 내용 및 방법

단원명	시간	학습 내용	교재	비고
제11과 空が晴れてまっ青でした。	1	·전 시간 학습 내용 확인 및 복습 ·본시 학습 목표 제시 ·회화문 소개 ·회화문의 내용 설명 및 연습	·교과서 ·괘도 사용	
	2	·회화문 복습 ·카세트를 통한 본문 읽기 연습 ·본문 해석 및 내용 이해 ·요점 학습	·교과서 ·괘도 ·카세트	
	3	·요점 재확인 ·문형 연습을 통한 정리 학습 ·연습 문제 풀이 ·간단한 형성 평가	·교과서	

3. 학습 지도상의 유의점

 (1) 첫 시간째에는 -て에 대해서만 학습하고, -た, -たり, -ながら에 대해서는 두 시간 째 학습한다.
 (2) -て에 접속되는 형태를 1류 동사, 2류 동사, 3류 동사 등으로 나누어 체계적으로 설명하는 것은 첫 시간째에 본문을 통해서 학습시킨다. 그리고 두 시간, 세 시간째에는 이들 문법 항목에 대한 원리를 회화문을 통해서 자연스럽게 터득하도록 한다.

Ⅳ. 본시 학습 지도 계획

1. 본시 학습 목표 및 요점
 (1) 회화문을 통해 동사+ -て형과, -ます의 과거형인 -ました를 한국어와 비교하여 이해시킨다.
 (2) 교체 단어를 이용하여 다양한 회화문을 연습시킨다.

2. 본시 지도의 유의점
 (1) -て형에 대한 문법적인 설명은 최소한도로 하고, 회화문에 대한 충분한 반복 연습을 통해 자연스럽게 이해를 하게 한다.
 (2) -ました에 대해서는 장황한 문법적인 설명보다는 새로운 단어를 이용하여 많은 대입 연습을 행하도록 한다.

3. 본시 학습 지도안

구분 단계	학습내용	학습지도내용	학습 활동	자료	시간	메모 반성
도입	・학습의욕 고취 및 주의집중(워밍업) ・전시학습 내용확인 및 복습 ・본시학습으로 유도	1.시간표현 2.회화문 제11과 ごはんをたべます+えいがをみます→ごはんをたべてえいがをみます。	・인사 ・학생의 학습의욕 유발을 위해 가벼운 대화로 주의 집중 ・전 시간에 배운 내용 복습(시간을 묻고 답하기) ・동사+て형을 이해시키기 위해 한국어와 비교 설명한다.	・교과서 ・괘도	10분	
전개	・회화문 소개 ・회화문 연습 ・교체 단어를 이용한 응용 연습	A:きのう,ミーティングありましたね。会って何をしましたか。 B:映画を見て,コーヒーを飲みました。 A:うらやましいですね。 교체 단어 町へ出る。 アイショピングをする。 ごはんを食べる。 カラオケに行く。	・회화문에 대한 내용과 상황을 간단히 설명 ・새로운 단어 설명 ・두 번 정도 따라 읽게 한 다음 학생 중심으로 틀린 부분을 지적하며 충분히 연습시킨다. ・교체 단어를 회화문에 응용해서 반복 연습을 하게 한다.	・교과서 ・보조 교재	35분	

정리	・정리		・간단하게 요점 정리, ・의문점 등에 대한 질문을 받고 내용 확인 ・차시 예고 ・과제물 제시	・교과서	5분

위의 예는 필자가 근무하는 학교에서 몇 년 전 교직 과목 시간에 다루었던 학습 지도안 작성의 한 가지 예이다. 제 6차 교육과정에서 사용되던 일본어 교과서를 가지고 교생을 앞두고 있는 학생들에게 학습 지도안을 작성하는 방법에 대해서 제시한 것이다. 교직을 이수한 학생들은 반드시 교생 실습을 해야 하는데 교생 실습 기간에 해야 하는 일이 학습 지도안 작성이다. 학습 지도안은 교생에 임하고서 담당지도 선생의 지도 하에 그 학교의 특성, 혹은 학습자의 환경 등을 고려하여 작성하기도 하지만 미리 교생 실습에 임하기 전에 작성해 보는 것도 도움이 될 것이다. 각각의 실습 학교의 교과서도 다르고 학습자의 수준, 환경 등이 다르고 또 단원도 다르지만 위에 제시한 예를 참고하여 각각의 특성을 살려서 학습 지도안을 작성하면 좋을 것이다.

다음으로는 제 7차 교육과정에 사용되는 교과서를 가지고 학습 지도안을 작성한 예를 제시하고자 한다. 여기서는 위와는 조금 달리 거시적으로 학습 지도안을 작성한 사례를 제시하고자 한다.

(2) 학습 지도안 예 2

【차 례】

Ⅰ. 일본어 교육의 학습 목표
Ⅱ. 교재 및 단원
Ⅲ. 단원의 개관
Ⅳ. 차시별 학습 지도 계획
Ⅴ. 학습 지도 및 평가 시 주의할 점
Ⅵ. 본시 학습 지도 계획
Ⅶ. 교수 - 학습 지도안
Ⅷ. 형성 평가
Ⅸ. 학습자 설문 조사

Ⅰ. 일본어 교육의 학습 목표
 1. 기능적 목표 : 의사소통 기능의 항목별 신장
  (1) 일상생활 일본어의 이해
  (2) 일본어에 의한 의사소통 능력
  (3) 일본어 정보의 검색 능력

 2. 정의적 목표 : 일본 문화의 이해와 적극적인 교류 자세
  (1) 의사소통과 정보 검색에 적극적으로 임하는 자세
  (2) 일본의 언어와 문화에 대한 관심
  (3) 일본어 정보의 검색 능력

Ⅱ. 교재 및 단원

 1. 교재 : 고등학교 日本語 1
    이봉희 / 김남익. (주) 교학사
 2. 단원명 : 제4과 ここが図書館です。

Ⅲ. 단원의 개관

 1. 단원의 학습 목표

  (1) 장소를 안내하는 표현을 할 수 있다.
  (2) 형용사를 이용하여 상태를 나타내는 표현을 구사할 수 있다.
  (3) 위치를 설명하는 표현을 할 수 있다.

 2. 의사소통 기능

  (1) 안내 : ここが図書館です。
  (2) 상태 : とても おもしろいですが、発音が 少し むずかしいです。
  (3) 위치 : えつらんしつは あそこで、その となりには コンピューターが あります。

Ⅳ. 차시별 학습 지도 계획

차 시	영 역	쪽 수
1	・단원 안내 ・きいてみましょう	58-59
2	・はなしてみましょう	60-61
3~4	・よんでみましょう	62-63
5	・かいてみましょう	64-65
6	・やってみましょう (확인 학습)	66-67

Ⅴ. 학습 지도 및 평가 시 주의할 점
 1. 의사소통 활동 시 역할 놀이나 모둠별 활동을 통해 학습자 중심의 수업이 되도록 한다.
 2. 새로운 단어 및 처음 나오는 표현을 여러 번 반복하여 익힐 수 있도록 돕는다.
 3. 형성 평가 문제는 본시 수업 내용에 해당하는 것으로 만들며 학생들이 스스로 해결할 수 있을 정도의 것으로 만든다.

Ⅵ. 본시 학습 지도 계획

 1. 본시 주제
  (1) 장소 안내 및 위치 설명.(층 수 읽기)
  (2) 형용사를 이용하여 상태 표현하기.
  (3) ～あります ～います를 활용하여 생물과 무생물의 존재를 나타내는 표현을 할 수 있다.

 2. 학습 목표
  (1) 장소 안내 및 위치를 설명하는 표현을 할 수 있다.
  (2) 형용사를 이용하여 상태를 나타내는 표현을 구사할 수 있다.
  (3) ～あります ～います를 이용하여 생물과 무생물의 존재를 나타내는 표현을 할 수 있다.

 3. 수업 준비물 : 교과서, 노트, 단어 카드 , 파워 포인트 자료, 형성 평가지

4. 지도 방법과 유의점

(1) 학습 동기를 유발할 수 있도록 단어 카드를 적극 활용한다.

(2) 교과서에 나와 있는 대화문을 일상 대화에서 사용하는 것처럼 자연스럽게 구사할 수 있도록 도와준다.

(3) 대화문의 새로운 단어를 활용하여 장소 안내 및 위치를 설명하는 표현을 구사할 수 있도록 지도한다.

Ⅶ. 교수-학습 지도안

単元名	4．ここが図書館です。				
対象	0年0組	日時	0月0日（木）0校時	場所	0年0組の教室
学習目標	1. 場所を案内する表現ができる。 2. 形容詞を使って今の状態が表せる。 3. 無生物の時と生物の時の位置の説明ができる。				
準備資料	教　師			学　生	
	テキスト、単語カード、ＰＰＴ、形成評価紙			テキスト、ノート、筆記道具	

段階	学習 過程	教授ー学習活動		時間 50分	資料	指導上の留意点
		教師	学生			
導入	*学習の雰囲気作り *前回の学習内容の確認	1.挨拶する みなさん、こんにちは。 2.前回の学習内容を確認する。・食事の時の挨拶を言わせる。 3.学習目標を提示　指示代名詞の確認	1.挨拶する 先生、こんにちは。 2.食事の時の挨拶を言う。 食前-いただきます。 食後-ごちそうさまでした。 3.学習目標を確認する。	7分	テキスト、ＰＰＴ場面	授業の雰囲気作りに気を使う。

	*今回の学習目標の提示			第2課で習った指示代名詞を思い出す。この、その、あの、どのこれ、それ、あれ、どれここ、そこ、あそこ、どここちら、そちら、あちら、どちら			
展開	はなしてみましょう 問題1. どこかの場所を聞かれたらその場所の案内ができる。	1. 問題1の学習目標を提示ー場所を案内する表現ができる。 2. 会話文を一回聞かせた後、ついて言わせる。 3. 新しい単語を確認させる。 ソウル駅、キョンボックン、ブルグクサ、ナムデムン 4. 絵を見ながら隣の人とペアになって会話文を練習させる。	1. 問題1の目標を確認する。 2. 会話文をよく聞いた後、ついて言う。 3. 新しい単語を確認する。 4. 隣の人と会話文を練習する。 A.ソウル駅はどこですか。 B.ソウル駅ですか。あそこにあります。	5分	テキスト、単語カードＰＰＴ場面	第4課の初めだから学習目標が何かよく分かるように指導する。新しい単語の読み方を確認させる。

		5. 会話文を分団別に練習させる。 1 分団がA 2 分団がB	5. 会話文を分団別にペアになって練習する。			
問題2 デパートの中での会話文で位置の説明及び階数の案内ができる。		1. 問題2の学習目標を提示ーデパートでの会話で位置の説明及び階数の案内ができる。 2. 会話文を一回聞かせた後、ついて言わせる。 3. 新しい単語と階数の読方を確認させる。 ・きゅうけいしつ ・1階から10階まで	1. 問題2の目標を確認する。 2. 会話文をよく聞いた後、ついて言う。 3. 新しい単語と階数の読方を確認する。 ・きゅうけいしつ ・階数の読み方を知る。 1階ーいっかい 2階ーにかい 3階ーさんかい,さんがい 4階ーよんかい 5階ーごかい 6階ーろっかい 7階ーななかい 8階ーはっかい 9階ーきゅうかい 10階ーじっかい	10分	テキスト、 単語カード ＰＰＴ 場面	学習者の水準に合わせて話す速度が速すぎないように注意しながら理解できるように練習させる。 新しい単語と階数の読方を確認させる。
		4. 絵を見ながら隣の人とペアになって会話文を練習させる。	4. 会話文を隣の人と練習する。 A.ちょっとすみません。くつはどこ			

			にありますか。 B．くつですか。1階です。 A．1階ですね。どうもありがとう。			
		5．例の単語を活用して会話を誘導する。	5．例の単語を活用して隣の人と会話を練習する。 A．ちょっとすみません。かばんはどこにありますか。 B．かばんですか。2階です。 A．2階ですね。どうもありがとう。			
		6．ペア別に練習させる。	6．指名されたペアは立って会話をする。			
	問題3 形容詞を使って状態を表す表現ができる。	1．問題3の学習目標を提示ー形容詞を使っを表す表現ができる。 2．会話文を一回聞かせた後、ついて言わせる。 3．新しい単語と形容詞を確認させる。	1．問題3の目標を確認する。 2．会話文をよく聞いた後、ついて言う。 3．新しい単語を確認する。 ・形容詞の敬	10分	テキスト、単語カード、PPT場面	学習者が十分に理解した後、次の段階に進める。新しい単語と形容詞を確認させる。

			韓国語、勉強、食堂マンション、ねだん、おもしろい、むずかしい、おいしい、新しい、うるさい ・形容詞の敬語を作らせる。 ・形容詞を使って状態を表す表現を教える。	語を作る。 形容詞＋です。 おもしろいです。 ・形容詞を使って状態を表す表現を作る。 おいしいですが、ねだんが高いです。			
			4. 絵を見ながら隣の人とペアになって会話文を練習させる。	4. 会話文を隣の人と練習する。 A. みどりさん、韓国語の勉強はどうですか。 B. おもしろいですが、発音が少しむずかしいです。			
			5. 例の単語を活用して会話を誘導する。	5. 例の単語を活用して隣の人と会話を練習する。 A. みどりさ			

			ん、この食堂はどうですか。B. おいしいですが、ねだんが高いです。				
		6. ペア別に練習させる。	6. 指名されたペアは立って会話をする。				
	問題4 無生物の時と生物の時の存在を表す表現ができ、その位置も説明できる。	1. 問題4の学習目標を提示 -無生物の時と生物の時の存在を表す動詞が分かれる。 位置を表す表現ができる。 2. 会話文を一回聞かせた後、ついて言わせる。 3. 新しい単語を確認させる。 トイレ、部屋 ・位置を表す語を確認させる。 となり、なか、まえのほう ・絵を見なが	1. 問題4の目標を確認する。 2. 会話文をよく聞いた後、ついて言う。 3. 新しい単語を確認する。 ・位置を表す単語を確認する。 ・会話文を隣の人と練習する。 A.トイレはどこにありますか。	10分	テキスト、単語カード、ＰＰＴ場面	新しい単語と方向を表す単語、そして「～あります。～います。」に気をつけながら会話を練習させる。

			ら隣の人とペアになって会話文を練習させる。	B.部屋のとなりにあります。			
			4. 生物の時と無生物の時の存在を表す動詞を確認させる。〜あります。〜います。	4. 生物の時と無生物の時の存在を表す動詞を確認する。			
			5. 例として生物である、みどりさんを入れて一緒に会話文を完成してみる。・会話文をペアになって練習させる。	5. みどりさんを入れて一緒に会話文を完成する。A.みどりさんはどこにいますか。B.部屋のなかにいます。・会話文をペアになって練習する。			
			6. ペア別に練習させる。	6. 指名されたペアは立って会話をする。			
まとめ		形成評価紙(今回の授業の自己診断)次回の予告	1. 形成評価紙を配る。一緒に形成評価を解いてみる。2. 次回の学習内容を言う。3. 挨拶する。今日はここで	1. 形成評価を解く。2. 次回の学習内容を知る。3. 挨拶する。先生、あり	8分	形成評価紙、ＰＰＴ場面	今回の学習内容をよく覚えるように気をつける。

		終わります。	がとうござ いました。		

Ⅷ. 형성 평가

1. 다음 빈 칸에 들어갈 말에 해당하는 것을 고르시오.

   > A ソウル駅は_____ですか。
   > B ソウル駅ですか。あそこにあります。

   ① ここ　　② そこ　　③ どこ
   ④ これ　　⑤ それ

2. 다음 빈칸을 히라가나로 써 넣으시오.

1階		2階	にかい
3階		4階	

3. 다음 빈칸에 들어갈 형용사로 적당한 것은?

   > A みどりさん、この食堂はどうですか。
   > B _____ですが、ねだんが高いです。

   ① おもしろい　　② 新しい
   ③ 安い　　　　　④ おいしい
   ⑤ うるさい

4. 빈칸에 들어갈 말로 옳게 짝지어진 것을 고르시오.

> A：トイレはどこに_____。
> B：部屋の____に_____。

① いますかーなかーいます
② ありますかーとなりーいます
③ ありますかーなかーあります
④ いますかーとなりーいます
⑤ ありますかーとなりーあります

5. 다음 빈 칸에 들어갈 말을 아래에서 고르시오.

> 문) ねこはどこに _____。

① いますか　　　② ありますか
③ あります　　　④ います　　　⑤ いません

Ⅸ. 학습자 설문 조사

1. 설문 조사 대상 : ○○고등학교 ○학년 ○반(○○명)
2. 설문 조사 일시 : ○○년 ○월 ○일
3. 설문 조사 방법 : 중복 선택 불가

 1) 일본에 대한 당신의 감정은?

보 기	인원(명)
① 매우 좋아한다.	
② 좋아한다.	
③ 보통이다.	
④ 싫어한다.	
⑤ 매우 싫어한다.	

▶ 일본어를 배우는 학습자들은 일본과의 관계에 직간접적으로 반응한다. 예를 들면 독도 문제, 교과서 문제 등이 미디어에서 자주 등장하게 될 때는 좋은 감정은 나타나지 않을 것이다. 이와 같이 학습자들이 일본과의 관계에 따라 어떠한 반응을 보이는가를 교사가 파악해 두는 것도 필요할 것이다. 그러한 경향을 파악하기 위한 방법의 설문의 예이다.

2) 일본어를 배우고 있다면 그 이유는?

보 기	인원(명)
① 일본에 대해 알고 싶어서	
② 게임, 만화, 잡지, 노래 등을 아는데 필요하므로	
③ 일본 여행을 하고 싶어서	
④ 어학으로서 가치가 있으므로	
⑤ 바야흐로 국제화 시대에 필수이므로	

▶ 일본어 학습자들이 무엇 때문에 일본어에 관심을 가지고 있는가를 알아보는 설문이다. 예상하기로는 게임, 만화, 잡지, 노래 등을 알기 위해 일본어를 배우고 있다는 대답이 많을 것이다. 이것은 일본의 게임이나 만화가 얼

마만큼 한국에 전파되어 있으며, 영향력을 가지고 있는 지도 알 수 있게 된다.

3) 일본어는 외국어로서 어떠한가?

보 기	인원(명)
① 쉽고 재미있다.	
② 쉽지만 재미는 없다.	
③ 어렵고 재미없다.	
④ 어렵지만 재미는 있다.	
⑤ 모르겠다.	

▶ 일본어 학습자들이 일본어라는 언어에 대해서 어떠한 생각을 가지고 있는가를 알아보는 설문이다.

4) 제2외국어로서 일본어를 배워야 한다고 생각하는가?

보 기	인원(명)
① 반드시 배워야 한다.	
② 배우는 편이 좋다.	
③ 배우든 말든 상관없다.	
④ 전혀 배울 필요 없다.	

▶ 일본어의 학습의 필요성을 알아보는 것으로 국제화 시대에 맞추어 외국어의 필요성을 느끼고 있는지를 파악하는 것이다. 필요성을 강하게 느끼는 학습자들이라면 학습 동기가 강하기 때문에 일본어 학습에 많은 관심을 가지게 될 것이다.

5) 일본의 만화・애니메이션을 본 적이 있는가?

보 기	인원(명)
① 본 적이 없다.	
② 딱 한 번	
③ 2-5회 정도	
④ 6-10회 정도	
⑤ 셀 수 없이 많다.	

▶ 최근 일본 문화 개방으로 인해서 일본의 대중문화가 많이 들어와 있다. 이러한 상황에서 일본의 대중문화에 얼마나 관심을 가지고 있는지를 알아보는 설문이다. 아마 일본 만화・애니메이션을 접해 본 적이 없는 학생은 극히 소수에 불과할 것이고 한 번 쯤은 일본 만화를 봤다고 해도 과언이 아닐 것이다. 수입된 일본 만화가 TV로 방영될 때의 주인공의 이름과 복장, 그리고 주제가까지 한국 것으로 수정되어 나가기 때문에 일본 만화인지 한국 만화인지 구분하지도 못하고 있는 경우도 있을 수 있을 것이다.

6) 일본의 만화・애니메이션을 보게 된 경로는?

보 기	인원(명)
① 친구를 통해서	
② 가게에서 우연히	
③ 컴퓨터를 통해서	
④ 선생님을 통해서	
⑤ 위성방송(TV)을 통해서	

▶ 일본 대중문화를 어떠한 경로를 통해서 접하게 되는지를 알아보는 것도 의미가 있을 것이다.

요즘은 인터넷이 일반화되면서 대부분의 청소년들은 컴퓨터를 통해서 일본 대중문화를 접하지 않을까하는 예상을 할 수 있다. 그 외에 위성방송이 일반화되면서 위성방송을 통해서도 많은 학생들이 일본 대중문화를 접할 것이다.

7) 일본의 만화·애니메이션을 볼 때 보는 언어는?

보 기	인원(명)
① 일본어(원어)	
② 한국어 번역판	
③ 그림만 보고 이해한다.	

▶ 대부분은 한국어로 번역되어 방영되기 때문에 한국어 번역판을 보리라 생각하지만 컴퓨터 등을 통한다면 직접 일본어 원어로 된 만화·애니메이션을 접할 수도 있다.

8) 원어(일본어)로 볼 때 이해 정도는?

보 기	인원(명)
① 거의 이해하지 못한다.	
② 조금 이해한다.	
③ 반 정도 이해한다.	
④ 대부분 이해한다.	
⑤ 완전히 이해한다.	

▶ 원어로 일본어를 본다는 것은 대단히 관심이 있는 학생

이며 일본어 학습에 많은 도움이 될 것이다. 그러나 고등학생으로서 원어로 보기에는 조금 무리가 있지 않을까 생각한다.

9) 일본어 만화·애니메이션에 대한 당신의 감정은?

보 기	인원(명)
① 그냥 재미있다.	
② 폭력적이다.	
③ 선정적이다.	
④ 교훈적이다.	
⑤ 아무 생각 없다.	

▶ 일반적으로 청소년들은 일본·애니메이션을 재미있다고 답할 것이다.

10) 일본이라고 했을 때 제일 먼저 떠오르는 말은?

> 신사참배, 독도, 만화, 고쿠센, 위안부, 정신대, 일본영화, 일본드라마, J-POP, 하라주쿠, 패션, 시부야, 초밥, 기모노, 온천, 엽기, 애니메이션, 고이즈미, 울트라니뽄.

이러한 설문을 통해서 일본어를 배우는 학습자들이 관심을 가지고 있는 것이 무엇인지를 알아보는 것은 의미가 있을 것이다. 일본어 자체가 좋아서 일본어를 학습하는 것인지 일본 대중문화를 접할 기회가 많아서 일본어를 학습하는 것인지를 파악해 두는 것은 교사가 학습자를 대하는 데 있어서나 학습을 진행하는데 있어서 많은 힌트를 얻을 수 있다. 이를 위해서 일본어 학습에 들어가기 전, 학기 초에 간단한 설문을 조사해 두는 것도 좋을 것이다.

여기에 제시한 설문의 내용은 어디까지나 참고로 필자가 생각나는 대로 작성하고 예상되는 결과를 제시한 것이다.

학습 지도안에 설문 내용을 첨가한 것은 교생 실습을 나가는 학생들을 위한 것이다. 교생 실습을 나가는 학생들은 앞으로 선생이 될 예비 선생들이기 때문에 학습자들이 일본어 혹은 일본 문화에 대해서 어떠한 생각들을 가지고 있는가를 미리 파악해 두는 것이 바람직할 것이다. 교생 실습생들은 항시적으로 학교에 근무하는 것이 아니기 때문에 설문의 실시 시기는 교생 실습이 끝나는 시점이 좋으리라 생각하여 학습 지도안에 넣어 보고 설문 작성 예를 몇 가지 제시해 보았다.

지금까지 두 가지의 학습 지도안의 사례를 제시하였다. 이 외에 김원미 선생께서 운영하는 일본어 임용고사 카페[69]에도 여러 가지 학습 지도안의 실례가 제시되어 있다. 각주에 참고 사이트를 소개하면서 지도안의 예를 하나 인용하고자 한다. 더 자세한 것은 김원미 선생 카페 사이트를 참고하면 많은 도움이 될 것이다.

---

69) cafe.daum.net/nihongoimyoung

(3) 학습 지도안 예 3 70)

Ⅰ. 교재 및 단원명

 1. 교　재 : 高等学校 日本語 성안당 Ⅰ
 2. 단원명 : 1課 はじめまして

Ⅱ. 단원의 개관

 1. 단원의 개요

　　日本語를 처음 배우는 学生들에게 日本語에 대한 興味와 의욕을 불어넣어 자신감을 가지도록 지도해야 한다. 따라서 간단한 인사말과 自己紹介를 중심으로 되어 있다. 즉 시각에 따른 간단한 인사말과 처음 만났을 때 자신을 소개하고 주변 사람을 紹介하는 표현을 중심으로 聞き取り, 読み取り, 話し方の練習, 書く練習의 4領域으로 나누어 구성시키고 있다.

 2. 단원의 학습목표

　(1) 聞き取り : 그림을 보면서 자기소개나, 처음 만나 어떻게 인사하는지 간단한 단어나 문장을 들을 수 있다.
　(2) 読み取り : 새로 나온 단어를 익혀 문장을 자연스럽게 읽도록 유도한다.

---

70) 김원미 선생 카페 사이트(cafe.daum.net/nihongoimyoung)에서 인용하였음.

(3) 話し方の 練習 : 처음 만나 각자 자기소개를 한 뒤 제3자를 소개하는 문을 대화체로 익힌다.
(4) 書く練習 : 간단한 단어의 聞き取り나 統制作文練習을 통하여 쓰는 능력을 기른다.

3. 지도상의 유의사항
   (1) 이번 단원은 ひらがな를 배우고 첫 수업이므로 흥미 유발을 하면서 가볍게 수업을 진행하면서 듣기, 말하기에 소홀해지지 않도록 매 시간마다 녹음기를 이용한 수업을 한다.
   (2) 가능한 한 예시와 예문을 많이 들고 반복적으로 연습해 회화 연습이 어느 정도 이루어지도록 한다.
   (3) 단어는 난이도가 쉬운 것을 사용해 학습자의 이해를 돕는다.
   (4) 본문의 의사소통적 성격을 고려하여 교사가 문장을 읽을 때는 발음이나 억양이 원어민과 흡사하도록 최대한 주의를 기울인다.
   (5) 과제는 양이 너무 많거나 난이도가 높은 것을 피해 학습자가 부담을 느끼지 않도록 배려한다.

4. 단원의 학습내용
   (1) 커뮤니케이션 기능
      * 紹介 : はじめまして、山田信次です。
              どうぞ よろしく。
      * 喜怒哀楽 : おあいできて うれしいです。

* 挨拶(あいさつ)：おはようございます。

(2) 발음

　　はじめまして、　　わたし
　　おねがいします、　かんこくじん
　　どうぞ、　　　　　こんにちは

(3) 문형

　* ～は ～です。(긍정문)
　　→ わたしは せいとです。
　* ～は ～ですか。(의문문)
　　→ あなたは 韓国人ですか。
　* はい、 ～です。(긍정대답)
　　→ はい、わたしは 日本人です。
　* いいえ、 ～ではありません。(부정대답)
　　→ わたしは 日本人では ありません。

(4) 인칭 대명사

　　わたし、　　　　あなた

(5) 단원의 학습 지도 계획

次時	小単元	学 習 内 容	資 料
1	聞く 讀む	○ 그림을 보면서 자기소개와 처음 만나 인사 나누는 것을 듣는다. ○ 새로운 단어 학습 ○ 본문의 내용을 읽고 이해 ○ ～は ～です。 どうぞよろしく 문형 연습	단어 カード 장면의 그림 テープ テープレコーダー

2	話すⅠ	○ ～は～ではありません。 부정 표현 익히기 ○ 각자 自己 紹介하는 文章 익히기 ○ 제3자를 친구에게 소개하기	단어 カード テープ テープレコーダー
3	話すⅡ	○ 교실에서 선생님과 학생과의 첫 인사 나누기 ○ 표현 활동(ロールプレイ실시) ○ 일본어로 간단한 인사말 익히기	단어 カード 장면의 그림 テープ テープレコーダー ロールカード
4	書く 자율 학습	○ 간단한 作文, 統制作文 練習 ○ 받아쓰기 ○ カタカナ로 된 외래어 읽기 연습	カタカナ カード テープ テープレコーダー 評価 學習紙

Ⅲ. 본시 학습 지도안

- 단원 : 第1課 はじめまして
- 대상 : 고등학교 1학년   반
- 차시 구분 : 1/4 시
- 지도 교사 : 손 혜 인
- 본시의 학습 목표 : ～は～です。 どうぞよろしく 표현을 익혀 일본인을 처음 만났을 때 자기소개를 할 수 있다.
- 지도 과정 : 문제 형성 - 탐구 학습 - 학습의 평가

구분 단계	학습 내용	학습 활동		유의 사항	준비물	시간
		교사	학생			

도입	인사 및 준비	학생들과 서로 인사한다. みなさん、おはようございます。 ・출석부 기재 ・가벼운 이야기로 분위기를 정돈한다.	인사한다. 先生、おはようございます。 <전체 학습> 질문에 전체가 대답한다.	・선수 학습 회상하기에서 시간을 너무 지체해, 본시 학습에 지장을 주지 않도록 한다.	교과서
	선수 학습 회상 하기	・지난 시간에 학습한 내용에 관해 설명하고 그에 대해 기억하고 있는지 확인해 본다. ・본시 학습 목표 ~は~です、どうぞよろしく 표현을 소개한다. ・본시의 학습 범위를 간단히 설명해 준다.			
전개	듣기 P.18 본문 설명과 따라 읽기	・본문속의 등장인물 소개 ・본문을 테이프를 통해 두 번 들려 준다. ・한 문장씩 읽어	・처음은 교과서를 봐 가면서 듣고, 다음은 교과서를 보지 않고 들어본다. 큰 소리로 따라 읽는다.	어떤 단어가 들리는지 주의해서 듣게 한다. ・본문을 읽을 때에는 발음과 억양에 최	교과서 테이프

인사 및 자기 소개 표현 을 익힌 다.	주고, 문장의 내용을 설명한다. · 테이프를 통해 들려주고 따라 읽게 한다. · 테이프를 이용해 듣고 따라 읽게 한다. · ~は~です、は じめまして의 표현을 익힌다.	설명한 문장의 내용을 염두에 두고, 큰 소리로 따라 읽는다. 자신의 이름을 넣어 상대방에게 자기소개를 한다.	대한 주의를 한다. · 본문 읽기 도중에 학습 목표와 관련한 문장이 나왔을 때는 그것을 강조하여, 잠시 후 그에 대한 학습이 이루어질 것임을 알려준다.		
읽기 P.20	본문을 다시 한 번 읽어서 들려준다. 학생들을 짝지어 자기 이름을 넣어서 대화하게 하여 자기 소개 표현을 익히게 한다. 자기소개 표현을 문장 자체 그대로 외워 정확하게 발음할 수 있도록 연습시킨다.	큰 소리로 따라 읽는다	전체 학습이 어느 정도 이루어졌다고 판단되면, 개별적으로 질문해 보도록 한다.		
전체 적인 내용 파악	테이프를 통하여 본문을 들려준다. 신출단어를 두 번씩 읽고 설명해 준				

		다. 테이프를 이용해 듣고 따라 읽게 한다.				
정리 및 평가	수행 평가	・준비된 문제를 해결하게 함으로써 오늘의 학습 결과를 확인한다.	지명된 학생은 정답을 말한다.	문제해결에 많은 시간이 걸리게 하지 않는다.	테이프 교과서	
	본시 학습 내용의 정리	・간단히 의문점에 대해 설명해 준다. ・오늘 학습이 어떤 순서로 진행되었고, 어떤 문형에 대해 학습했는지 간단히 정리해 준다.	의문이 있으면 질문한다.	예상치 못한 질문에 당황하지 말 것		
	다음 차시에 이루어질 학습 내용의 안내	2/4차시에 배워야 할 표현에 대한 안내와 흥미 유발				
	과제 부과	・자기소개, 인사 표현 익히기				
	끝인사	・인사와 함께 수업을 마친다.	・인사한다.			

《복습 문제》

◎ ～は～です。　どうぞよろしく。
[**연습**] 저는 ○○○입니다. 잘 부탁드립니다.
　→

◎ はじめまして、わたしは○○○です。 どうぞよろしく。
[**연습**] 처음 뵙겠습니다. 저는 ○○○입니다.
　　　　잘 부탁드립니다.
　→

《형성 평가》

1. 처음 뵙겠습니다. 만나서 반갑습니다.

2. 나는 한국인입니다.

《판서 계획》

```
            1. はじめまして
▶ 학습 목표
  1. ～は～です와 どうぞよろしく의 표현을 익혀, 간단
     한 자기소개를 할 수 있다.
```

Ⅳ. 본시 학습 지도안

- 단원 : 제1과　はじめまして
- 대상 : 고등학교 1학년　O 반
- 차시구분 : 2/4
- 지도교사 : 손 혜 인
- 본시 학습의 목표 : ～は～ではありません 부정 표현을 익히고 일본인을 만나면 자연스런 자기소개와 인사를 할 수 있다
- 지도 과정 : 문제 형성 - 탐구 학습 - 학습의 평가

구분 단계	학습 내용	학습 활동 교사	학습 활동 학생	유의 사항	준비물	시간
도 입	인사 및 준비	학생들과 서로 인사 한다. みなさん、おはようございます。 ・출석부 기재 ・가벼운 이야기로 분위기를 정돈한다.	인사한다. 先生、おはようございます。		교과서	
	선수 학습 회상 하기	・지난 시간에 학습한 내용에 관해 설명하고 그에 대해 기억하고 있는지 확인해 본다. ・본시 학습 목표 ～は～では ありません、～の의 표현	<전체 학습> 질문에　전체가 대답한다.	・선수 학습 회상 하기에서 시간을 너무 지체해 본시 학습에 지장을 주지 않도록 한		

제10장 교육 실습 253

		을 소개한다. ・본시의 학습 범위를 간단히 설명해 준다.		다.		
전 개	읽기 P.20 문형 연습 P.20 이해 활동 말하기 1 P.22 표현 활동 P.23 수행 평가	・테이프를 들려주고 따라 읽게 한다. ・~では ありません。 ~の 표현 설명 ・본문 내용을 설명한다. ・테이프를 듣고 문제 풀이를 학생들이 답하게 한다. ・발음을 들려주고 학생들에게 발음 연습을 시킨다. ・테이프를 듣고 따라 읽는다. ・내용 설명 ~さん、こちら、うれしい ・선생님과 학생이 분담하여 읽는다. ・학생들을 짝지어 대화하게 한다. ・간단한 의문점에 대해 설명해 준다. ・상황을 설정하여 학생들이 그에 알맞게	・테이프를 듣고 큰 소리로 따라 읽는다. ・테이프를 듣고 알맞은 답을 답한다. ・듣고 정확하게 따라 발음한다. ・자기가 맡은 부분을 큰 소리로 읽는다.	어떤 단어가 들리는지 주의해서 듣게 한다. 수업 분위기가 흐트러지지 않도록 한다. 전체 학습이 어느 정도 이루어졌다고 판단 되면, 개별적으로 질문해 보도록 한다.	교과서 테이프

		소개 할 수 있게 한다.				
	다음 차시에 이루어질 학습 내용 안내	·3/4차시에 배워야할 표현에 대한 안내와 흥미 유발 ·자기 옆 사람을 소개하는 표현을 익힌다.				
	과제 부과 끝인사	·인사와 함께 수업을 마친다.	·인사한다.			

《복습 문제》

◎ 부정 표현 ～は～ではありません。

《연습 문제》

・あなたは日本人ですか。

　→ いいえ、

◎ ～の(조사)

《연습 문제》
 · 당신은 일본어 선생님입니까?
   →

《판서 계획》

---
1. はじめまして

▶ 학습 목표
1. ～は～です의 부정 표현 ～は～ではありません과～
   の를 이용한 표현 방법을 익힌다.
2. 상대방에게 친구를 소개할 수 있다.

Ⅴ. 본시 학습 지도안
 1. 단   원 : 1. はじめまして
 2. 次   時 : 3/4 次時 (P.24～P.25)
 3. 지도교사 : 김 귀 순
 4. 학습목표
    ○ 교실에서 선생님과 학생들이 인사를 나눌 수 있다.
    ○ 일본어로 이름을 묻고 대답할 수 있다.
    ○ 시각에 따른 인사말을 할 수 있다.
 5. 본시 학습내용
  (1) 새로운 단어
      * みなさん : 여러분

* なまえ : 이름
* 生徒(せいと) : 학생
* おねがいします : 부탁합니다

(2) 간단한 인사말
* おはようございます : 아침 인사
* こんにちは : 낮 인사
* こんばんは : 밤 인사
* さようなら : 헤어질 때 인사

(3) 교실에서 선생님과 학생들과의 첫 대면 인사 및 이름 묻고 대답하기

[話す Ⅱ]	교과서 P.24
先生 : みなさん、 こんにちは。	인사
生徒 : こんにちは。	인사
先生 : はじめまして、 わたしは イユミです。 どうぞ よろしく。	소개
生徒 : よろしくおねがいします。	소개
先生 : あなたの おなまえは なんですか。	소개
スホ : わたしの なまえは キム スホです。	소개
先生 : あなたは。	소개
信次 : わたしは 山田信次です。	

《교수·학습의 보충자료》
롤 플레이 대화문

- 場　面：교실에서 교사와 학생과의 첫 대면 인사
- 対話文
  A：みなさん、こんにちは。
  B：せんせい、こんにちは。
  A：はじめまして、わたしは やまだです。どうぞ よろしく。
  B：よろしく おねがいします。
  A：あなたの おなまえは なんですか。
  B：しんじです。
  A：あなたは。
  C：わたしは 叔姫です。

《학습 평가지》
1. 아침에 하는 인사말을 쓰시오.

2. 헤어질 때 하는 인사말을 쓰시오.

3. 다음 문장의 (　)에 알맞은 단어를 쓰시오.

   1) 『（　　　　　）、わたしは やまだです。よろしく おねがいします。』
   2) 『あなたの（이름）は なんですか。』

4. 『나는 학생입니다.』를 ひらがなで 쓰시오.

《단어 カード》
* みなさん
* こんにちは
* どうぞ、よろしく
* なまえ

【본시 학습 지도안 : 3/4】

구분 단계	학습내용	학 습 활 동 교 사	학 습 활 동 학 생	유의 사항	준비물	시간
도입 (8분)	学習 雰囲気造成 ・あいさつ ・自己紹介 前時 学習 内容 想起 (5분)	학생들과 서로 인사 한다. みなさん、おはようございます。 きょうも 天気が いいですね。 ・출석부 기재 ・가벼운 이야기로 분위기를 정돈 한다. ・지난 시간에 학습한 내용에 관해 설명하고 그에 대해 기억하고 있는지 확인해 본다. ＊각자 자기소개를 일본어로 해본다. ＊옆 사람과 서로 소개를 하고 제3자를 친구에게 소개해 본다.	인사 한다. 先生、おはようございます。 はい、そうですね。 <전체 학습> 질문에 전체가 대답 한다.	・선수 학습 회상하기에서 시간을 너무 지체해 본시 학습에 지장을 주지 않도록 한다. ・어려운 응용문은 가급적 피해 본시 학습과 혼동되지 않도록 한다.	교과서 테이프	対話式의 一斉学習

	学習目標 提示(1분)	<本時学習目標 설명> 1. 선생님과 학생이 日本語로 인사를 할 수 있다. 2. 시각에 따라 日本語로 인사를 할 수 있다.				
전개 (35분)	本文 듣기 P.24 P.24 본문 설명과 따라 읽기. 간단한 인사말	· 本文을 테이프로 두 번 들려 준다. · 테이프를 듣고 따라 읽게 한다. (2번) · 신출 단어를 두 번씩 읽고 설명해 준다. · 본문을 한 문장씩 읽어 주고, 문장의 내용을	처음은 교과서를 봐 가면서 듣고, 다음은 교과서를 보지 않고 들어 본다. 큰 소리로 따라 읽는다. 설명한 문장의 내용을 염두에 두고, 큰 소리로 따라 읽는다. 인사말을 익힌다.(발음에 주의)	어떤 단어가 들리는지 주의해서 듣게 한다. · 신출 단어를 읽을 때는 정확하고 큰 소리로 발음하도록 한다. · 발음과 억양에 최대한 주의를 한다.	테이프 단어 카드 교과서 테이프	個別 学習 対話式의 一斉 学習

	対話練習 (기본 대화 練習)	설명 한다. ・시각의 변화에 따른 인사말을 익힌다. おはようございます。 (아침 인사) こんにちは(낮 인사) こんばんは(밤 인사) さようなら(헤어질 때 인사) おやすみなさい。 (저녁에 헤어질 때 인사) 두 사람씩 짝을 지어 본문 대화 연습을 한다.(2번) 지명하여 역할을 정하여 해보게 한다. 가장 자신 있게 잘한 팀을 앞에 나와서 해보게 한다. 본문 정리	<전체 학습> 제시된 단어를 이용해 상황에 맞는 질문과 대답하기의 연습을 한다. 잘 듣는다.			
정리 및	・전체적 내용 파악	・테이프를 듣고 따라 읽기를 반	・큰 소리로 따라 읽는다.	난이도를 쉽게 조정해, 문제해결에 많은 시간	테이프 교과서 評価	個別 学習

평가 (7분)	·형성 평가	복(두 번씩) ·준비된 문제를 해결하게 함으로써 오늘의 학습 결과를 확인한다.	·제시된 문제를 각자 풀고 지명 당한 학생은 정답을 말한다.	이 걸리게 하지 않는다.	学習紙	
	본시 학습 내용 정리	·간단히 의문점에 대해 설명해 준다.	·의문이 있으면 질문 한다.	발음에 특히 주의 한다.		
	다음 차시 학습내용 안내	·오늘 학습이 어떤 순서로 진행되었고, 어떤 문형에 대해 학습했는지 간단히 정리해 준다.	·잘 듣는다.			
	과제 부과					
	·끝인사	·인사와 함께 수업을 마친다.	·인사 한다.			

【본시 학습 지도안 : 4/4】

소단원	1.はじめまして	대상	1-반(명)	일시	99 4.	장소		차시	4/4	지도교사	김귀순

학습목표	1. カタカナ로 된 외래어를 읽을 수 있다. 2. 「～は ～です」를 이용하여 간단한 작문을 할 수 있다. 3. 간단한 단문이나 단어를 받아 쓸 수 있다.

학습	학습내용	학습 활동		학습형태	학습자료	도달점 및 유의점
		교사	학생			
도입 (5분)	前時學習復習	*인사로 분위기 조성 *전시 학습 복습(こんにちは、あなたの おなまえは 何ですか。わたしの なまえは ～です。) *다같이 교사와 인사를 한다.	*인사하기 *교사의 질문에 대답하기 *앞 시간에 배운 내용 복습 *교사의 인사를 듣고 대답한다. *본시 학습 내용을 잘 듣고 이해한다. * 한 번씩 읽어본다.	對話式의 一齊 學習	테이프 OHP	학생들에게 학습목표를 실제 확하게 認識 시킨다.
	본시학습목표	* 본시 학습 목표 제시 (1) カタカナ로 된 단어를 읽을 수 있다. (2) ～は～です를 이용하여 작문을 할 수 있다. (3) 간단한 문장이나 단어를 받아 쓸 수 있다.				
전개 (40분)	カタカナ쓰고	カタカナ를 ひらがな로 바꾸어 읽기를 시킨다. 주로 외래어로 된 단어를 중심으로 읽기를 한다. 예) アメリカ、フランス、イギリス、ドイツ、	カタカナ쓰는 방법을 잘 익힌다. 발음에 유의하여 읽는다.	個別學習 및 一齊學習	カタカナ 차트	カタカナ를 많이 가르치지 않

	읽기	ワタシ * 두 번씩 쓰게 한다. * 주어진 단어를 カタカナ로 읽힌다. *아래 문형을 이용하여 작문을 하게 한다. * ~は ~です(긍정문) * ~は~ではありません.	두 번씩 써 본다. 여러 번 반복하여 읽는다. 주어진 단어를 중심으로 일본어로 작문할 수 있다.			는다. は 의 발음에 유의한다
	作文練習	1. 韓国人、わたし、です. 2. にほんじん、ではありません. 3. おあいできて(반갑습니다.) 4. (나는 고등학생입니다.)	1.わたしは かんこくじんです. 2.わたしは にほんじんでは ありません. 3.うれしいです. 4.わたしは こうこうせいです.			
	練習問題풀이	作文時 유의 사항을 잘 설명한다(조사를 생략할 수 없는 경우를 주지시킨다). 예) わたしのなまえは ~です. あなたの おなまえは なんですか. P.28의 독해 문장을 읽고 풀어 보게 한다. P.29의 내용을 옆 사람과 대화하게 한다. *문자를 이용하여 단어를 만들어 보게 한다.	알고 있는 어휘력을 최대한 활용하여 작문한다.(조사를 빠뜨리지 않는다.) *교과서에 나와 있는 문장을 읽고 해석하고 물음에 답한다. *의문문으로 물었을 때 긍정과 부정으로 대답하는 연습을 하며 정리한다.			

		예) ど○○、はじめ○○○ こ○○、よ○○○ *단어와 간단한 문장을 불러주어 받아쓰게 한다. 예) こちらこそ、にほんごせいと、みなさんおはようございます。 おねがいします。 かんこくじんです。	*○에 알맞은 문자를 넣어 단어를 완성해 본다. *불러주는 단어와 문장을 받아쓴다(長音에 유의한다).		
정리 및 평가 (10분)	총정리	*지금까지 배운 내용을 총 복습한다. *自己紹介 *あいさつ *제3자를 소개하는 문장 *교사와 학생과의 첫 대면 인사 등	*배운 내용을 상기하여 복습한다. *자기소개, 인사말, *친구에게 제3자 소개하기 등을 말해 본다.	討論式의 一斉学習	평가 문제
	次時予告	*評価 学習紙를 풀게 한다. *問題의 解答을 확인시킨다. *다음 시간 학습 내용 전달 *인사	*評価 学習紙를 풀어본다. 解答을 확인한다. *다음 시간 학습 내용을 듣는다. *인사한다.		

【 교수·학습의 보조자료】

1. カタカナ와 ひらがなチャート

2. 받아쓰기 예문

---
1. こちらこそ	2. にほんご
3. せいと	4. みなさん
5. おはようございます。	
6. よろしく、おねがいします。	
7. かんこくじんです。	
8. さようなら。	
---

3. 평가 학습지

　(1) 두 사람의 대화를 완성하시오.

A : あなたは せいとですか。
B : はい、(　　　　　)
---

　(2) 문장의(　)에 어울리는 것은?

はじめまして、わたしは しんじです。
(잘 부탁합니다.)
---

　(3) 다음 보기를 이용하여 단어를 완성하시오.

<보 기>
ようなら、ございます、きて、しいです

* おはよう○○○○○
* さ○○○○
* おあいで○○
* うれ○○○○

　　　　　　　　　*** ごくろうさまでした ***

참고문헌

青木直子外2人編(2001)『日本語教育学を学ぶ人のために』世界思想社
アラード房子(1996)「サイレントウェイ」『日本語教授法ワクショプ』凡人社
石田敏子(1980)「日本語教育用テストの標準化1-国際基督教大学における予備テストの結果」『日本語教育』40号, 日本語教育学会
石田敏子(1988)『日本語教授法』大修館書店
市河三喜監修(1970)『英語教授法事典』語学教育研究所, 開拓社
壱岐節子(1986)「サジェストペディア学習理論に基づく授業効果の一考察」『産業能率短期大学紀要』19号
壱岐節子(1987)「楽しい学習-サジェストペディア」『日本語教育』61号, 日本語教育学会
壱岐節子(1993)「サジェストペディア理論的背景及び実践内容」『日本サジェストペディア学会』創刊号
今井邦彦編(1986)『チョムスキ-小事典』大修館書店
遠藤織枝編(1995)『日本語教育』三修社
上原麻子(1989)「帰国適応期相互作用-円滑なコミュニケーション要素考察試論」『異文化コミュニケーション研究』創刊号
岡崎敏夫(1989)『日本語教育の教材』アルク
岡崎敏夫・岡崎眸(1990)『日本語教育機関におけるコミュニカティブ・アプローチ』凡人社
小笠原八重訳(1984)『コミュニカティブ・アプローチと英語教育』桐原書店

奥田邦男(1987)「大学日本語教員養成課程のカリキュラム-現状と課題」『日本語教育』63号,日本語教育学会

奥田邦男編(1992)『日本語教育学』福村出版

奥津敬一郎(1982)「文型教育」『日本語と日本語教育-文法編』日本語教育事典

鬼木和子(1996)「サジェストペディア」『日本語教授法ワクショップ』凡人社

川口義一(1983)「サジェストペディアの理論と実践」『日本語教育』51号,日本語教育学会

加藤翹子(1978)「韓国人に対する日本語教育」『日本語教育』35号,日本語教育学会

川本喬(1977)「認知学習理論に基づく教授法の提案」『日本語教育』33号,日本語教育学会

木村宗男(1982)『日本語教授法-研究と実践』凡人社

木村宗男ほか編(1989)『日本語教授法』桜楓社

金田一春彦外(1988)『日本語百科大事典』大修館書店

言語文化研究所(1981)『長沼直兄と日本語教育』開拓社

国際交流基金(1988)『日本語教授法入門』凡人社

国際交流基金編(1989)『日本語教科書ガイド』北星堂書店

国立国語研究所(1979)『日本語教育の評価法』(日本語教育指導参考書6)大蔵省印刷局

小林ミナ(2004)『이해하기 쉬운 教授法』어문학사

近藤千恵訳(1980)『異文化間コミュニケーション-カルチャー・ギャップの理解』サイマル出版会

迫田久美子(1999)『第二言語習得論』 NAFL Institute 日本語教師養成通信講座)アルク

高見沢孟(1987)『日本語教授法Ⅰ』　ＮＡＦＬ　Institute　日本語教師養成通信講座)アルク
高見沢孟(1989)『新しい外国語教授法と日本語教育』アルク
高見沢孟,(1989)『日本語教育入門用語集』アルク
高見沢孟(1996)『はじめての日本語教育・2』アスク
高見沢孟監修(1997)『はじめての日本語教育』[基本用語事典]アスク　講談社
竹田恵子(1987)「TPRを利用した初級日本語教育」『日本語教育』63号, 日本語教育学会
田中望(1987)『日本語教授法Ⅳ』　ＮＡＦＬ　Institute　日本語教師養成通信講座)アルク
田中望(1988)『日本語教育の方法コースデザインの実際』大修館書店
田中春美(1976)「口頭練習を遅らせる教授法が口頭練習に与える影響 −Postovskyの実験」『英語教育』6月号, 大修館書店
寺村秀夫編(1989)『日本語教育教授法(上)』(講座日本語と日本語教育13)明治書院
東京YMCA日本語学校編(1994)『入門日本語教授法』創拓社
中西家栄子外(1991)『実践日本語教授法』バベル・プレス
名柄迪外2人(1989)『外国語教育理論の史的発展と日本語教育』アルク
日本語教育学会編(1982)『日本語教育事典』大修館書店
日本語教育学会編(1990)『日本語教育ハンドブック』大修館書店
日本語教育学会編(1987)「日本語教育機関におけるコースデザインの方法とコース運営上の教師集団の役割の分担に関する調査研究−報告書」 文化庁
日本語教材リスト(1995)凡人社
日本文部省調査局(1964)『日本語教育のあり方』

縫部義憲(1991)『日本語教育学入門』創拓社
縫部義憲(1992)「日本語教育評価法」『奥田邦男編；　日本語教育学所収』　福村出版
原土洋(1988)『日本語教授法Ⅱ』　ＮＡＦＬ　Institute　日本語教師養成通信講座)アルク
古川ちかし(1988)『日本語教育評価法』　ＮＡＦＬ　Institute　日本語教師養成通信講座)アルク
文化庁(1972)『日本語教授法の諸問題』
三枝恭子(1987)「サイレントウェイによる日本語入門-学習者と教師にとっての初日の重要性」『日本語教育』　63号，日本語教育学会
水谷信子(1987)『日本語教授法Ⅲ』　ＮＡＦＬ　Institute　日本語教師養成通信講座)アルク
三牧陽子(1996)『日本語教授法を理解する本実践編』バベル・プレス
秦喜美子(1987)「日本語能力評価のためのクローズ・テストの信頼性,妥当性,および採点法の問題」『日本語教育』62号，日本語教育学会
牧野高吉訳(1988)『第2言語習得の基礎』ニューカレントインターナショナル
丸山敬介(1995)『教え方の基本』京都日本語教育センター
水田伊佐男(1992)「日本語CAIへのアプローチ」『日本語教育』78号，日本語教育学会
望月通子(2003)　『日本語教育学新視座』関西大学出版部
山本一枝(1987)「Community Language Learningの応用：コミュニケーションのための学習活動として」『日本語教育』61号，　日本語教育学会
横溝紳一郎(1996)「コミュニティ・ランゲージ・ラーニング」『日本語教授法 ワクショプ』凡人社

교육부(1995)『고등학교 외국어과 교육과정 해설Ⅱ』대한교과서 주식회사
교육부(2001)『고등학교 교육과정 해설』대한교과서 주식회사
김원미 카페 사이트(cafe.daum.net/nihongoimyoung)
안병곤(1995)『일본어교수법』학문사
안용주(2002)『웹기반 일본어 학습의 방법과 효과』보고사
이덕봉(1998)『日本語教育의 理論과 方法』시사일본어사
우찬삼(2000)『일본어 교육학 개론』도서출판계명
한국 교육과정 평가원(2002)『제7차 중학교 교육과정 해설』교육부 고시1997-15호
한국일어일문학회편(1994)『한국의 일본어교육 실태』

Chapter

부 록

[자료1] : 일본어 교수법 예상 문제 및 해설

[자료2] : 일본어 임용고사 기출문제

[자료3] : 일본어 학습에 대한 조사표

[자료 1] 일본어 교수법 예상문제 및 해설

1 외국어 교수법에 관한 예상문제

▶ 다음의 (1)~(5)는 어떤 외국어 교수법을 설명한 것이다. 이것에 대해서 이하의 물음에 답하시오.

(1) 외국어 학습을「습관 형성의 과정」이라 파악할 수 있다. 그것을 위해 パターン・プラクティス(pattern practice)라고 하는 구두 연습이 개발되었다.

(2) 청해력을 중시하고 들은 것을 전신으로 반응하는 방법을 사용한다. 모어에 의한 번역을 하지 않는다. 말할 준비가 될 때까지 학습자는 발화하지 않는다는 특징이 있다.

(3) 전형적인 수업에서는 문법 규칙에 대한 설명, 대역에 의한 단어의 이해, 번역 연습 등이 행해진다. 외국어를 학습하는 목적은 목표 언어로 쓰여진 문학 작품을 읽을 수 있게 하는 데 있고 외국어 학습은 학생의 지적 성장에도 기여한다고 생각하고 있다.

(4)「コミュニケーション능력의 획득을 목적으로 하는 교수법의 총칭」으로, 특정한 교수 방법이나 교실 작업을 규정하는 것은 아니다. 효율적인 외국어 학습을 위해서는 학습자의 니즈에 부응하는 코스 디자인이 중요하다고 여겨진다.

부록 277

(5) 유아가 모어를 습득해 가는 과정을 외국어 교육에 응용했다. 모든 사건을 「작은 사건의 연쇄(series)」로서 기술하기 때문에 다른 말로 シリーズ・メソッド(series method)라고도 한다.

[문제 1] 위의 (1)~(5)는 각각 어떤 교수법에 관한 것인지 맞는 것을 아래의 보기 a~j에서 골라 (　)에 기호로 답하시오.

(1)의 교수법은? (　　　)

(2)의 교수법은? (　　　)

(3)의 교수법은? (　　　)

(4)의 교수법은? (　　　)

(5)의 교수법은? (　　　)

[보 기]

a ベルリッツ・メソッド
b オーディオ リンガル・メソッド(audio lingual method, AL법)
c TPR
d コミュニカティブ・アプローチ(communicative approach)

```
e 문법 번역법
f CLL
g サイレント・ウェイ (silent way)
h サジェストペディア (suggestopedia, 암시식 교수법)
i グアン식 교수법
j オーラル・メソッド (oral method)
```

[문제 2] 위의 (1)~(5)의 교수법을 오래된 것부터 순서대로 나열
하시오.
(　　) → (　　) → (　　) → (　　) → (　　)

[문제 3] 다음의 (1)~(3)은 어떤 교수법에 의한 외국어 수업의
모습을 기술한 것이다. 각각 어떤 교수법을 사용한 수
업인지 보기 a~j에서 골라 (　)안에 기호로 답하시오.

(1) 우리가 교실에 들어가서 가장 먼저 신경 써야 할 일은 이 교실이 지금까지 봐왔던 다른 모든 교실과 비교해서 크게 다르다는 것이다. 학생들은 쿠션이 있는 의자에 앉아 반원형이 되어 교실의 전방을 향하고 있다. (중략) 교사는 학생들에게 모어로 인사하고 지금부터 언어 학습에서 새롭고 즐거운 경험을 한다고 말한다. 그리고 「배우려 할 필요는 없어요. 자연스럽게 익혀 가게 될 것이니까요. 편안히 앉아 수업을 즐겨 주세요.」라고 자신 있게 말한다.

(2) 처음에는 아무도 말하지 않는다. 그러자 젊은 여성이 손을 든다. 교사는 그녀(필자 주 : 인도네시아인 학습자)의 의

자 쪽으로 걸어가 그 뒤에 섰다. 그녀는 "selamatsore"라고 말한다. 선생님은 "good……"이라고 해석한다. 그녀는 마이크의 스위치 때문에 약간 당황한 뒤 테이프에 "good"이라고 녹음하고서 스위치를 끈다. 교사는 그 다음 "evening"이라고 말하고 그녀도 "evening"이라고 마이크에 말하려 하는데 "eve……"라고 밖에 말이 나오지 않는다.

(3) a ping rod라고 말하려 했던 처음 학생은 pink의 발음이 잘 되지 않는다. 학생이 교사 쪽을 향하자 그는 다른 학생에게 몸짓으로 신호한다. 한 학생이 pink라고 말하고 교사는 그 학생의 발음을 수용한다. 처음 학생이 다시 한 번 말해 본다. 이번에는 능숙하게 발음을 할 수 있어서 교사도 수용한다. 이 구(句)를 능숙하게 말할 수 없는 학생이 그 밖에도 있다. 교사는 이 구(句)에 포함된 단어를 각각 손가락을 사용해 표현하고, 이 구(句)가 세 개의 단어로 되어 있다는 것을 표시해 준다. 그리고 두 번째 손가락을 두드려, 이 학생은 두 번째의 단어가 잘 나오지 않는다는 것을 표시한다.

D. ラーセン・フリーマン著、山崎真稔・高橋貞雄訳
『外国語の教え方』(玉川大学出版部)より

(1)의 교수법은? (　　　　)

(2)의 교수법은? (　　　　)

(3)의 교수법은? (　　　　)

[보기]

a ベルリッツ・メソッド
b オーディオ リンガル・メソッド(audio lingual method, AL법)
c TPR
d コミュニカティブ・アプローチ(communicative approach)
e 문법 번역법
f CLL
g サイレント・ウェイ (silent way)
h サジェストペディア(suggestopedia, 암시식 교수법)
i グアン식 교수법
j オーラル・メソッド(oral method)

해답 및 해설

해답

[문제1] (1) b (2) c (3) e (4) d (5) i
[문제2] (3)→(5)→(1)→(2)→(4)
[문제3] (1) h (2) f (3) g

해설

[문제1,2] 각 교수법의 특징과 전체의 흐름을 파악할 것.
[문제 3] (1)~(3)의 수업 풍경은 모두 『外国語の教え方』에서 발췌한 것이다.
 (1) 「교실 내의 모습이 다른 교실과 다르다.」 라는 설명에서

サジェストペディア(suggestopedia, 암시식 교수법)란 것을 알 수 있다. 이것은 학습자에 느긋하고 쾌적한 환경을 제공하기 위한 것이다. 수업의 처음에 교사가 모어(母語)로 학습자에게 인사하고 수업의 개략을 설명하는 것은 학습에 대한 심리적 부담을 줄여 학습을 촉진시키기 위해서이다.

(2) 「교사가 학생의 뒤에 선다.」라는 설명에서 CLL 교수법이라는 것을 유추할 수 있다. CLL에서는 외국어 학습을 「조언자(=교사)의 도움을 받아 새로운 환경(=목표 언어 환경)에 적응해 가는 과정」이라고 보는 것이다. 학습자의 정면에 서는 것은 학습자에게 위협이나 권력의 과시가 되기 때문에 조언자로 일관하기 위해서 뒤에 서 있는 것이다. 또 발화를 강요하거나 교재를 부여하지 않는 것은 학습자의 자립성을 최대한으로 존중하기 위한 것이다.

(3) 「교사의 발화가 거의 보이지 않는다.」라는 것에서 サイレント・ウェイ(silent way)교수법이라는 것을 알 수 있다. 학생의 발음이 틀린 곳만을 지적할 뿐이고 교사가 바른 발음을 보이지 않는 것은 학생에게 될 수 있는 대로 많은 자기 정정의 기회를 부여하기 위해서이다. 많은 자기 정정의 기회를 부여함으로써 자신의 말이 바른지 어떤지를 판단하기 위한 「내적 기준」을 스스로 만들어가게 하기 위한 것이다.

2 코스 디자인에 관한 예상문제

▶ 다음의 문장을 읽고, 아래의 물음에 답하시오.(문제1~문제3)

　(1)이란 것은「학습자가 무엇을 위해서 일본어를 학습하는 것인가」에 관한 조사를 말한다. 효과적인 일본어 학습을 위해서는 한 사람, 한 사람의 학습자에 맞는 코스를 준비하는 것이 바람직하다.
　(2)란 것은「학습자가 어느 정도의 일본어를 알고 있는가」에 대한 조사를 말한다. 이것은 학습자의 일본어 능력 정도를 파악해서 코스의 내용에 반영시키기 위한 것이다.
ㄱ)목표 언어 조사란 것은 「학습자가 일본어를 필요로 하는 장면에서 실제로 어떤 일본어를 사용하고 있는가」에 대한 조사를 말한다. 목표 언어 조사의 방법에는(3),(4),교사의 성찰이 있다. 조사를 행할 때에는 ㄴ)모어 장면과 접촉 장면의 차이에도 유의하는 것이 바람직하다.

[문제 1] 위의 문장 중 공란 (1)~(4)에 들어갈 가장 적당한 말을 아래의 보기 a~i 가운데 하나씩 골라 (　　)안에 기호로 쓰시오. 단, (3)과(4)의 해답의 순서는 바뀌어도 상관없다.

　　　(1) (　　　　　)
　　　(2) (　　　　　)
　　　(3) (　　　　　)
　　　(4) (　　　　　)

[보기]

> a ニーズ(needs)조사
> b 학습 조건 조사
> c 학습 적성 조사
> d レディネス(readiness)조사
> e 의식 조사
> f 실태 조사
> g シラバス・デザイン (syllabus design)
> h カリキュラム・デザイン(curriculum design)
> I コース・デザイン(course design)

[문제 2] 위 문장 중 밑줄 ㄱ)의 구제적인 예로 가장 적당한 것을 다음의 a~d 가운데에서 하나를 골라 (   )안에 기호로 쓰시오.(   )

 a 대학 수험을 희망하는 학습자를 위해 입시문제를 가져오게 한다.
 b 대학 수험을 희망하는 학습자를 위해 입시 일시를 조사한다.
 c 청해력이 약한 학습자를 위해 청해 테이프를 준비한다.
 d 자택에서의 복습을 희망하는 학습자를 위해서 자습 프린트를 준비한다.

[문제 3] 위 문장 중 밑줄 ㄴ)의 내용으로 가장 적당한 것을 다음의 a~d 가운데에서 하나를 골라 (   )안에 기호로 쓰시오.(   )

a 모어 장면에는 コミュニケーション・ストラテジー(communication strategy)가 나타나지 않는다.
b 모어 장면에는 フォリナー・トーク(foreigner talk)가 나타나지 않는다.
c 모어 장면과 접촉 장면에서는 コミュニケーション・ストラテジー 가 다르다.
d 모어 장면과 접촉 장면에서는 일본어 사용 방법이 다르다.

[문제 4] 다음의 (1)~(4)는 일본어 교과서의 목차이다. 주로 어느 シラバス(syllabus)를 채용하고 있는지 아래의 보기 a~i 가운데 각각 하나씩 골라 (   )안에 기호로 쓰시오.

(1) (   )

| L1：自己紹介 |
| L2：市役所 |
| L3：郵便局 |
| L4：レストラン |

(2) (   )

| 제1과：現代日本の結婚事情 |
| 제2과：不登校は悪いこと？ |
| 제3과：あなたは単身赴任をしますか |
| 제4과：いまときの高校生って |

(3) (   )

| 제1과：私はスミスです |
| 제2과：これは何ですか |
| 제3과：机の上にかばんがあります |
| 제4과：日本語を勉強します |

(4) (   )

| L1：依頼する |
| L2：誘う |
| L3：謝る |
| L4：苦情を言う |

[보 기]

a 구조シラバス	b 장면 シラバス
c 화제シラバス	d 機能シラバス
e プロセス(process)・シラバス	f 선행シラバス
g 후행シラバス	h 원형シラバス
i 교수シラバス	

▶ 다음 예를 든 것은 코스 개시 전에 어떤 일본어 교육기관이 학습자에 대해 행한 면접에서의 질문 사항이다. 아래를 읽고 물음에 답하시오.

수업 담당 선생님께

입학 후에 하는 인터뷰에서는 다음의 항목에 관해서 질문해 주세요. 순서가 같지 않아도 괜찮습니다. 그 외에, 특기 사항이 있으면 여백에 적어 주세요. 잘 부탁드립니다.

· 이름
· 학급에서 모두에게 뭐라고 불리고 싶은가? ……(1)
· 모어(母語)
· 종교
· 내일(來日)년, 월, 일
· 모국에서의 직업
· 일본어 학습력(日本語學習歷) (「배운 적이 있음」의 경우는 기간과 장소)……(2)
· 가능한 외국어(_____語, _____語, _____語)
· 코스 수료 후의 희망(진학, 취직, 미정(未定))……(3)
· 주거(x기숙사, y기숙사, z기숙사, 아파트, 홈스테이)

[문제 5] 위의 (1)~(3)의 각 질문은 니즈 분석이란 관점에서 보기의 a~d 의 어떤 조사와 관련이 있는지 하나씩 골라 (　)안에 기호로 쓰시오.

(1) (　　　　　)
(2) (　　　　　)
(3) (　　　　　)

[보 기]

| a 학습 목적 조사(니즈 조사) | b 학습 적성 조사 |
| c 학습 조건 조사 | d 레디니스 조사 |

해답 및 해설

해답

[문제1]　(1) a　(2) d　(3,4) e, f
[문제2]　a
[문제3]　b
[문제4]　(1) b　(2) c　(3) a　(4) d
[문제5]　(1) c　(2) d　(3) a

해설

[문제 1, 2, 3]

コース・デザイン에 관한 문제이다. [問1]은 기본적인 용어를 이해하고 있으면 어렵지 않게 풀 수 있다. [問2]의 목표 언어 조사는「니즈 영역에서 사용되고 있는 일본어에 대해서 조사하는 것」이므로 정답은 a이다. b는「コース실시 기간을 몇 개월로 할 것인가」「언제를 목표로 코스를 설계할 것인가」를 정하기 위한 조사이기 때문에 학습 조건 조사(시간적 조건)가 된다. c와 d는「사용 교재의 결정」이기 때문에 커리큘럼에 관련된 사항이다.

[問 3]의 모어 장면과 접촉 장면을 묻는 문제이다. 목표 언어 조사에서 고려해야 할 것은 모어 장면과 접촉 장면이다. 모어 장면이라는 것은 모어 화자끼리의 커뮤니케이션을 말하고 **접촉 장면**이란 모어 화자와 비모어 화자의 커뮤니케이션을 말한다.

접촉 장면에는 다음과 같은 특징이 있다.

① 접촉 장면에는 フォリナー・トーク(foreigner talk)가 나타난다.
② 접촉 장면에는 모어 장면과는 다른 コミュニケーション・ストラテジー(communication strategy)가 나타난다.

フォリナー・トーク(foreigner talk)란 모어 화자가 언어 능력이 떨어지는 비모어 화자와 이야기할 때 천천히 말하거나 혹은 간단한 문형이나 어휘로 바꾸어 말하거나 비모어 화자를 이해시키기 위해서 부자연스럽게 혹은 자세하게 말하는 것을 말한다.

예를 들면 私は会社員、サラリマン、ビジネスの仕事です。
コミュニケーション・ストラテジー(communication

strategy)란 커뮤니케이션을 원활하게 하기 위해서 사용하는 수단으로 다음과 같은 것이 있다.
① 어휘력 부족을 메우기 위해서 알고 있는 단어로 바꾸어 말한다.
예를 들면「入院」이라는 단어를 모르는 경우,「病院で寝る」라는 알고 있는 단어로 고쳐서「入院しました」를「病院で寝るをしました」와 같이 말하는 것을 말한다.
② 제스처나 의음어·의성어를 사용한다.
모르는 단어를 표현해야 할 때 제스처를 사용하거나 그와 유사한 의음어를 사용하는 특징이 있다. 예를 들면「衝突した」를 몰랐을 때 「ボンッ」이라는 말로 대신하는 등이 여기에 속한다.

[문제 4]
각 シラバス의 내용을 알고 있다면 (1), (2), (4)는 어떠한 실러버스에 의해서 편성된 교과서인지 간단히 찾을 수 있을 것이다. (3)의 각과에서 학습하는 주요한 구조는 제1과「~は ~です」, 제2과 「コソアド+何+基本名詞」등과 같이 되어 있는 교과서라면 구조 실러버스에 의해서 편성된 교과서이다.

[문제 5]
이것은 코스 디자인 중에서도 주로 학습자를 대상으로 한 조사에 관한 문제이다. 실제의 교육 현장에서는 1회의 면접으로 이처럼 정리해서 조사가 이루어지는 경우가 많다. 각

각의 순서의 의의나 유의점을 이해하고 있으면 그다지 어렵지 않은 문제이다. 현장 경험이 있는 경우는 자신이 평상시 행하고 있는 정보 수집 활동이 코스 디자인의 이론적 틀 가운데 어느 부분에 해당하는지를 정리해 두는 것이 좋다. (1)의「학급에서 모두에게 뭐라고 불리고 싶은가」라는 것은 학습자의 배경 정보에 관한 것으로 학습 조건 조사에 해당한다. (2)의 「일본어 학습력」은 일본어 레벨의 참고가 되는 정보로 이것을 조사하는 것을 레디니스 조사라고 한다. (3)의 「코스 수료 후의 희망」은 학습 목적에 관련된 정보이다.

3 교실 활동에 관한 예상문제

[문제 1] 다음의 (1)~(6)은 パターン·プラクティス(pattern practice)의 구체적인 예이다. 각각의 명칭을 아래의 보기에서 골라 기호로 답하시오.

(1) (　　　　　)
　　先生：コーヒー。飲みます。
　　学生：コーヒーを飲みます。
　　先生：バス。乗ります。
　　学生：バスに乗ります。

(2) (　　　　　　　)

　　先生：書く
　　学生：書いて
　　先生：読む
　　学生：読んで

(3) (　　　　　　　)

　　先生：日本語を勉強する。テレビを見る。
　　学生：日本語を勉強してから、テレビを見ました。
　　先生：洗濯をする。CDを聞く。
　　学生：洗濯をしてから、CDを聞きました。

(4) (　　　　　　　)

　　先生：昨日、銀行へ行きました。図書館
　　学生：昨日、図書館へ行きました。
　　先生：郵便局
　　学生：昨日、郵便局へ行きました。

(5) (　　　　　　　)

　　先生：図書館で
　　学生：図書館で、本を読みました。
　　学生：図書館で、テープを聞きました。
　　学生：図書館で、辞書を借ります。

(6) (　　　　　)
　　先生：本
　　学生：本
　　先生：図書館で借りた
　　学生：図書館で借りた本
　　先生：大学の
　　学生：大学の図書館で借りた本

[보 기]

| a　完成ドリル (完成練習)　　b　変形ドリル |
| c　結合ドリル　　d　代入(置換)ドリル　　e　擴張ドリル |

▶ 다음은 교실 활동에 관한 것이다. 아래의 물음을 잘 읽고 a~d 가운데 하나를 골라 (　)안에 기호로 답하시오.

[문제 2] 현장 지시의 コソアド를 도입한 뒤의 ペア·ワーク(pair work) (=학습자가 2인1조로 행하는 교실 활동의 형태)로 부적절한 것은? (　　　)

　　a 교실내의 비품에 대해서 서로 설명하게 한다.
　　b 상대의 가방 내용물에 대해서 서로 질문하게 한다.
　　c 자신의 가방 내용물에 대해서 서로 설명하게 한다.
　　d 자신의 아파트에 있는 가구에 대해서 서로 설명하게 한다.

[문제 3] 「Vませんか」란 표현을 연습하기 위한 ロール·プレイ(role play)의 상황 설정으로 부적절한 것은?(   )

  a 당신은 동료와 같이 잔업을 하고 있습니다. 아직 일이 끝나지 않았지만 매우 배가 고프기 때문에 무언가 좀 먹고 싶다고 생각하고 있습니다.
  b 강연회에서 앞자리의 사람이 창이 넓은 모자를 쓰고 있어서 강사가 보이지 않습니다. 회장 내에서는 모자를 벗어 주었으면 좋겠다고 생각하고 있습니다.
  c 친구와 산책하면서 새로운 레스토랑을 발견하게 되어 한번 들어가 보고 싶다고 생각하고 있습니다.
  d 클래식 콘서트 티켓 2장이 있어서 직장 동료와 함께 가고 싶다고 생각하고 있습니다.

[문제 4] 「일본어로 편지를 쓴다」란 ニーズ를 가진 초급 학습자에 부여하는 과제로 부적절한 것은? (   )

  a 모국에 살고 있는 가족에게 최근의 상황을 보고하는 편지를 쓴다.
  b 홈스테이로 신세진 일본인 가족에게 감사장을 쓴다.
  c 일본어 교사에게 연하장을 쓴다.
  d 전에 일본어를 가르쳐 준 일본인 교사에게 최근의 상황을 보고하는 편지를 쓴다.

[문제 5] 초급 클래스에서의 スキャニング(scanning)독해의 연습으로 부적절한 것은? (   )

a 미술전 포스터를 보고 개최시기를 말하게 한다.
b 부동산 광고를 보고 집세가 5만 엔 이하의 아파트에 ○을 표시하도록 한다.
c 신문의 텔레비전 란을 보고 드라마에 표시하도록 한다.
d 슈퍼마켓의 전단지를 보고 지정된 물건의 가격을 말하게 한다.

해답 및 해설

해답

[문제1] (1) a (2) b (3)c (4)d (5)a (6)e
[문제2] d
[문제3] b
[문제4] a
[문제5] c

해설

[문제 1] 기본적인 パターン・プラクティス(pattern practice)의 명칭을 묻는 문제이다. パターン・プラクティス란 **언어 학습=습관 형성**이라고 하는 행동주의 심리학의 이론에 근거를 두고 개발된 **오디오 링걸 메서드**의 교실 활동이다. パターン・プラクティス는 교사가 제시한 큐(cue:자극)에 재빠르게 반응할 수 있도록 하는 것이 목적이다. 이러한 목적을 달성하기 위

한 연습 방법으로는 반복 드릴, 대입 드릴, 변형 드릴, 결합 드릴, 확장 드릴, 문답 드릴, 완성 드릴 등이 있다. 완성ドリル에는 (1)과 같이 조사 등의 빈곳을 채우는 것과 (5)처럼 주어진 문의 전반, 후반을 채우는 것이 있다. (6)의 확장ドリル은 연체 수식 부분을 길게 해가면서 명사구를 만드는 연습이다.

[문제 2] 지시사의 コソアド에는 그 장소에 있는 사물을 가리키는 현장 지시의 용법과 대화에 나온 사항을 가리키는 문맥 지시의 용법이 있다.

<현장 지시> A 智子ちゃん、その(그)時計、素的ね。
　　　　　　　B ありがとう。これ(이것)、浩司さんにもらったの。

<문맥 지시> A 昨日のパーティーのいくら丼、あれ(그것)、おいしかったですね。
　　　　　　　B えっ！　そんな(그런)ものがあったんですか。

a~c는 그 장소에 있었던 것에 대해 이야기를 주고받는 것이므로 현장 지시 용법. d는 문맥 지시 용법이 된다. 문맥 지시 용법은 화자와 청자가 서로 알고 있는 경우에 사용하는 것으로 이 때 주의해야 할 것은 「ア」系가 우리말의 「저」系가 아니라 「그」系가 된다는 것이다.

[문제3]의 「~하지 않겠습니까」란 표현은 권유(콘서트에 가지 않겠습니까)나 제안(레스토랑에 들어가 보지 않겠습니까)에 사용

된다. 제안의 경우는 화자와 청자가 함께 행하는 동작이 많고 「조금 조용히 해 주지 않겠습니까」처럼 청자만의 동작에 사용하면 위압적인 인상을 줄 수 있다. b는 알지 못하는 사람에게 모자를 벗어 주었으면 하고 부탁하는 상황이므로 「~하지 않겠습니까(모자를 벗지 않겠습니까)」의 표현으로는 부적당하다.

[문제4]의 a와 같은 편지는 일본어 학습자가 일본어를 사용해 쓰는 것은 아니므로 과제로서 부적당하다.

[문제5]의 a, b, d는 포스터나 광고로부터 월일이나 가격을 골라내는 スキャニング(scanning)연습이므로 초급 클래스에서도 할 수 있는 연습이지만 c의 연습은 텔레비전의 편성표의 표기나 어휘를 이해하지 않으면 안 되기 때문에 초급으로는 무리이다.

청해와 독해의 방법으로는 スキャニング(scanning)와 スキミング(skimming)가 있다. スキャニング(scanning)란 자신이 필요한 정보만을 골라서 듣고, 읽는 교실 활동이다.

예를 들면 일기예보를 듣고서 자기가 알고자 하는 지역의 일기를 골라서 듣는 것이라든지, 이벤트 정보를 보고 개최 일시와 장소만을 파악해 둔다든지 하는 것이 바로 그것이다.

スキミング(skimming)란 전체적인 대의를 파악하는 것을 말한다. 예를 들면 교통사고에 관한 뉴스를 듣고 어디에서 어느 정도의 사고가 발생했는가에 대해서만 파악하는 것, 혹은 강연회에서 강연자가 무엇에 대해서 말하였는가에 대한 대의를 파악하는 것 등이 바로 그것이다.

4 교재·교구에 관한 예상문제

[문제 1] 다음의 (1)~(5)는 어떤 교재·교구의 특징이다. 무엇에 관해 진술한 것인가, 각각 알맞은 것을 아래의 보기 a~k에서 하나씩 골라 (   )에 기호로 답하시오.

(1) (   )
 문자 정보의 제시라고 하는 점에서는 교사가 흑판에 쓰는 것과 같지만 미리준비를 해두기 때문에 쓰는 시간을 단축할 수 있다. 흑판에 붙여 판서와 짝을 짓기도 하고 학습자에게 들고 있게 할 수도 있다. 이것은 여러 가지 형태로 이용이 가능하다.

(2) (   )
 동영상과 음성을 동시에 제시할 수 있다. 수업에서 사용하는 경우는 사전 작업 (頭出し:녹음·녹화 테이프나 CD 등에서 재생하고 싶은 부분의 맨 앞부분을 찾아내는 일)을 해두는 일, 사용하고 싶은 부분을 끄집어내어 편집해 두는 일 등에 관한 준비가 필요하다.

(3) (   )
 교실에 현장감 혹은, 현실감을 줄 수 있는 장점은 있지만 추상적인 것에는 사용할 수 없다는 단점도 있다.

(4) (   )
 문자 정보나 정지 화면을 제시하는 것에 적당하고 자작도 간단하지만 반드시 기기를 사용하기 때문에 그것을 조달할 수 없는 경우에는 사용할 수 없다.

(5) (   )
정지 화면을 제시할 수 있다. 필요 없는 정보를 삭제하고 주목시키고자 하는 정보를 부각시킬 수 있다. 순서를 바꾸거나 조합을 바꾸는 것도 간단하다.

[보 기]

a 교과서	b 사진 교재	c 그림 교재
d OHPシート	e レーザー・ディスク 교재	
f ビデオ 교재	g CAI 교재	
h レアリア(realia: 교구로서 사용되는 실물)		
i スライド	j 문자カード	k 실물 교재(生敎材)

[문제 2] 다음의 (1)~(5)는 교재나 교구를 이용할 때 고려해야 할 사항을 정리한 것이다. 각각의 a~d가운데 부적절한 것을 하나씩 골라 (   )에 기호로 답하시오.

(1) 문자 카드는 (   )
 a 문자는 크기뿐만 아니라 자체(字體)에도 주의가 필요하다.
 b 중·상급 레벨에서는 사용되지 않는다.
 c 교사의 자작(自作)이 용이하다.
 d 학습자의 주의를 교사에게 집중시킬 수 있다.

(2) CAI는 개개의 학습자의 페이스로 자습이 가능하지만(   )
   a 도입 후에도 기기나 소프트웨어의 メンテナンス(유지, 관리, 보수)가 필요하다.
   b 기계 조작에 익숙하지 않은 학습자가 스트레스를 받을 가능성이 있다.
   c 기계 도입에 어느 정도의 금액이 든다.
   d 어디가 틀렸는지 등 학습의 과정을 교사가 파악할 수 없다.

(3) 실물 교재(生敎材)로서의 텔레비전 뉴스 방송은(   )
   a 초급 레벨의 학습자에게는 이용할 수 없다.
   b 시사용어 등 어휘에 대한 배려가 필요한 것이 있다.
   c 듣기 이외의 연습에도 이용할 수 있다.
   d 학습의 동기 부여가 된다.

(4) 실물 교재(生敎材)로서의 신문 기사는(   )
   a 어휘 문형이 어렵기 때문에 초급 학습자에게는 이용이 불가능하다.
   b 본래 읽고 이해하기 위한 소재를 다루기 때문에 독해 수업에서 사용해야 한다.
   c 비즈니스 피플을 대상으로 하는 클래스 이외에서는 교육 효과가 적다.
   d 화제에 관해 학습자에 대한 배려가 필요한 경우가 있다.

(5) 음성 테이프에 의한 모델 회화의 제시는 (   )
   a 몇 번이고 같은 상태로 반복할 수 있는 이점이 있다.

b 교사 자신이 발화하지 않는 만큼 학습자 관찰에 집중할 수 있다는 이점이 있다.
c 발화의 속도나 발음의 명확성을 학습자에 따라 조정 가능하다는 이점이 있다.
d 배경음을 넣어 현실감을 자아낼 수 있다는 이점이 있다.

해답 및 해설

해답

[문제1] (1) j (2) f (3) h (4) d (5) c
[문제2] (1) b (2) d (3) a (4) b (5) c

해설

[문제 1]
(1) 문자 정보를 제시하는 기능은 OHP시트, 슬라이드에도 공통적으로 적용되지만「칠판에 부착한다」「학습자에게 들고 있게 한다」란 사용 방법이 가능한 것은 문자 카드뿐이다.
(2) 음성과 동영상을 동시에 제시하는 기능은 레이저 디스크 교재와 비디오 교재에도 공통적으로 적용되지만 비디오는 보고 싶은 부분을 재생할 때 테이프를 되감기나 빨리 감기를 해야만 한다. 이것에 대해서 레이저 디스크는 정보가 디지털화 되어 있어서 랜덤 액세스(random access)가 가능하다. 랜덤 액세스가 가능한지 가능하지 않은지의

차이는 음성 테이프와 CD에서도 같다.
(3) 말할 것도 없이 レアリア(realia: 교구로서 사용되는 실물)는 교실에 들고 들어가기 어려운 것(비행기, 비, 신사)이나 추상적인 사항(생각하다, 기쁘다, 철학)에는 사용 할 수 없다.
(4) OHP시트에는 PPC(plain paper copier)용과 손으로만 쓰는 것, 두 종류가 있다. 어느 것이든 문구점 등에서 구입할 수 있다. PPC용 시트는 종이와 같이 복사기나 프린터에 쓸 수 있기 때문에 교과서의 일부분을 복사하거나 워드프로세서로 작성한 연습 프린트 등을 OHP시트로도 사용할 수 있다. 시트에 적을 때에는 전용 펜(유성과 수성이 있다) 을 사용한다. 수성 펜 등으로 쓴 다음 물로 씻어낼 수 있어서 몇 번이고 시트를 다시 사용 할 수 있다.
(5) 「정지 화면을 제시할 수 있다」 필요 없는 정보를 삭제하고 「주목시키고자 하는 정보를 부각시킬 수 있다」는 것은 사진 교재의 특징이기도 하다.「필요 없는 정보를 삭제」할 수 있는지 없는지가 그림 교재와 사진 교재의 차이점이다.

[문제 2]
(1) 문자 카드는 초급 레벨의 수업에서 사용되는 경우가 많지만 교실 활동에 따라서는 중・상급 수업에서도 사용할 수 있다.
(2) CAI에서는 시스템 설계에 의해서 학습 이력에 대한 파악, 오답 경향의 분석 등도 가능하다.

(3) 초급 레벨에서 텔레비전 뉴스 내용을 모두 이해하는 것은 어렵지만 スキミング(skimming : 대의를 파악하면서 듣기, 읽기를 하는 방법)나 スキャニング(scanning : 자신에게 필요한 정보에 주목하면서 듣기 읽기를 하는 방법) 등 교실활동의 종류나 교재 선정에 따라서는 이용이 가능하다. c 「듣기 이외의 연습」의 예로서는「テロップ(telop:텔레비전 화면에 삽입하는 문자)에 의한 내용 유추」「ディスカッション(discussion)의 화제 제공」등을 들 수 있다.

(4) 실물 교재(生教材)로서의 신문 기사는 기사의 선별 방법에 의해 비즈니스 피플 이외의 다양한 학습자에게도 대응이 가능하다. 그 때 학습자의 배경에 의한 정치적, 군사적, 종교적인 내용을 피하는 등의 배려가 필요할 때가 있다. 또한 같은 화제를 다룬 텔레비전 뉴스와 연동시키는 것에 의해 문어체와 대화체의 차이를 배울 수 있다. ディスカッション(discussion)의 계기로 삼는 등 독해 이외에서도 이용이 가능하다.

(5) 테이프 레코더의 조작에 의해 발화의 속도를 조정하는 것은 가능하지만 발음의 명확성은 오리지널 녹음 방법이 역시 뛰어나다.

5 평가에 관한 예상문제

다음의 문장을 읽고, 이하의 [문제1~3] 에 답하시오.

> 테스트를 작성할 때는 「무엇 때문에, 어떤 지식, 능력을 측정하고 싶은가」를 명확하게 하고 그것에 어울리는 형태나 내용을 선택하는 것이 무엇보다 중요하다. 예를 들면 많은 수험생으로부터 입학생을 결정해야 하는 입학시험에서는 (1)테스트가 바람직하고, 또 대량으로 답안을 처리해야 하는 경우에는 (2)라는 객관 테스트의 형식을 사용하는 것이 좋을 것이다. 그러나 코스 도중에 행하는 도달도 테스트에서는 학습자를 선별하는 것보다도 (3)하는 것이 중요하기 때문에 (4)라는 주관 테스트를 적당히 도입하는 것이 좋을 것이다.

[문제 1] 위 문장 중 공란 (2), (4) 에 들어갈 테스트는 어느 것인지 아래의 보기 a~f에서 골라 (   )안에 기호로 쓰시오.

  (2)에 들어갈 테스트는? (   )

  (4)에 들어갈 테스트는? (   )

[보 기]

```
a  ロール・プレイ(role play)나 多肢選擇法
b  진위법이나 多肢選擇法
c  진위법이나 진단 테스트
d  작문 테스트나 단순 재생법
e  작문 테스트나 ロール・プレイ
f  ロール・プレイ나 단순 재생법
```

[문제 2] 위 문장 중 공란 (1), (3)에 들어갈 수 있는 가장 적당한 것은 어느 것인가 a~d에서 골라 (   )안에 기호로 쓰시오.

(1)에 들어 갈 적당한 말은? (   )
 a 수험생의 득점에 차이가 보인다.
 b 수험생의 득점에 차이가 보이지 않는다.
 c 만점을 맞은 수험생이 나오지 않는다.
 d 평균점이 가능한 한 높게 나온다.

(3)에 들어 갈 적당한 말은? (   )
 a 평균점이 될 수 있는 대로 높게 나온다.
 b 수험생의 득점에 차이가 보이지 않는다.
 c 학습의 진척 상황을 정확하게 파악한다.
 d 학습자가 성취감을 얻을 수 있다.

[문제 3] 아래의 (1)~(3)은 어느 일본어 교육기관에서 실시된 테

스트와 그것의 개정안이다. 어떤 점을 문제로 한 개정이라고 생각하는지 가장 적당한 것을 아래의 보기 a~d에서 하나씩 골라 (　)안에 기호로 답하시오.

(1) (　　　　)
　테스트 : 동사 활용형의 테스트에서 두 개의 선택지에서 바른 형태를 고르게 한다.
　개정안 : 선택지를 네 개로 늘린다.

(2) (　　　　)
　테스트 : プレースメント(placement)테스트로서 문법, 한자, 독해 3종류의 필기 테스트와 면접 테스트를 실시한다.
　개정안 : 3종류의 필기 테스트 대신에 クローズ(close)테스트를 실시한다.

(3) (　　　　)
　테스트 : 「일본에서의 경험」이란 주제로 1,000자 정도의 수필을 쓰게 해, 수업 담당자가 혼자서 채점한다.
　개정안 : 채점 기준을 정하고 그 기준에 따라 3인의 채점자가 채점한다.

[보 기]

| a 타당성 | b 신뢰성 | c 경제성 | d 객관성 |

해답 및 해설

해답

[문제1]　(2) b　(4) e
[문제2]　(1) a　(3) c
[문제3]　(1) b　(2) c　(3) d

해설

[문제 1]
각 테스트의 내용에 관해서는 평가의 장을 참고 할 것.

[문제 2]
입학시험처럼, 그 결과에 따라 수험생을 선발하는 시험을 「선별 시험」이라고 말하고 선별을 전제로 하지 않는 시험을 「비선별 시험」이라고 한다. 「선별 시험」에는 합격 인수가 결정되어 있는 것(예 : 대학 입학시험)과 어떤 일정한 기준에 도달하면 전원 합격할 수 있는 것 (예 : 일본어 능력 시험)이 있다. 「선별 시험」에서는 결과에 불규칙한 분포도 나올 수 있지만 「비선별 시험」은 반드시 그렇지만은 않다.

[문제 3]
(1) 선택지를 늘림에 따라 요행수의 확률이 적어짐으로 신뢰성을 확보할 수 있다.
(2) 3종류의 테스트를 작성 실시하는 시간과 노력을 감안해서 종합적인 언어 능력을 측정할 수 있는 クローズ테스트로 대신한 것은 경제성의 개선이라 생각할 수 있다.

クローズテ스트(close test)란 문장에 일정한 간격으로 공란을 만들어 어휘 문법 등을 총동원하여 거기에 적절한 말을 집어넣도록 하는 테스트이다.
(3) 채점 기준을 설정하고, 복수의 채점자가 채점하는 것은 채점으로부터 주관적이고 자의적인 요소를 배제하여 객관적인 채점이 되게 하고자 하는 것이다.

[자료 2] 일본어 임용고사 기출문제 (2005년에서 2000년)

2005학년도 일본어 임용고사 기출문제

※ 각 문항에 대한 답은 문답지의 답란에 쓰되, 주어진 조건에 맞게 쓰시오.

1. 다음 글에서 설명하는 대상을 쓰고, 이것이 적절하게 편성되었을 때의 장점을 2가지만 쓰시오.(3점)

これは、コース・デザインで決定される教授法、練習法、教材などを具体的な教育においてどう扱うかを明示するが、その内容にはコースの時間数、学習すべき教材の順序、教材相互の関係、時間割り、到達目標などが組み込まれ、学習を開始してからどのくらいの期間にどのくらいの教材を消化するかなどの標準的なスケジュールを表しているものである。

- 대상: _____
- 장점: _____

2. 다음은 평가의 특성과 조건에 대한 설명이다. ①과 ②에 들어갈 말을 한자(漢字) 또는 히라가나로 쓰시오.(2점)

> すべての評価は（　①　）、（　A②　）、客観性、実行可能性等の要件が要求される。（　①　）とは、そのテストの測定結果が、そのテストの作成目的である特定の目標を、実際にどの程度的確にとらえているかを問うものである。（　②　）とは、同じ測定対象に対して、同じ条件のもとでは同じ結果が得られるという測定の一貫性、または安定性の程度を意味している。

- ① : _____
- ② : _____

3. 다음에서 설명하고 있는 교수요목(Syllabus)을 쓰고, 그것의 대표적인 장·단점을 1가지씩 쓰시오.(3점)

> 言語の機能、表現の意図を重視して教授項目を並べたシラバスである。具体的な項目としては、「依頼」「命令」「拒絶」「感謝」「禁止」などがあり、それぞれの働きをする表現を教えることになる。例えば、「禁止」という項目の場合なら、「〜てはいけない」や「〜ないでください」や「〜な」等が教えられる。

- 명칭 : _____
- 장·단점 _____
_____

4. 제 7차 교육과정에서는 인터넷을 활용한 정보 검색, 정보 검색을 활용한 교수·학습 활동, 홈페이지를 구축하여 수업에 활용하는 것 등이 중시되고 있다. 이를 위해 교사는 컴퓨터와

관련된 다양한 지식과 정보를 갖추고 있어야 한다. ① 인터넷 상에서 한글과 일본어를 동시에 보이게 하려면 인터넷 익스플로러의 인코딩(E)을 무엇으로 설정해야 하는지 쓰고, ② 인터넷이 연결되지 않았거나 속도가 느린 교실에서 인터넷을 안정적으로 활용하기 위해 홈페이지 전체를 내려 받는 것을 무엇이라 하는지 쓰시오.(2점)

- ① : _____
- ② : _____

5. 다음은 오픈 메소드식(Open Method) 일본어 교수·학습 모델을 제시한 것이다. 빈칸에 공통적으로 들어갈 교수·학습 활동 과정을 쓰시오.(2점)

| 목표 인식 및 자료 관찰 과정 | 학습 내용 선정 및 자료 분석 협의 과정 | Ⅰ | 평가 및 보완 과정 Ⅰ | Ⅱ | 평가 및 보완 과정 Ⅱ |

- 답 : _____

6. <보기>는 제 7차 교육과정에서 제시한 의사소통 기능 예시 문이다. <보기 1>과 같이 <보기 2>의 문(文)을 범주, 항목, 세부항목 순으로 구분하고자 할 때, ①과 ②에 해당하는 내용을 쓰시오.(2점)

---<보 기 1>---

• はじめまして。キムです。どうぞよろしく。
  (범주 : 인사기능)(항목 : 일상의 인사)(세부항목 : 초면인사)

---<보 기 2>---

• 見ることはすきですが、やることはあまりすきではありません。
  (범주 :   ①   )(항목 : 설명)(세부항목 :   ②   )

- ① : _____
- ② : _____

7. 다음 각각의 문(文)을 일본어로 옮기시오. (3점)

① 田中씨는 선생님께 갔습니다.
② 田中씨는 아직 안 왔다고 합니다.
③ 田中씨는 한국에 올 수 있게 되었습니다.

- ① : _____
- ② : _____
- ③ : _____

8. 일본어는 구어체에서 남성어와 여성어로 분류되는 특성이 있다. 다음을 남성어와 여성어로 분류하여 그 번호를 쓰시오.(2점)

① 相づちが多い。
② 改まった場面での漢字の使用頻度が高い。
③ 「ぞ」や「ぜ」などの終助詞をよく使う。

> ④ 1人称代名詞として「あたし」をよく使う。
> ⑤ 感動詞の種類が多く、その使用頻度も多い。
> ⑥ 「きれいね。」のように文末の「だ」を省くことが多い。
> ⑦ 「すてき」といった主観的な評価を伴う形容詞をよく使う。

- 남성어 : _____
- 여성어 : _____

9. 다음은 실제의 언어 사용 장면에서 많이 사용되는 축약 표현의 예이다. ①과 ②를 축약 이전의 형태로 쓰시오.(2점)

> - なにしてんの。やめたきゃ、やめなさい。
>   ①   ②

- ① : _____
- ② : _____

10. 일본어 발음을 지도할 때에 유의해야 할 것의 하나로 독립된 음가(音価)가 없으면서도 하나의 박(拍)을 갖고 있는 특수음소(特殊音素)라는 것이 있다. 이들 특수음소의 명칭을 모두 한자(漢字) 또는 히라가나로 쓰고, 각각의 특수음소가 들어 있는 단어를 1개씩만 쓰시오.(3점)

11. <보기 1>의 동사를 자타대응동사(自他対応動詞)라 한다. 동일한 관점에서 <보기 2>의 ①과 ②에 들어갈 동사를 쓰시오. (2점)

─────── <보 기 1> ───────
- 旗があがりました。　　대　　旗をあげました。

─────── <보 기 2> ───────
- 皆がおどろきました。　　대　　皆を(　①　)。
- 部屋が(　②　)。　　대　　部屋をかたづけました。

- ① : _____
- ② : _____

12. 어휘의 어종(語種)에서 말하는 '혼종어(混種語)'의 개념을 2줄 이내로 설명하고, <보기>에서 이에 해당하는 단어를 2개만 고르시오.(2점)

─────── <보 기> ───────
話し手、ローカル、本箱、受付、なまたまご、国際関係、なまゴム、田舎者

- 개념 : _____
  _____
- 단어 : _____

13. <보기>에 제시한 부사를 「情態副詞」「程度副詞」「陳述副詞」로 분류하여 쓰시오.(3점)

> ─── <보 기> ───
> ひょっとしたら、ざあざあ、必ずしも、かなり、ずっと、そっと、たぶん

- 情態副詞:
- 程度副詞:
- 陳述副詞:

14. 다음 문(文)을 각각 부정문(否定文)으로 고치시오.(2점)

> ① 今日は雨が降りそうです。
> ② 今日は天気がよさそうです。

- ①:
- ②:

15. 다음 두 문(文)에서 보조동사 「くれる」와 「あげる」가 구분되는 조건을 '話者의 視点'이라는 관점에서 3줄 이내로 설명하시오.(2점)

> ① 太郎が花子に水泳を教えてくれる。
> ② 太郎が花子に水泳を教えてあげる。

16. 다음을 참고로 하여 문맥 지시의 경우, 'そ' 계열의 지시어와 'あ' 계열의 지시어가 구분되는 근거를 3줄 이내로 설명하시오.(2점)

> ① A：山田さんが事故で入院したって。
>   B：うん、その話、鈴木さんから聞いたよ。
> ② A：例の話、どうなった？
>   B：あの話か、あまりうまくいってないようだよ。

---

17. 다음 예문에서 'ところ'의 공통적인 문법적 기능을 쓰고, 그 문법적 기능이 ①, ②, ③에서 각각 어떻게 달리 나타나는지 설명하시오.(3점)

> ① ただいま買い物に出かけるところです。
> ② ただいま電話番号を調べているところです。
> ③ ただいま書類を事務局に出したところです。

• 공통된 문법적 기능 :

• 차이점 :

18. 형용사 'ほしい'와 동사 'ほしがる'가 구별되는 문법적 조건을 2줄 이내로 설명하시오. 단, 적절한 예문을 제시 하시오.(2점)

19. 일본어 '嘘をつけ!'는 표면적 의미와 실질적 의미가 모순 된다. 그 이유를 2줄 이내로 설명하고, <보기>에서 이러한 관계를 보여주는 표현을 모두 골라 쓰시오.(3점)

―――――― <보 기> ――――――
- くよくよするな！
- 落ち着け！
- 勝手にしろ！
- バカ言え！
- 撃てるものなら撃ってみろ！
- 元気を出せ！
- 落とし穴に落ちてしまえ！

- 이유 : _____

- 표현 예 : _____

20. 일본어의 'ウ' 단(段)에서 모음 /u/가 중설화(中舌化)되어 발음되는 것을 모두 가타카나로 쓰시오.(2점)

21. 다음 대화문에서 경어의 사용이 잘못된 부분을 찾아 바르게 고치시오.(2점)

```
A: 今日はどこへおいでになりましたか。
B: ひさしぶりに美術館に行ってまいりました。
A: あ、そうですか。いい作品をご拝見なさいましたか。
B: ええ、ほんとうによかったです。
A: お疲れになったでしょう。お茶でもお入れしましょうか。
```

• 잘못된 부분 :　　　　　➡ 고쳐진 것 :

22. 다음 대화문의 ①~⑤에 들어갈 자연스러운 종조사(終助詞)를 <보기>에서 하나씩 고르시오.(단, 중복 사용 불가) (2점)

```
森　：もしもし。山田さんいますか。
山田：はい。私です( ① )。
森　：ああ、私です。森です。
　　　突然ですけど、今ひまかしら。出てこれない( ② )。
山田：ええ……いいですけど。どうして？　どうしてうちがわ
　　　かったの。
森　：どうしても知りたい( ③ )、と思うと自然にわかるよう
　　　になってる( ④ )。
　　　じゃあ、駅前百貨店の五階の家電売場の所で( ⑤ )。
山田：うん。わかった。じゃね。
```

────<보　기>────
な、　　ね、　　のよ、　　が、　　かな

• ①:　　　　　• ②:

• ③ :   • ④ :   • ⑤ :

23. 아래 작품은 일본 근세의 하이쿠(俳句)이다. 각 하이쿠가 가리키는 계어(季語)와 계절(季節), 그리고 이 작품의 작자와 작자의 대표적 기행문학 작품명을 한자(漢字) 또는 히라가나로 쓰시오.(3점)

① 閑かさや岩にしみ入る蟬の声
② 草臥れて宿かるころや藤の花

• ①의 계어 :   • 계절 :
• ②의 계어 :   • 계절 :
• 작자 :   • 작품명 :

24. 다음은 『万葉集』에 대한 설명이다. ①~④에 들어갈 작자나 노래를 한자(漢字) 또는 히라가나로 쓰시오.(3점)

『万葉集』には天皇や貴族から下級の役人、農民、防人、乞食などまでいろいろな層の人の作った約4500余首の歌が集められている。万葉第一期の歌人である額田王、第二期の専門的な宮廷歌人で長歌の様式を完成させた(①   )、第三期の山上憶良、第四期には『万葉集』の編纂にかかわったと言われる(②   )等が代表的歌人である。特殊な巻としては巻十四と巻二十がある。巻十四に収められた(③   )は、東国の民謡的な歌で、素朴な調べで地方民衆の生活感情をうたっている。(④   )の多くは巻二十に防人たちの歌として収められている。辺境防備のため、東国から徴発された兵士たちの歌で、肉親との別離の悲しみが胸を打つ。

- ① : _____   • ② : _____
- ③ : _____   • ④ : _____

25. 다음은 일본 소설의 모두(冒頭)들이다. ①, ②, ③의 작가와 작품명을 각각 한자(漢字) 또는 히라가나로 쓰시오.(3점)

① 「武蔵野のおもかげは今わづかに入間郡に残れり」と自分は文政年間にできた地図で見たことがある。
② それはまだ人々が「愚」という貴い徳を持っていて、世の中が今のように激しく軋み合わない自分であった。
③ 禅智内供の鼻といえば、池の尾で知らない者はない。長さは五六寸あって上唇の上から顎の下までさがっている。

- ①의 작가: _____   • 작품명: _____
- ②의 작가: _____   • 작품명: _____
- ③의 작가: _____   • 작품명: _____

26. 다음은 근대문학 중 예술파(芸術派)로 분류되는 신감각파(新感覚派) 작가가 쓴 작품의 일부분이다. 이 작품의 이름과 작가를 쓰고, 신감각파를 4줄 이내로 설명하시오.(3점)

道がつづら折りになって、いよいよ天城峠に近づいたと思うころ、雨脚が杉の密林を白く染めながら、すさまじい早さで麓から私を追って来た。

- 작품명: , _____   • 작가명: _____
- 신감각파: _____

27. 다음에서 설명하고 있는 사건을 한자(漢字) 또는 히라가나로 쓰고, 이것이 일어난 연도를 서기(西紀)로 쓰시오. (2점)

> 天皇は神に誓うというかたちで新政府の政治方針を発表した。江戸を東京とあらため、年号を決め、首都を京都から東京にうつした。天皇を中心とする新しい政治の機構を作るためにいろいろな改革をはじめた。

- 사건: _____

- 연도: _____

28. ①과 ②에 들어갈 말을 한자(漢字) 또는 히라가나로 쓰시오. (2점)

> 일본의 애니메이션은 매우 인기가 있어 세계적으로 인정받는 감독과 작품들도 상당수 있다. 그 중에서 일본의 애니메이션의 거장 (①)은/는 일본의 애니메이션을 발전시킨 일본의 독보적인 인물이다. 그는 1985년부터 스튜디오 지브리(スタジオジブリ)를 만들어 운영하고 있으며, 2~3년에 한 작품씩 극장용 애니메이션을 선보이고 있다. 그의 대표 작품 중에는 1988년의 '이웃집 토토로(となりのトトロ)'를 시작으로, 1997년 '원령공주'라고 번역되어 한국에서도 상영된 '(②)'에 이르기까지 많은 작품들이 있다.

- ①: _____
- ②: _____

【29~31】다음 글을 읽고 물음에 답하시오.

　若い女性の元気ぶりがとりわけ目につくにつれ、男性の①ふがいなさが気になる。最近、花嫁学校ならぬ花婿学校ができて話題になった。
　生活ひとつをとってみても、女の子たちはさまざまな洋食の食べ方を覚え、あちこちの有名店で試食、エスニック料理、果ては本場のヨーロッパ旅行でのグルメ体験という具合に豊富な体験をもつ。それにひきかえ、受験戦争ひと筋に脇目も(②ふる)やってきた男の子たちは、「いま輝いている」女の子と見合いをしても、うろうろ、まごまごするばかりで、何もかも母親に任せていた③マザコンぶりが今さらながら現われて、女の子にすっかり馬鹿に(④する)てしまう。
　かくて、花婿学校の誕生となったのだが、これはもう男の子個人の問題というより、社会自体の問題といえそうだ。というわけで、若者論は男女ごちゃまぜ論ではなく、男女異次元の視点に立たねばならぬと思う。
　男の子たちは、再び(⑤이 세상에 태어난다면)女になって生まれたいと思い、今の日本では、男は責任ばかり(⑥背負う)て何もいいことがない、と考えているかのようでもある。
　　　　　　　　　　（千石 保 『まじめの崩壊』 より）

29. ①, ③의 의미를 우리말로 쓰시오.(2점)

 • ① : _____

 • ③ : _____

30. ②, ④, ⑥의 동사를 전후 문맥에 맞는 형태로 바꾸시오.(3점)
　　・②: ＿＿＿＿＿　　・④: ＿＿＿＿＿　　・⑥: ＿＿＿＿＿

31. ⑤를 일본어로 옮기시오.(2점)

【32~33】다음 글을 읽고 물음에 답하시오.

> A. 生活していく上で間に合うという数でいえば、三千語あれば間に合う。だいたいは生きていられる。これがいわゆる基本語です。では、三千語知っていればいいか。言語活動がよく営めるには、三千では間に合わない。三万から五万の単語の約半分は、実のところは新聞でも一年に一度しか使われない。一生に一度しかお目にかからないかもしれない。しかし、その一年に一度、一生に一度しか出あわないような単語が、ここというときに適切に使えるかどうか。使えて初めて、よい言語生活が営めるのです。そこが大事です。語彙を七万も十万ももっていたって使用度数1、あるいは一生で一度も使わないかも知れない。だからいらないのではなく、その一回のための単語を蓄えていること。
>
> B なんでもかんでもむずかしい言葉をたくさん覚える必要があるといっているのではありません。そのときどきに、ピタッと合う、あるいは美しい表現ができるかどうか。それが問題です。それが言語の能力があるということです。歌人や小説家が辞書を読んで単語を覚えようとしたのは、そういうときに備えたいからです。だから、読み手もその細かい心づかいにつきあうだけの感度をそなえていなくてはいい読者といえません。

C. 語彙が多いとか少ないとかいうけれど、人間はどのくらいの言葉を使うものなのか。例えば新聞や雑誌に使われている単語は、年間およそ三万語といわれています。しかし、その50～60パーセントは、年間の使用度数1です。つまり、半分の単語は新聞・雑誌で一年に二度とお目にかかることがない。ちょっと古いけれど、昭和30年代の調査では、高校の上級生が三万語の語彙をもっていたという調査結果があります。今は大学生でも語彙は平均一万五千か二万くらいに落ちているのではないかと思います。読書量がものすごく減っていますから。

D. 例えば「味」についていえば、「味得する」という単語があります。これは確かに使用度数は少ない。今やもう、ほとんど使わなくなっているけれど、なにかの時に「それが味得できた」と使うことでピタッと決まることがある。「深い、かすかな味わいが分かった」では、文章の調子、文体としてだめなときがある。文章を書くには、一度使った単語や言い回しを二度繰り返さないという文章上の美意識がある。それに触れる。何か別の言い回しが必要になる。そのとき、その書き手がどれだけ語彙を持っているかが問題になる。類語辞典が役立つのはそういうときです。

(大野 晋『日本語練習帳』より)

32. 의미가 자연스럽게 통하도록 A-D를 순서대로 정렬하시오.(3점)
 (　　　) → (　　　) → (　　　) → (　　　)

33. 위 글의 필자가 주장하는 바를 1줄 이내로 쓰되, 우리말로 쓰시오.(3점)

2004학년도 일본어 임용고사 기출문제

【1】 다음 각 문항을 읽고, 물음에 답하시오. [총 3점]

1-1. 다음 글을 읽고, ( ) 안에 들어갈 알맞은 말을 쓰시오.(2점)

> 제 7차 교육과정에서의 일본어 과목의 내용은 '의사소통 활동'과 '언어 재료'로 나누어지는데, '의사소통 활동' 영역에는 듣기, 말하기, 읽기, 쓰기 등 네 가지가 있고, '언어 재료' 영역에는 의사소통 기능, 발음, 문자, ( ), ( ), ( ), ( ) 등의 일곱 가지가 있다.

[答え] (한국어도 가능)

1-2. 아래 〈보기〉의 문제는 위 7가지 '언어 재료' 중에서 어느 영역을 평가한 것인지 하나를 골라 쓰시오. (1점)

> 빈칸에 공통으로 들어갈 말로 알맞은 것은?
>
> • イムさんは きれい____、げんきです。
> • あしたは 4月27日____、父の たんじょうびです。
> 　① か　② は　③ で　④ へ　⑤ を

[答え]

【2】 다음은 한국인 일본어 학습자의 작문 오용 예이다. 밑줄 친 부분의 일본어 오류를 바르게 고쳐 쓰시오. [총 2점]

2-1. 강원도의 풍경도 유명했다.
→ 江原道の風景も<u>有名した</u>。(1점)

2-2. 2층에서 발소리가 난다.
→ 二階で足音が<u>でる</u>。(1점)

[答え]

【3】 다음 글을 읽고, (①)과 (②)에 들어갈 알맞은 말을 쓰시오. [2점]

> 한국인은 일본어의 파열음과 파찰음 발음 시, 무성음·유성음을 구별하지 못해 오류를 범하는 일이 많다. 즉 「ぎん(銀)」을 「きん」으로 발음하여 듣는 사람이 '金'과 혼동한다든지, 「また(또)」를 「まだ」로 발음하여 '아직'이라는 의미와 혼동하게 된다든지 하는 것이다. 이는 근본적으로는 한국어와 일본어의 음운체계가 다른 것에 기인하지만, 구체적으로는 한국어의 다음과 같은 발음 특징 때문이다.
> · 한국어의 파열·파찰음은 어두에서 (①)으로 소리 나는 일이 없다.
> · 한국어의 파열·파찰음은 유성음과 유성음 사이에서는 (②)으로 소리 난다.

[答え]

— 부록 325

【4】다음 각 문항을 읽고, 물음에 답하시오. [총 7점]

4-1. 다음 (1)과 (2)는 어떤 교수법의 장점과 단점을 설명한 글이다. (1)과 (2)에 해당하는 각각의 교수법을 〈보기〉에서 골라 번호를 쓰시오. (2점)

(1)	主な長所	ⓐ無意識のうちに驚くべきほどの記憶力の増加が期待できる。ⓑ幼児化、ロールプレイを通じ自己からの解放があり、その結果学習者はより素直になって学習が促進される。ⓒ短期間のうちに膨大な内容が学習できる。ⓓ音楽や学習環境の整備が言語習得に深く関係していることを示した。ⓔ言語的な能力開発だけではなく潜在する美的感覚を刺激し豊かな感性を育てる。
(2)	主な短所	ⓐ導入形式が命令形ということで、内容が限定されやすい。ⓑ抽象的概念の導入が難しい。ⓒ命令に従って身体を動かすことに対する反感がある学習者も多くいる。ⓓ聴解力から発話力への移行は必ずしも容易ではない。ⓔ発音の指導・矯正が不十分である。ⓕ学習者からの自発的発話がないⓖ実際の自然な言語運用からかなりかけ離れている。

―――――――――〈보 기〉―――――――――
① サイレント・ウェイ
② コミュニティ・ランゲージ・ラーニング
③ トータル・フィジカル・レスポンス
④ 認知学習　　　　⑤ サジェストペディア

[答え]

4-2. 다음은 「コースデザイン」의 흐름에 관한 설명이다. (①)과
(②)에 각각 들어갈 적당한 말을 가타카나로 쓰시오.(2점)

> コースデザインを行うための最初の情報は、学習者の学習目標と目標言語使用の(①)の分析から得られる。学習者がいったいなんのために目標言語を学習するのか、また、学習した目標言語を使用する場面、状況としてどんなものがあるかなどがここで分析され、その結果は主としてコースデザインの次の段階である(②)・デザインのために使われる。

① ☐☐☐☐   ② ☐☐☐☐

[答え]

4-3. 문장①-⑩은 「オーディオリンガル・メソッド」와 「機能-概念アプローチ」의 특징을 나타내고 있다. 전자(前者)의 특징을 나타내는 문장을 6개만 골라 번호를 쓰시오. (3점)

> ① 意味内容こそ、最優先する。
> ② 言語学習とは、構文、音声、単語を学習することである。
> ③ ネイティブスピーカーのような発音が求められる。
> ④ 学習の最初からコミュニケーションをすることを奨励してよい。
> ⑤ 生徒の母語を使用することは禁止される。
> ⑥ 学習者が望むなら、読むことも書くことも、最初の日から行ってよい。
> ⑦ 単元の配列は、言語学的にみた複雑さの尺度だけを考慮して決める。
> ⑧ 一番の目標は、流暢で許容できる言語であって、正確さは観

念的に判断するものではなく、文脈の中でこそ判断できるものである。
⑨ 学習者が相手にするのは、学習機器や練習教材にある言語体系である。
⑩ 教師は、学習者が使うべき表現をはっきりと示さなければならない。

「オーディオリンガル・メソッド」の 特징					

[答え]

【5】 다음 각 문항을 읽고, 물음에 답하시오. [총 5점]

5-1. 다음 글을 읽고, 물음에 답하시오. (3점)

> 일본어의 「ん」은 하나의 음처럼 인식되지만, 실제로는 뒤에 오는 음에 따라 여러 가지 異音으로 나타나며 그 異音들은 상보분포를 이룬다. 「ん」뒤에 모음이나 반모음이 오면 「ん」은 그 모음이나 반모음에 가까운 鼻母音으로 발음되는데, 그 鼻母音은 대략 [i]와 [ɯ]의 두 가지로 나눌 수 있다.

어떤 음들이 「ん」 뒤에 올 때 「ん」이 [i] 또는 [ɯ]으로 발음 되는가 히라가나로 모두 쓰시오.

(1) [i]으로 소리 날 때 :「ん」뒤에   가 올 때

(2) [ɯ]으로 소리 날 때 :「ん」뒤에   가 올 때

[答え] (1)　　　　　　　　　(2)

5-2. (　) 안에 들어갈 알맞은 말을 한자(漢字)로 쓰시오.(1점)

> 二つの語が結合する場合に、後にくる語の頭の清音が濁音になることを(　　)という。

[答え]

5-3. 〈보기〉와 같이 □ 에 알맞은 축약형을 쓰시오.(1점)

―――――〈보 기〉―――――
行けば　→　行きゃ

行ければ→ □

[答え]

【6】 다음 각 문항을 읽고, 물음에 답하시오. [총 6점]

6-1. 문장 (1)과 (2)의 의미에 해당하는 각각의 외래어를, 〈보기〉에서 골라 번호를 쓰시오. (2점)

> (1) 学生などが、たがいに費用を出しあってする懇親会。
> (2) 食通。美食家。

```
┌─────────────── <보 기> ───────────────┐
│  ① ワークショップ   ② フルーツ    ③ ミート  │
│  ④ コンパ        ⑤ グルメ     ⑥ ゼミ   │
└──────────────────────────────────────┘
```

[答え] （1）　　　　　　　　　　（2）

6-2. 문장 (1)~(3)의 (　) 안에 공통으로 들어갈 말을 한자(漢字)로 쓰시오. (1점)

```
(1) 子どもの使いでは(　)もとない。
(2) 君が疑われているらしいといわれて、(　)なしか彼の顔色が変わったようだ。
(3) 留守番があるので(　)おきなく出かけられる。
```

[答え]

6-3. 문장 (1)과 (2)의 설명에 해당하는 말을 각각 한자(漢字)로 쓰시오.(2점)

```
(1) 日本語の文の切れ目に付ける符号。文の最後の字の右下に小さく添える中白の点。
(2) 文章を書くとき、文中の切れ、続きを明らかにするために、切れ目に入れる符号。
```

[答え] （1）　　　　　　　　　　（2）

6-4. <보기>의 어휘들 중 밑줄 친 「雨」를 「さめ」라고 읽는 것을 모두 골라 번호를 쓰시오.(1점)

―――――――――<보 기>―――――――――
① 五月雨   ② 大雨   ③ 春雨
④ 梅雨   ⑤ 小雨   ⑥ 氷雨

[答え]

【7】밑줄 친 부분의 보통어 표현을 겸양어 표현으로, 존경어 표현을 보통어 표현으로 고쳐 쓰시오. [총 2점]

7-1. これからも世界の動向にたえず注目していこうと<u>思います</u>。(1점)

　　　[答え]

7-2. そんなにお酒を<u>召し上がったら</u>、お体に毒ですよ。(1점)

　　　[答え]

【8】다음 각 문항을 읽고, 물음에 답하시오. [총 3점]

8-1. 문장 (1)과 (2)의 밑줄 친 「ぬ」에 대해 그 의미와 활용형을 <보기>에서 골라 쓰시오. (2점)

　　　　　　　　　　意味　　　　活用形
　　(1) 風と共に去り<u>ぬ</u>。　(　　　)　(　　　　)
　　(2) 言わ<u>ぬ</u>が花。　　(　　　)　(　　　　)

```
―――――――――〈보기〉―――――――――
意 味：過去    完了    推量    断定    否定    比況
活用形：未然形  連用形  終止形  連体形  已然形・仮定形  命令形
```

[答え]　(1)　　　　　　　　　(2)

8-2. (　) 안에 공통으로 들어갈 알맞은 말을 쓰시오. (1점)

```
平安時代に語中のハ行が(　　　)に変化したが、この(　　　)に変
わったハ行を「ハ行転呼音」と呼ぶ。
```

[答え]

【9】 다음 각 문항을 읽고, 물음에 답하시오. [총 4점]

9-1. ①~⑩의 「작품 – 작가」가 잘못 이어진 것을 3개만 찾아서
　　　번호를 쓰고, 그리고 그 작품에 해당하는 작가를 〈보기〉
　　　에서 골라 기호를 쓰시오. (3점)

```
① 金閣寺 – 高村光太郎       ② 羅生門 – 芥川竜之介
③ 暗夜行路 – 志賀直哉       ④ 坊っちゃん – 夏目漱石
⑤ 浮雲 – 二葉亭四迷         ⑥ 一握の砂 – 石川啄木
⑦ みだれ髪 – 田山花袋       ⑧ たけくらべ – 島崎藤村
⑨ 高瀬舟 – 森鴎外           ⑩ 俘虜記 – 大岡昇平
```

```
┌─────────────<보 기>─────────────┐
│ ⓐ 三島由紀夫   ⓑ 太宰治    ⓒ 正岡子規        │
│ ⓓ 川端康成    ⓔ 永井荷風   ⓕ 与謝野晶子       │
│ ⓖ 樋口一葉    ⓗ 横光利一   ⓘ 泉鏡花    ⓙ 有島武郎 │
└─────────────────────────────┘
```

번호			
작가			

[答え]

9-2. 다음은 어느 소설의 모두(冒頭)에 나오는 글이다. (   ) 안에 들어갈 적당한 말을 한자(漢字)로 쓰시오. (1점)

> 　国境の長いトンネルを抜けると(　　　)であつた。夜の底が白くなつた。信号所に汽車が止まつた。向側の座席から娘が立つて来て、島村の前のガラス窓を落した。雪の冷気が流れこんだ。娘は窓いつぱいに乗り出して、遠くへ叫ぶやうに、「駅長さあん、駅長さあん。」

[答え]

10. 다음 각 문항을 읽고, 물음에 답하시오. [총 4점]

(1)	むかし、をとこ、初冠して、平城の京、(　　　)日の里にしるよしして、狩に往にけり。その里に、いとなまめいたる女はらから住みけり。このをとこ、かいまみてけり。おもほえずふるさとに、いとはしたなくてありければ、心地まどひにけり。

(2)	（　　　）はあけぼの。やうやう白くなり行く、山ぎはすこしあかりて、むらさきだちたる雲のほそくたなびきたる。夏はよる。月の頃はさらなり、やみもなほ、ほたるの多く飛びちがひたる。
(3)	祇園精舎の鐘の声、諸行無常の響きあり。裟羅双樹の花の色、盛者必衰のことわりをあらはす。おごれる人も久しからず、只（　　　）の夜の夢のごとし。たけき者もつひには滅びぬ、ひとへに風の前の塵に同じ。

10-1. (1)에 해당하는 작품을 <보기>에서 골라 번호를 쓰시오. (1점)

― <보 기> ―
① 源氏物語　　② 枕草子　　③ 方丈記
④ 平家物語　　⑤ 大和物語　　⑥ 伊勢物語

[答え]

10-2. (2)와 관련이 깊은 것(文芸理念)을 <보기>에서 골라 번호를 쓰시오. (1점)

― <보 기> ―
① もののあはれ　　② をかし　　③ さび
④ 粋　　　　　　⑤ 義理・人情

[答え]

10-3. (1)~(3)의 (　) 안에 공통으로 들어갈 말을 한자(漢字)로

쓰시오. (1점)

[答え]

10-4. 아래 표의 (1)과 (2)에 각각 들어갈 작품명의 마지막 부분(●표)만 한자(漢字)로 쓰시오. (1점)

作品名	編 者	成立	目 的	内 容
(1) ○○●	稗田阿礼が誦習。太安万侶が撰録。	712年	国内的に朝廷の権威を示そうとする。	神話・伝説などが多く、文学的性格が強い。
(2) ○○○●	舎人親王ら。	720年	対外的に国威を示そうとする。	史実に重点を置き、歴史的性格が強い。

[答え] (1)   (2)

11. 다음 각 문항을 읽고, 물음에 답하시오. [총 4점]

11-1. <보기>의 일본어 복합동사 중에 전항과 후항의 조합이 바르지 않은 것 2개를 골라 번호를 쓰시오. (1점)

──── <보 기> ────
① 食べ始まる ② 走り終わる ③ 駆け上がる
④ 這い上げる ⑤ 張り上げる ⑥ 運び上げる

[答え]

11-2. 다음은 일본어의 주어와 주제에 관한 설명이다. 맞는 것에는 (○)표, 틀린 것에는 (×)표를 하시오. (2점)

(1) 主語と主題は文法的に全く異なる概念である。( )
(2) 一つの文には必ず主語がある。( )
(3) 主語に対応する語は述語である。( )
(4) 主題はすべて「名詞＋は」の形をとる。( )

[答え] (1)( )　(2)( )　(3)( )　(4)( )

11-3. 일본어 형용사의 어간에 「~がる」를 붙여서 사용할 수 없는 것 2개를 골라 번호를 쓰시오. (1점)

| ① 悲しい | ② 痛い | ③ 太い |
| ④ 懐かしい | ⑤ 薄い | ⑥ おもしろい |

[答え]

12. 다음 각 문항을 읽고, 물음에 답하시오. [총 4점]

12-1. <보기>의 일본어 표현은 말하는 이의 기분(마음가짐)을 나타내는 것들이다. 문법적 의미로서의 「불필요」를 나타내는 표현이 아닌 것 2개를 골라 번호를 쓰시오. (2점)

<보 기>
① なくてもいい　② ことはない
③ なければいけない　④ ものではない
⑤ 必要はない　⑥ までもない

[答え]

12-2. 가장 자연스러운 일본어문의 완성을 위해 〈보기〉의 부사들 중에서 각각 1개만 골라 그 번호를 쓰시오. (2점)

(1) (　　　　)植えた木が、台風で倒れてしまったんです。
(2) いつまで昔の恋人の写真をとっておくの。(　　　　)燃やしてしまいなさい。

〈보 기〉		
① つい	② さっさと	③ せっかく
④ ひととおり	⑤ あまり	⑥ かえって

[答え]

13. 다음 각 문항을 읽고, 물음에 답하시오. [총 3점]

13-1. 두 사람의 대화를 읽고 빈칸에 들어갈 적합한 말을 쓰시오. (1점)

キム：これ俺のおふくろが送ってくれた韓国のおかしです。どうぞ。
先生：だけどキムさん、今「俺のおふくろ」って言っていたけど、目上の人と話すときは、その言葉は使わないほうがいいわよ。
キム：あ、すみません。「です」を使っているから丁寧でいいと思ったんですが…。
先生：「俺」とか「おふくろ」という言葉と「です」ではバランスが悪

```
           くて、不自然な感じがするの。
　キム：そうですか。
　先生：こういう場合は「　　　　」などと言ったほうがいいわね。
　キム：はい、分かりました。
```

[答え]

13-2. 일본어 대화체에는 「です・ます体(정중체)」와 「友達言葉(반말체)」가 있다. <보기>와 같이 밑줄 친 부분의 정중체를 적합한 반말체로 고치시오. (1점)

```
─────────── <보 기> ───────────
　鈴木さんも来ますよ。　→　　鈴木さんも来るよ。

　名古屋に住んでいるんですか。　→　名古屋に
```

[答え]

13-3. 다음 대화체 문장의 밑줄 친 부분을 일본어로 고치시오.(1점)

```
　キム：先生、合格しました。誰よりも先に先生にお知らせしたく
　　　　て。
　先生：おめでとう、 정말로 잘 됐다.
　キム：ありがとうございます。志望校に合格できたのは先生のお
　　　　かげです。
　先生：ううん、あなたが努力したからよ。
```

[答え]

14. 밑줄 친 우리말을 일본어로 바꿀 때, 빈칸에 들어갈 적당한 말을 히라가나로 쓰시오. [총 5점]

　　(1) 잔디밭에 들어가지 말 것.(「べし」활용형 사용할 것) (2점)
　　　　□□□ に 立ち入る □□□□ 。
[答え]

　　(2) 아무리 괴롭더라도 살지 않으면 안 된다.(「ず」활용형 사용할 것) (1점)
　　　　いかに苦しくとも 生 □□□□□ 。
[答え]

　　(3) 일부러 갔던 보람은 있었다. (1점)
　　　　わざわざ 行った □□□□ はあった。
[答え]

　　(4) 하면 된다. (1점)
　　　　な □□□ 。
[答え]

15. 다음 글을 읽고, 물음에 답하시오. [총 2점]

(1)＿＿＿＿＿＿＿

　唐代(618～907)は文学史上、一般に初唐、盛唐、中唐、晩唐に分けられる。その中唐期のこと。科挙の試験を受けるため都の長安にやってきた賈島は、驢馬の背に乗って詩作にふけっていた。「僧は推す月下の門」という詩句を得たが、「推す」という語を「敲く」にすべきかどうかと思索しているうちに、都の長官である韓愈の行列に突き当たってしまった。そこで賈島は(2)無礼を詫びるとともに、事情を説明した。当時を代表する詩文の大家であった韓愈は、事情を聞くと許すともに、「敲くのほうがよい」と助言してくれた。そして、二人は、そのままくつわを並べて進みながら、詩を論じあったという。

15-1. (1)에 들어갈 글의 제목을 위 글에서 찾아 2자로 된 한자어(漢字語)로 쓰시오. (1점)

[答え]

15-2. 밑줄 친 (2)를 우리말로 번역하시오. (1점)

[答え]

16. 다음 글을 읽고, 물음에 답하시오. [총 6점]

(A) 読書の最良の方法は、書物を手紙として読むということ、直接自分にあてて書き送られた手紙として読むということである。手紙として読むことができないのは、書かれたものに魂がないか、読む方に魂がないか、どちらかだろう。その両方であることが近ごろはずいぶん多いように思われる。魂のこもっていな

いものを読むことは、結局こちらの魂を安く売り渡すことになるだろう。このように自分にとっていちばんたいせつなものを失ってしまう行為は、なかなか気づかれないけれども、（ ⓐ ）、こういう行為が重なってどんな人間ができ上がるかを思うと恐ろしい気がする。

(B) （ ⓑ ）。同じようなことが音楽や美術のような芸術の場合にもいえるだろうし、（ ⓒ ）、私たちの日常生活についてもあてはまるだろう。私たちの人生という布は、いうまでもなく、この㋐かけがえのないたいせつな織物も、近ごろはますますお粗末に、安手なものになっていくようだ。

(C) 子どものとき、私たちは二つ三つの友情を大事にしている。（ ⓓ ）、しだいに大人になり、交際が広くなり、生活が複雑にそして忙しくなってくると、人との関係はそれぞれの奥行きを失って、㋑とおりいっぺんのつきあいに色あせてしまう。習慣や利害が簡単に人を結びつけたり引き離したりする。「生まれつき筆不精で」とか「とてもいそがしくて」とか言って、事務的な手紙しか書かなくなる。

(D) 人生というものが私たちにとって、一回限りの織物であるならば、私たちはそれを織る糸を美しくじょうぶなものにしなければならないだろう。

16-1. (ⓐ), (ⓒ), (ⓓ)에 들어갈 알맞은 것을 <보기>에서 골라 쓰시오. (2점)

――― <보 기> ―――
- たとえば
- それだけに
- それで
- さらに
- けれども
- それとも

[答え] ⓐ   ⓒ   ⓓ

16-2. 문맥 흐름상 (ⓑ)에 들어갈 가장 알맞은 것을 <보기>에서 골라 번호를 쓰시오. (1점)

─────<보 기>─────
① 魂の場合だけではない
② 人間がこわくなるだけではない
③ 読書の場合だけではない
④ 自分にとっていちばんたいせつなものだけではない

[答え]

16-3. 밑줄 친 ㉠을 우리말로 번역하시오. (1점)

[答え]

16-4. 밑줄 친 ㉡과 의미가 가장 가까운 것을 <보기>에서 골라 번호를 쓰시오. (1점)

─────<보 기>─────
① ほんとうに親しい   ② 中身のある
③ むつまやかな   ④ 上辺だけである

[答え]

16-5. 아래 문장은 (A)~(D)의 단락 중 맨 마지막 부분이다. 어느 단락의 마지막 부분인지 그 단락의 기호를 쓰시오. (1점)

> こういうことも、やはり自分の魂を失ってしまう行為ではあるまいか。

[答え]

17. ( ) 안에 들어갈 알맞은 말을 〈보기〉에서 골라 번호를 쓰시오. [2점]

(1) 年長者の長い間の経験は尊重すべきである。	― 亀のこうより年の( )。
(2) 水泳の達者な河童でも時には押し流されてしまう。	― 河童の( )流れ。
(3) 風流より実利の方がよいというたとえ。	― ( )より団子。
(4) どれもこれも同じように平凡で、特にすぐれたものがないこと。	― どんぐりの( )くらべ。
(5) 不幸や不運が重なることをいう。	― 泣き面に( )。

―――〈보기〉―――
① 背   ② 花   ③ 甲   ④ 川
⑤ 火   ⑥ 劫   ⑦ 蜂   ⑧ 蝿

[答え] (1)   (2)   (3)   (4)   (5)

18. 다음은 ○○고등학교의 일본문화 연구부가 학교 문화제에 참가하기 위해 조별로 계획한 준비 내용이다. (①), (②), (③)에 들어갈 알맞은 말을 한자(漢字)로 쓰시오. [3점]

> 日本文化研究部の文化祭参加計画
> A組：韓国の「シルム」と似ている日本の伝統的なスポーツである（　①　）について調査する。
> B組：日本の三大祭りである東京の神田祭り、（　②　）の祇園祭り、大阪の天神祭りについて調査する。
> C組：日本で入学試験の季節になると、合格祈願のために神社を訪れ、（　③　）に志望校と名前を書いてお願いすることのようなイベントを準備する。

[答え] ①　　　　②　　　　③

19. 다음 각 문항을 읽고, 물음에 답하시오. [총 3점]

19-1. <보기>는 일본의 근대 이후의 연호(年号)를 순서대로 나열한 것이다. (　) 안에 들어갈 알맞은 연호를 한자(漢字)로 쓰시오. (1점)

> ─── <보 기> ───
> 明治 ─ 大正 ─ (　　) ─ 平成

[答え]

19-2. 다음 글의 (　) 안에 들어갈 알맞은 말을 한자(漢字)로 쓰시오. (1점)

> 江戸時代の統治体制は、幕府の将軍と藩の支配権をもった（　　　）が主従関係をむすび、幕府と藩が全国の土地と人民をそれぞれ支配するしくみであったが、これを幕藩体制という。

[答え]

19-3. 다음 글은 무엇에 관한 것인지 적당한 말을 가타카나로 쓰시오. (1점)

> 1980年代後半からの日本は、急激な円高によって、大幅な貿易黒字が生まれたものの、設備投資が停滞したために、余剰資金が生じるようになった。多くの企業や金融機関では、余剰資金で土地や株式を投機的に買ったり、資金の貸付を積極的におこなうようになった。そのため、地価と株価は急激に上昇し、企業収益は回復して景気回復をたすけたものの、資産や所得の格差が拡大した。

			経	済

[答え]

2003학년도 일본어 임용고사 기출문제

1. 다음 각 문항을 읽고 답하시오. (총 5점)

1-1. 다음 〈보기〉는 문형 연습의 예를 나타낸 것이다. (1)~(3)의 명칭을 일본어로 쓰시오. (3점)

〈보기〉
教師：郵便局へ行きます。
学生：郵便局へ行きます。　　　　→ 反復ドリル
教師：デパートへ行きます。
学生：デパートへ行きます。

(1) 教師：うどんを食べたことがあります。
　　　　　すし
　　学生：すしを食べたことがあります。
　　教師：豚カツ
　　学生：豚カツを食べたことがあります。

(2) 「～たほうがいい」の練習
　　教師：友だちがお腹が痛いとき、何と
　　　　　言いますか。
　　学生：早く薬を飲んだほうがいいですよ。
　　教師：ほかには。
　　学生：少し休んだほうがいいですよ。

(3) 教師：手紙を書きます。音楽を聞きます。
　　学生：手紙を書いたり、音楽を聞いたり

> します。
> 教師：映画を見ます。買い物をします。
> 学生：映画を見たり、買い物をしたりします。

[答え] (1)　　　　　　(2)　　　　　　(3)

1-2. 다음은 교실 활동에 관한 내용이다. ①, ②에 들어갈 알맞은 말을 가타카나로 쓰시오. (2점)

> 　場面と役割を与えられた学習者が、その設定のもとで役割を演じる活動を(　①　)と呼ぶ。(　①　)練習では、会話の目的、話すべき内容など大枠は決められているが、具体的な語彙、表現、文型などの選択は学習者にゆだねられている。
> 　実際に人と話をするとき、質問する人とされる人では知っていることが違う。この違いを(　②　)と言う。この(　②　)があるから、わたしたちはことばを使って人にものを尋ねたり、人に何かを頼んだりするのだ。学習者の間に(　②　)を作って練習すれば、わからないことを尋ねるという現実の会話に一歩近づいたことになる。

[答え]　①　　　　　　　　　②

2. 다음 각 문항을 읽고 답하시오. (총 5점)

2-1. 다음은 일본어 교육 평가에 관한 내용이다. 각 설명에 맞는 것을 <보기>에서 하나씩 골라 기호를 쓰시오. (3점)

(1) まとまった文章から一定の間隔で単語を削除し、その空欄を再生する形式のテストである。
(2) 将来、学習者が直面する学習困難点や習得の度合いを予測することから、予測テストと呼ばれることもある。
(3) 学習者がどのような技能や知識を持っていて、今後どのような内容の学習が必要かを明らかにするテストである。

〈보기〉
　(a) OPI　　　　　　　(b) プレースメントテスト
　(c) 主観テスト　　　　(d) 診断テスト
　(e) 到達度テスト　　　(f) クローズテスト
　(g) 熟達度テスト　　　(h) 言語学習適性テスト

[答え] (1)　　　　　　(2)　　　　　　(3)

2-2. 객관식 테스트 형식의 명칭을 일본어로 세 개만 쓰시오.(2점)
　　예 : 真偽法

[答え] (　　　　) (　　　　) (　　　　)

3. 다음 교재·교구의 장점과 문제점을 〈보기〉에서 각각 하나씩 골라 기호를 쓰시오. (총 4점)

(a) 持ち運びが可能なサイズのものに限定される。抽象的な事柄には使えない。
(b) 1枚だけでも数枚連続しても使え、練習のキューに敵している。
(c) 絵や写真では得られない本物のもつ迫力があるため、練習に現実感がもたらされる。
(d) 教室への機器の移動も可能だが重いので少し面倒である。

(e) 一定の順序にしたがって体系的に学習することができない。
(f) クラスサイズが大きいと見えにくくなる。
(g) 簡単に操作できる。最初の文や絵の上に重ねて使用したりその場で加筆することもできる。
(h) 課の順序を入れ替えたり、一部分だけを抜き出して使うことができる。

	(1) 絵カード	(2) レアリア	(3) ＯＨＰ	(4) モジュール型教材
長　所				
問題点				

［答え］　(1)　　　　　(2)　　　　　(3)　　　　　(4)

4. 다음은 한국어와 일본어의 차이점에 대한 설명이다. 내용이 맞으면 ○표, 틀리면 ×표를 하시오. (4점)

(1) 言語類型論では、形態論的な観点から世界の諸言語を孤立語、膠着語、屈折語、抱合語に分類しているが、日本語は膠着語に、韓国語は屈折語に分類される。
(2) 母音で終わる音節を開音節、子音で終わる音節を閉音節と言うが、日本語の音節は原則的に閉音節で、韓国語は開音節である。
(3) だれに敬語を使用するかを基準にした場合、日本語の敬語は相対敬語で、韓国語の敬語は絶対敬語であると言われている。
(4) 日本語では、会話への参加を明示的に表現する強い必要性があるから、あいづちの出現頻度が非常に高いが、韓国語では日本語より出現頻度が低い。

[答え] (1)   (2)   (3)   (4)

5. 다음 각 문항을 읽고 답하시오. (총 4점)

5-1. 다음은 일본어 음성의 특징에 대한 설명이다. 설명한 내용이 맞는 것을 세 개만 골라 기호를 쓰시오. (3점)

> (1) 環境により音が決まるものを自由異音という。
> (2) ハ行子音の調音点は声門、硬口蓋、両唇である。
> (3) 尾高型とは最後の拍が他の拍より特に高いので尾高型という。
> (4) 撥音は前の音によって実際の音が決まる。
> (5) アクセントによって単語の意味を区別する機能を弁別機能という。
> (6) 「日本語能力試験」は８音節で１１拍である。

[答え]

5-2. 다음 <보기>에서 원칙적으로 모음이 무성화 하는 음절(가나)을 모두 찾아 쓰시오. (1점)

> <보기>　くかん　しがい　アイスコーヒー　かきかた
> 　　　　ちから　かけふとん

[答え]

6. 다음 설명에 맞는 것을 <보기>에서 각각 하나만 골라 기호를 쓰시오. (3점)

(1)「団子」は「だんご」と読み、前の字は音読みで、後の字は訓読みが用いられている。このような読み方を（　　　）という。

(2)「紅葉」を「もみじ」と読み、漢字を一つずつ読まないで全体を一つの訓で読むのを（　　　）という。

(3)「円滑」は「えんかつ」、「口腔」は「こうこう」と読むべきところ、誤った類推により「えんこつ」「こうくう」と読まれる場合が多い。このような読み方を（　　　）という。

| 〈보기〉 | (a) 熟字訓 | (b) 国字 | (c) 重箱読み |
| | (d) 字音 | (e) 百姓読み | |

[答え](1)　　　　　(2)　　　　　(3)

7. 다음 각 문항을 읽고 물음에 답하시오. (총 4점)

7-1. 다음 〈보기〉에는 원래의 의미로부터 변화한 의미를 갖게 된 것들이 있다. 해당하는 것을 두 개씩 골라 기호를 쓰시오. (3점)

| (a) 坊主 | (b) さかな | (c) 妻 | (d) 瀬戸物 |
| (e) 女房 | (f) 果報 | (g) おまえ | (h) 僕 |

(1) 拡大化(一般化)した意味を持つもの
(2) 縮小化(特殊化)した意味を持つもの
(3) 下落した(よくない)意味を持つもの

[答え] (1)　　　　　(2)　　　　　(3)

7-2. 다음 글의 (   )에 공통으로 들어갈 말을 한자(漢字)로 쓰시오. (1점)

> 男女、年齢、職業、社会の階層などの違いによって、同一の事物を指示する場合にもそれぞれ特徴的な語が使われる。この現象を(   )という。そしてその使われる語を(   )語という。

[答え]

8. 다음은 일본어 문법에 관한 항목이다. 물음에 답하시오. (총 4점)

8-1. ①, ②에 들어갈 알맞은 말을 〈보기〉에서 골라 기호를 쓰시오. (2점)

> 「一太郎が伸子を殴った。」のような文は能動文、「伸子が一太郎に殴られた。」の文は受身文と呼ばれる。日本語文法では「伸子が一太郎に殴られた。」という文は通例(①   )と呼んで、自動詞からは作ることができないといわれている。このような受身文は典型的には能動文における(②   )を表す非ガ格名詞を文のガ格〈主語〉に転換することによって形成されたものである。
>
> 〈보 기〉
> (a) 直接受身(まともの受身)　　(b) 相手の受身
> (c) 持ち主の受身(所有の受身)　(d) 間接受身(第三者の受身)
> (e) 能動者　　　　　　　　　　(f) 受動者
> (g) 受益者　　　　　　　　　　(h) 第三者

[答え] ①　　　　　　　　　　②

8-2. 다음 <보기>에서 촉음편형「っ」으로 활용하는 것을 두 개만 골라 기호를 쓰시오. (2점)

| (a) 寝る | (b) 蹴る | (c) 居る |
| (d) 甦る | (e) 得る | (f) 似る |

[答え] ①   ②

9. 다음은 취업 설명회의 안내장이다. 물음에 답하시오. (총 3점)

就職説明会のご案内
①□□
　時下ますますご清祥のこととお喜び申し上げます。平素は何かとご支援ご協力を賜りまして、誠にありがたく存じます。
②□□、今年もいよいよ卒業生諸君の進路につきまして、ご相談をいただく時期となって　まいりました。
　つきましては来年度の就職説明会を下記のように行いたいと存じますので、ご多忙の中お手数ですが、関係各位にはご来場賜りたくお願い申し上げます。
　まずはご案内まで。
　　　　　　　　　　　　　　　　　　　　　　　　　　③□□

　　　　　記
　　　日　時　　十二月八日（日）午前十時～十二時
　　　場　所　　本社ＡＢＣホール（六階）

　　　　　　　　　　　　　　　　　　　　　　　　　　以上

9-1. ①과 ③에 들어갈 말을 한자(漢字)로 쓰시오. (2점)

[答え] ①　　　　　　③

9-2. ②에 들어갈 말을 히라가나로 쓰시오. (1점)

[答え]

10. 다음 각 문항을 읽고 답하시오. (총 4점)

10-1. 다음 글의 (　　) 에 공통으로 들어갈 문헌을 한자(漢字)
　　　로 쓰시오. (1점)

> 　『古歌集』『柿本人麻呂歌集』『高橋虫麻呂歌集』『類聚歌林』などが(　　)以前にもあったことが知られる。これらは現存していないが、漢詩集にならってまとめられたものと思われる。こうした動きの中でそれまでの歌を集大成したのが(　　)で、日本の現存最古の歌集である。
> 　長い期間を経て、何人もの人々によってまとめられていき、最終的に現在の二十巻のかたちに編集したのは大伴家持だといわれている。八世紀後半のことであった。約四千五百首の歌が収められており、年代は仁徳天皇期から奈良中期まで約四百五十年にわたっている。

[答え]

10-2. 다음 글을 읽고 물음에 답하시오.

> 　この小説の「はしがき」の文章は、妙に凝った戯作調の文語体で、今日、(　①　)体の最初のこころみといわれているこの小説が、この時代の文章観の中でどれほど孤独な不安なこころみであっ

> たかを暗示するものである。
> 　読者は本文を読めば、これが今日の口語文とはちがう、いうならば口語脈をもった一種の文語体であることがわかるであろう。今日の口語文が失った抑揚、めりはりといった文章の節が感じられるのである。知識青年内海文三を通して明治の文明・風潮を批判し、自我の目覚めと苦悩とを写実的に描く。(　②　)体による近代写実小説の先駆である。この小説の作家の『あひびき』などには清新な自然描写と口語体が見られる。
>
> 〈보 기〉
> (a) 小説神髄　　(b) 坪内逍遥　　(c) 雪中梅　　(d) 経国美談
> (e) 小説総論　　(f) 浮雲　　　　(g) 幸田露伴
> (h) 二葉亭四迷　(i) 山田美妙　　(j) 文づかい

(1) 위 글에서 말하는 소설의 작가와 제목을 <보기>에서 골라 기호를 쓰시오. (2점)

[答え] 작가　　　　　　　제목

(2) 위 글의 ①과 ②에 공통으로 들어갈 말을 한자(漢字)로 쓰시오. (1점)

[答え]

11. 다음 각 문항을 읽고 답하시오. (총 4점)

11-1. 다음 글을 읽고 물음에 답하시오.

日本の小学校は6年社会科で歴史を学ぶ。文部省編集の指導書は、①明治28年の日清戦争、37年後の日露戦争や②昭和12年の日中戦争、第2次世界大戦の教え方に新しい見解を付け加えた。例えば昭和については、「これらの戦争において、中国をはじめとする諸国に我が国が大きな損害を与えたことについても触れることが大切である」という点である。

(1) 위 글의 ①과 ②에 해당하는 서기 연도를 히라가나로 쓰시오.(2점)

[答え]　①　　　　　　②

(2) 「昭和」 이후의 연호(年号)를 한자(漢字)로 쓰시오. (1점)

[答え]

11-2. 다음 글이 설명하는 시대를 한자(漢字)로 쓰시오. (1점)

　徳川家康が関ヶ原の戦で勝利を占め、徳川慶喜の大正奉還に至るまで約260年間をいう。徳川時代ともいわれる。

[答え]

12. 다음 각 문항을 읽고 답하시오. (총 3점)

12-1. 다음은 무엇에 대한 설명인가? 한자(漢字) 또는 히라가나로 쓰시오. (1점)

日本では、旅先などから持ち帰る、普通はその土地の産物で、家族・知人に配る物がある。このことばは、広義では、家人を喜ばすために外出先で求め帰る食べ物やおもちゃなどを指し、狭義では、人の家を訪問する時に持って行く贈物を指す。

[答え]

12-2. 다음 글을 읽고 물음에 답하시오.

　子ども社会での（　①　）が、また大きく問題化している。各地で、それが原因となっての子どもの自殺がつづいたためである。学級全体で1人を（　②　）る、といった（　③　）形が増えて、かばう子がいない。やり方の陰湿さ、残虐さの点でも、歯止めがなくなっている。この問題のむずかしさは、教師にも親にも分からないところで進行する点にある。

(1) ①과 ②에 공통으로 들어갈 말을 히라가나로 쓰시오. (1점)

[答え]

(2) 다음 글을 참고하여 ③에 들어갈 말을 한자(漢字)로 쓰시오.(1점)

　村のおきてを破った村人を、他の村人が申し合わせて、のけものにすること。転じて、一般に仲間はずれにすること。

[答え]

13. 다음 각 문항을 읽고 답하시오. (총 3점)

13-1. 다음 글에서 설명하는 인물의 이름을 한자(漢字) 또는 히라가나로 쓰시오. (1점)

> - 日本の明治時代の啓蒙・思想家、教育者である。
> - 現在の一万円札の人物である。
> - 慶応義塾の創立者で『学問のすゝめ』の著者でもある。

[答え]

13-2. 다음은 일본의 연중행사에 관한 설명이다. 행사가 행해지는 순서대로 □에 번호를 쓰시오. (2점)

> ① 女の子の将来の幸福を願うお祭りで、雛壇を作って、雛人形を飾り、ひしもち、白酒、桃の花などを供える日。
> ② 3歳、5歳の男児と3歳、7歳の女児を神社に参拝させる日。その日、各地の神社では着飾った子供たちの姿がよく見られる。
> ③ 「鬼は外、福は内。」と言いながら豆まきをする。悪い事を追い払い、幸運を招くという儀式の日。
> ④ 牽牛星と織女星が年に一度だけであうという中国の伝説にちなむお祭りの日で、竹に歌や願いごとを書いた色紙を結びつける。
> ⑤ 男の子が健やかに育つことを願うお祭りで、武士の人形を飾り、鯉のぼりをたて、柏餅を食べながら楽しむ日。

[答え]

14. 다음 각 문항을 읽고 답하시오. (총 3점)

14-1. 다음 대화 내용에서 (   )에 알맞은 지시어를 히라가나로
　　　쓰시오. (1점)

> A：昨日山田さんという人に会いました。その人、道に迷っていた
> 　　ので助けてあげました。
> B：(　　　)人、ひげをはやした中年の人でしょ。
> A：はい、そうです。
> B：あの人なら、私も知っています。

[答え]

14-2. 다음 문장의 밑줄 친 부분을 일본어로 고치시오. (2점)

　(1) 대학을 졸업한 이래, 대학에 한 번도 <u>가보지 않았다</u>.

[答え]

　(2) 두 사람의 관계가 <u>악화된 것은</u> 다나카씨가 약속을 지키지
　　　않았기 때문이다.

[答え]

15. 다음 글을 읽고 물음에 답하시오. (총 13점)

> 　　　　　　　A ＿＿＿＿＿＿＿＿＿＿
> 　人間的関心は、いつも低俗なもののみに向けられるのではない。

人間性を低きに求めることは、究極において人間性の否定となる。人間性は何か積極的なものであって、人間はそれ自体において、すでになんらかの高さに達しているのである。したがって高きに人間性を求めるヒューマニズムも、決して①普遍性を欠くことにはならないのである。人間には②かしつもあれば、弱点もあり、堕落もある。（ B ）また向上もあれば、美点もあり、成功もある。（ C ）これこそ積極的に人間的なものなのである。そしてこのような善きものを人間に認めて、人間を信ずることこそひろく人間を愛することの基礎となるであろう。人間愛とは、③漠然と人間を思い浮かべてこれを愛しようとすることではない。それは個々の場合に、人間をあくまで人間として認め、敵のうちにさえ人間的なものを見出そうと努力することにほかならない。かしつを許す場合にもそれが人間愛となるためには、④こんぽんにおいて人間を信ずる心がなければならないのであって、単なる共犯者意識だけでは、我々は ⑤冷酷な悪魔となったであろう。人間のなしとげた善美なるものを見て、我々は人間を信じ、人間であることを喜ぶのである。善美なるものに無関心であるということは、人間的なことではない。教養が（　ⓐ　）であるという意味は、このような人間的関心の開拓を指しているのである。ヒューマニズムは、およそ人間のなすことは、自分にはよそごととは思われないという、一個の博大な⑥せいしんをいうのである。（ D ）ヒューマニズムは、人間の悪とともに、その善をも見うる眼識とならねばならぬ。低きを見ることも必要であるが、高きを見ることは一層人間的なことなのである。人間性はその高きによって、計らねばならぬ。

15-1. 밑줄 친 ①, ③, ⑤를 히라가나로 쓰시오. (3점)

[答え]　①　　　　　　　③　　　　　　　⑤

15-2. 밑줄 친 ②, ④, ⑥을 한자(漢字)로 쓰시오. (3점)

[答え] ②   ④   ⑥

15-3. B~D에 알맞은 말을 〈보기〉 중에서 하나씩만 골라 기호를 쓰시오. (3점)

〈보 기〉		
(a) しかるに	(b) したがって	(c) やはり
(d) しかし	(e) さて	(f) たとえば
(g) もし	(h) そして	

[答え] (B)   (C)   (D)

15-4. ⓐ에 들어갈 알맞은 말을 본문 중에서 찾아 쓰시오. (1점)

[答え]

15-5. 위 글의 취지에 맞는 것을 다음에서 두 개만 골라 번호를 쓰시오. (1점)

① 人間は本質的には善である。
② 人類愛とはひろく愛することである。
③ 人類愛とは人間を信ずることである。
④ ヒューマニズムとは人を信ずることである。
⑤ ヒューマニズムは人間にとって最高のものである。
⑥ ヒューマニズムは人間愛の基礎である。

[答え] (   ) (   )

15-6. 위 글의 A 에 들어갈 제목으로 알맞은 말을 본문 속에서 찾아 쓰시오. (2점)

[答え]

16. 다음 대화를 읽고, 밑줄 친 부분을 경어 표현으로 고치시오.(4점)

> 受付：いらっしゃいませ。
> 木村：木村ともうしますが、経理部の田中さんに①会いたいのですが。
> 受付：経理部の田中ですね。失礼ですが、お約束していらっしゃいますか。
> 木村：いいえ、近くまでまいりましたので、寄ってみたのですけれど……。
> 受付：そうですか。では、②ちょっと待ってください。
> 　　　（電話で）
> 　　　木村様と③いう人が来ていますが……。近くまでいらっしゃったのでお寄りになったそうです。
> 　　　……はい、承知いたしました。
> 　　　（木村へ）
> 　　　④今、来るのでここに入ってお待ちください。
> 木村：はい、では待たせていただきます。

[答え]
　　①
　　②
　　③
　　④

2002학년도 일본어 임용고사 기출문제

1. 제7차 교육과정에서 제시하고 있는 고등학교 일본어Ⅰ의 '목표' 중 3가지를 쓰고, 제6차 고등학교 일본어Ⅰ의 '목표'와 다른 점을 간단히 기술하시오. (4점)

   [答え]

2. 일본어 교육내용 구성 시 적용되는 교수요목(syllabus)의 종류를 4가지만 들고, 각각의 개념을 간단히 설명하시오. (4점)

   [答え]

3. 다음은 일본어 문자·표기교육과 관련된 항목들이다. 각 문항을 읽고 답하시오. (총5점)

   3-1. 다음 글을 읽고 답하시오. (3점)

   > いわゆる五十音図は平安時代の日本語の音節を示したものだといいますが、すでにヤ行の「い」「え」、ワ行の「う」は重複しています。ですから「ん」を加えるとすれば、日本語の「かな」は(a)___ 個あるわけです。
   > しかし、現代語音を書き表すための「＿＿＿＿＿」では、その中で、さらに「ゐ」「(b)___」の字は用いられなくなっています。[wi][we]のような音は、現代の標準語では[i][e]と差異がなくなってしまったからです。「を」も、濁音の「(c)＿＿＿」「(d)＿＿＿」

> も、[wo][di][du]のような音がないので、ア行音やザ行音に統合されてよいのですが、書き表し方の上での便宜のために、なお用いられています。

(1) 밑줄 친(a)에 들어가야 할 숫자를 쓰고 , (b)~(d)에 들어가야 할 가나를 히라가나로 쓰시오.

[答え]
    (a)
    (b)
    (c)
    (d)

(2) 윗 글의 「　　　」에 들어가야 할 말을 한자 또는 히라가나로 쓰시오.

[答え]

3-2 다음 낱말 중에서 「者」를 「じゃ」로 읽는 것 3개를 찾아 그 기호로 쓰시오. (1점)

| (a)患者 | (b)前者 | (c)忍者 | (d)芸者 | (e)作者 |
| (f)学者 | (g)医者 | (h)業者 | (i)信者 | |

[答え]

3-3 다음 (　)안에 들어가야 할 말을 한자 또는 히라가나로 쓰시오. (1점)

> 語の意味に関係なく、その語と同じ「音」や「訓」を当てはめた用字法が(　　　)である。「めでたい」「やはり」「アジア」などを、「目出度い」「矢張り」「亜細亜」などと書くものである。

[答え]

4. 다음은 일본어 문법 교육과 관련된 항목들이다. 각 문항을 읽고 답하시오. (총 5점)

4-1. 다음 각 문장에 알맞게「行く」를 활용하여 (　) 안에 써넣으시오. (2점)

> (1) (　　　)ぬと言ったけれども、それでは行くとしようか。
> (2) 行こうか(　　　)まいかと迷ったが、けっきょく行かないことにきめた。

[答え] (1)　　　　　(2)

4-2. 다음 문장에서 쓰이고 있는「ない」가 조동사인 것을 모두 골라 그 기호로 쓰시오. (1점)

> (a) ひとりでもさびしくはないよ。
> (b) それはよくないからすぐ改めなさい。
> (c) 君の親切は決して忘れない。
> (d) そんなことぼくにはできないね。
> (e) 本がほしかったが金はなかった。
> (f) 勉強しなければだめよ。

[答え]

4-3. 다음 문장의 ( ) 안에 공통으로 들어갈 가장 적당한 말을 히라가나로 쓰시오. (2점)

> ・一人17万、つまり3人で50万強かかる(　　　)です。
> ・熱が四十度もあるのですから、苦しい(　　　)です。
> ・あんなに小さい関取が横綱に勝てる(　　　)がない。
> ・少々の病気で仕事を休む(　　　)にはいかない。
> ・来月から地方の支社に転勤だ。と言っても左遷される(　　　)ではないよ。

[答え]

5. 다음 각 문항을 읽고 답하시오. (총 7점)

5-1. 다음 대화문의 밑줄 친 표현 중에서 잘못되어 있는 3곳을 찾아 바르게 고쳐 쓰시오. (2점)

> 訪問客：<u>ごめんください</u>。
> 高校生：はあい。
> 訪問客：私はこの前お電話した<u>お父さん</u>の古い友だちですが、お父さん、<u>いらっしゃいますか</u>。
> 高校生：あのう、急用で出かけていて、<u>おりませんが</u>…。
> 訪問客：そうですか…。困ったなあ。いつごろ<u>お帰りになるか</u>、わかりませんか
> 高校生：すぐ<u>お帰りになると</u>思います。お客さんがあるからすぐもどると言って

> いましたから。
> 訪問客：あ、そうですか。それじゃあ…。お母さんはいらっしゃいますか。
> 高校生：はい。お母さんは裏にいますからいま呼んできます。ちょっとお待ちしてください。

［答え］

5-2. 다음 밑줄 친 부분을 축약형(縮約形)으로 고쳐 쓰시오.(2점)

   (1) それで食べ物やラジオなどを準備しておいたほうがいいわよ。
   (2) みんな忙しいから今日は来てはだめだよ。

［答え］
   (1)
   (2)

5-3. 다음 밑줄 친 부분을 일본어로 고치시오. (3점)

   (1) 사람은 부자가 되면 될수록 인색해지는 법이다.
   (2) 대학 교육의 목적은 전문지식의 습득뿐만 아니라 인격의 형성에 있다.

［答え］
   (1)
   (2)

6. 다음 글을 읽고 답하시오. (총 9점)

A. 幼い日の生活というものには、その人の人生にとっての大切な根源的なものが①潜んでいるものである。そして、その幼い日の遊び友だちというのは、自分にとって大切な幼い日の思い出の中の、欠くことのできない点景人物となって、あるなつかしさにいろどられ、心の中に刻まれているものなのである。なにかのおりに思い出して、今ではわからなくなってしまったその②消息を知りたいような気持ちにもなる、自分の心の中に生きている友ということができる。

B. ③オトナになりきってから知りあった友だちについてもまた、同様のことが言えるであろう。その友だちもまた、人生をいかに生きていくかということを、共に考えあったことのない人なのである。

C. ところが、心の中の幼い日の思い出の中に生きている友だちというものは、歳月が過ぎてから、たまたま、じっさい再会するチャンスに恵まれたりしてみると、実に④キタイはずれのものだということを経験している人も、少なくないことであろう。そういう友だちに、おとなになってからめぐりあってみると、ただ幼い日の思い出という、いま生きているその人生の広がりからいえば、ごくわずかなところだけで二人の心はつながっているばかりである。その後の体験や思索を加えた自分への理解や共鳴を求めても、通じあうものの何もない他人だということを思い知らされるばかりなのである。つまり、幼友だちというものは、この人生をいかに生きていくかということを、共通した切実な問題として考えあった、そういう時代を持ちあっていない間柄なのである。

D. 終生の友というものは、この人生をいかに生くべきかということを、共に考えあったことのある人の中からだけ得られるものなのである。つまり、若い日の自己形成期を共に生きた⑤ナカ

マの中からこそ得られるものだと思うのである。この自己形成期に、(a)を考えあった友だちは、その影響を、お互いの自己形成の中に刻みつけあっているものなのである。

E. 人がその幼い日の思い出を共通にしているということによって、お互いにお互いを⑥トクベツになつかしい間柄にしているということはありうる。(b)しかし、そのなつかしさというものだけで、人が終生の友になりうるか どうかということは疑問である。

6-1. 밑줄 친 ①과 ②의 한자 읽기를 히라가나로 쓰시오. (1점)

[答え] ①   ②

6-2. 밑줄 친 가타카나로 쓰여 진 ③~⑥의 낱말을 한자(漢字)로 고쳐 쓰시오. (2점)

[答え] ③   ④   ⑤   ⑥

6-3. 밑줄 친 (a)에 들어갈 말을 D단락 안에서 찾아 빈칸에 쓰시오. (1점)

[答え]

6-4. 밑줄 친 (b)의 내용을 자세히 서술하고 있는 단락은 어느 것인지 그 기호를 쓰시오. (1점)

[答え]

6-5. 윗글의 A~E 단락을 문맥에 맞게 올바른 순서로 배열하시오.(2점)

[答え]

6-6. 윗글의 제목으로 가장 적합한 말을 본문 중에서 찾아 쓰시오. (2점)

[答え]

7. 다음 각 문항을 읽고 답하시오. (총 7점)

7-1. 다음 각 문장이 설명하고 있는 말을 <보기>에서 골라 그 기호를 쓰시오. (3점)

> (1) わざわざ苦心してやったのに、それにふさわしくない結果が出て、残念だという気持ちを 表す。
> (2) ゆるやかで気持ちのよい様子。また、心や体がのんびりして気持ちのよい様子。
> (3) これまでと比べてずっとよくなるようす
>
> (a) ぐんと　　(b) すっかり　　(c) ゆったり　　(d) せっかく
> (e) たまたま　(f) とっくり　　(g) ふっつり

[答え] (1)　　　(2)　　　(3)

7-2. 다음 (　) 안에 들어갈 가장 적당한 말을 <보기>에서 골라 그 기호를 쓰시오. (2점)

```
(1) (        )しないで早くやりなさい。
(2) 地震で家が(        )揺れる。
(3) 雨が(        )降る。
(4) 涙を(        )流しながら話した。
```

```
(a) ぐらぐら    (b) ぐずぐず    (c) くすくす
(d) ひらひら    (e) ぽろぽろ    (f) ざあざあ
```

[答え] (1)   (2)   (3)   (4)

7-3. 다음 (1), (2)의 관용구에 각각 공통으로 들어갈 가장 적당한 말을 한자(漢字)로 쓰시오. (2점)

```
(1)
  □ がおけない (何の気がねもない。遠慮がない)
  □ がない (関心がない)
  □ がひける (何かやましい気がして遠慮がちになる)
(2)
  ○ に余る (黙って見ていられないほどひどい)
  ○ がない (非常にすきだ)
  ○ がまわる (非常にいそがしい)
```

[答え] (1)   (2)

8. 다음 각 문항을 읽고 답하시오. (총 5점)

8-1. 다음 문장의 ( ) 안에 들어갈 가장 적당한 말을 〈보기〉에서 골라 쓰시오. (1점)

> 　話すことはむずかしいという声をときどき聞く。そうだなと思う。と、また別に、いや、書くことはむずかしいという声も聞く。それも、そうだなと思う。わたしはずっと今まで教育に関係のある仕事をやってきたから、話すことや書くことに縁が深いほうの人間だ。(　　　)話すことのむずかしさに共感できるかもしれない。

だから	けれども	ところで
しかし	それとも	たとえば

[答え]

8-2. 다음 문장의 (　) 안에 들어갈 가장 적당한 말을 〈보기〉에서 골라 쓰시오. (1점)

> 　言表内容に対する話し手の捉え方、および聞き手に対する働きかけや伝達のあり方といった、発話時における話し手の心的態度に関する情報を(　　　　)という。これは、文の中の「事柄」以外の話者の主観的な部分で、たいていは文末に位置する。

テンス	アスペクト	ムード
ヴォイス	ストラテジー	モーラ

[答え]

8-3. 다음 문장의 (　) 안에 공통으로 들어갈 가장 적당한 말을 한자(漢字)로 쓰시오. (1점)

> 「語の意味を区別する働きのある最小の音声的単位」は(　　　)
> と呼ばれる。(　　　)とは、いわば「ある言語の音の組織を考える
> 上での抽象的な音の単位」である。

[答え]

8-4. 다음의 (a)~(g) 문장 중에서 밑줄 친 부분이 올바른 문장 2개를 골라 기호로 쓰시오. (2점)

> (a) ここは高い所だから、大水になっても<u>安全する</u>。
> (b) このごろのわかい人はあいさつの<u>方法</u>も知らない。
> (c) <u>自己</u>を中心にして物を考える。
> (d) あの人は医者であり、また大学の先生<u>もある</u>。
> (e) 人間は<u>考え</u>をする<u>動物</u>だ。
> (f) あなたのそばに大きな字引きがありますね。<u>そのもの</u>はだれのですか。
> (g) 3時以前は会社ですが、<u>それ以後</u>は留守になります。

[答え]

9. 다음 각 문항을 읽고 답하시오. (총 6점)

9-1. 다음 문장의 (　) 안에 들어갈 가장 적당한 말을 히라가나로 쓰시오. (2점)

> 「有難う」「すみません」は美しい言葉とされているが「すみません」には礼を言う、謝るの2機能があり混用されている。最近で

> は簡単な(「　　　　　　」)で万事すませる傾向があり問題となっている。

[答え]

9-2. 다음 글을 읽고 □ 안에 들어갈 가장 적당한 말을 히라가나로 쓰시오. (2점)

> 　定義及び機能については諸説あるが、会話場面において聞き手が話し手に話を続けるよう促す機能を持つ。したがって、聞き手が積極的に会話に参加しようとする態度を表すことができる。「ええ」「うん」「そう」「それで」「なるほど」などの他、相手の言葉を聞き手が繰り返す、あるいは言い換えるなどの表現も□□□□と考えられる。

[答え]

9-3. 다음 관용구의 □ 안에 들어갈 한자(漢字)를 이용해서 4자 숙어를 만들어 한자(漢字)로 쓰시오. (2점)

> - □言もない
> - □橋をたたいて渡る
> - うり□つ
> - 足もとから□が立つ

[答え]

10. 다음 각 문항을 읽고 답하시오. (총 7점)

10-1. 다음은 각각 무엇에 대한 설명인가? 한자(漢字)나 히라가나로 쓰시오. (2점)

> (1) 和室の壁面に設けられた、一畳か半畳程度の部分で、掛軸や生け花を飾る場所です。床は板張りで、周囲より一段高くなっているのがふつうです。
> (2) バンジョーに似た形の弦楽器で、フレットのないのが特徴です。3本の弦をばちで弾いて演奏し、歌舞伎や文楽、民謡の伴奏に使われます。江戸時代以降、日本の代表的な楽器となりまし。

[答え] (1)　　　　　　(2)

10-2. 다음은 일본 문화와 관련된 설명이다. 밑줄 친 부분 중에서 잘못된 것 하나를 찾아 한자(漢字) 또는 히라가나로 바르게 고쳐 쓰시오. (2점)

> ● <u>門松</u>は、松の枝を組み合わせて作った飾りに竹や梅が添えられたもので、<u>正月</u>の間、家の<u>門</u>前に一対置く。
> ● <u>鳥居</u>は<u>寺</u>の参道の入口にあり、神のいる聖域であることを表す神道のシンボルとなっている。
> ● こたつは、日本人の「畳の上に座る生活」にマッチした<u>暖房</u>器具である。
> ● <u>神道</u>は日本古来の宗教であり、日本人の自然観と先祖崇拝の念がその中核をなしている。

[答え]

10-3. 다음 문장의 (a), (b)에 각각 공통으로 들어갈 가장 적당한 말을 히라가나로 쓰시오. (2점)

> 　狭い共同体の中で、その構成員同士が平和に仲良く暮らさなければならないという、日本の地理的歴史的な条件は、人間関係のありかたにも大きく影響を与えている。例えば、(a)○○○を言えば相手を傷つけたり怒らせたりするときは、(b)□□□□を言うことで、共同体の平和を保つことができる。これは皆と違う(a)○○○は控えて、(b)□□□□に順応するという習慣を生み、自分の意見をなかなか言わないという日本人への批判を生む元ともなったようだ。しかしほとんどの日本人は自己主張より和を尊ぶために(a)○○○を控えているといえる

[答え]

10-4. 다음에 열거한 내용과 관련된 일본의 시대(時代)를 한자(漢字)로 쓰시오. (1점)

> (a) 『奥の細道』の成立　　(b) 近松門左衛門
> (c) 人形浄瑠璃の隆盛　　(d) キリスト教禁止令

[답え]

11. 다음 각 문항을 읽고 답하시오. (총 7점)

11-1. 다음 소설을 읽고 각 문항에 답하시오. (3점)

> A. 三四郎が凝として池の面を見詰めてゐると、大きな木が、幾本となく水の底に映つて、其又底に青い空が見える。三四郎は此時電車よりも、東京よりも、日本よりも、遠く且つ遥かな心持

> がした。然ししばらくすると、其心持のうちに薄雲の様な淋し
> さが一面に広がつて来た。さうして、野々宮君の穴倉に這入つ
> て、たつた一人で坐つて居るかと思はれる程な寂寞を覚えた。
> B. <u>どこで生れたかとんと見当がつかぬ</u>。何でも薄暗いじめじめ
> した所でニャーニャー泣いて居た事丈は記憶して居る。吾輩は
> こゝで始めて人間といふものを見た。然もあとで聞くとそれは
> 書生といふ人間中で一番獰悪な種族であつたさうだ。此書生と
> いふのは時々我々を捕へて煮て食ふといふ話である。然し其当
> 時は何といふ考えもなかつたから別段恐しいとも思はなかった。

(1) 위의 밑줄 친 부분을 우리말로 옮겨 쓰시오.

[答え]

(2) 위 A와 B의 작품명을 일본어로 쓰시오.

[答え]

11-2. 다음은 근대 일본 문단의 한 유파(流派)를 설명한 글이다.
그 유파의 이름을 한자 또는 히라가나로 쓰시오. (2점)

> それまでの写実的な表現方法を否定した彼らは、擬人法や比喩な
> どを斬新に用いた表現方法によって、特に感覚面で鮮やかなイメー
> ジを描き出した流派である。代表作は、川端康成の『伊豆の踊子』
> 『雪国』、横光利一の『日輪』などがある

[答え]

11-3. 다음은 시가 나오야(志賀直哉)의 『城の崎にて』의 한 구절이다. 우리말로 옮겨 쓰시오. (2점)

> 鼠が殺されまいと、死ぬに極つた運命を担いながら、全力を尽くして逃げ廻つてゐる様子が妙に頭についた。

[答え]

12. 다음은 일본 고전문학의 대표적인 작품을 설명한 글이다. 다음 각 문항을 읽고 답하시오. (총 4점)

> A. 四代七十四年にわたる長編物語で、虚構を通して貴族社会を写実的に描く。深い思索・内省的態度・深刻な人生批判・流麗繊細な文体が特色である。作り物語の虚構性、歌物語の叙情性、女流日記文学の内面凝視の目を受け継ぎ、総合完成させた、日本古典文学の最高傑作である。
> B. 自然や人生についての感想、宮廷生活の回想を集めた随筆である。鋭い感想、客観的態度、印象鮮明な描写、簡潔で気品ある文体である。随筆という文学形態を創始したもので、中古文学の傑作である。

12-1. A 작품의 주인공 이름을 한자(漢字) 또는 히라가나로 쓰시오. (1점)

[答え]

12-2. B의 작품명과 작자명을 한자(漢字) 또는 히라가나로 쓰시오. (2점)

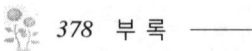

[答え]

12-3. A 작품의 주 무대이며, B 작품의 배경이 된 곳을 오늘날의 한자(漢字) 지명으로 쓰시오. (1점)

[答え]

2001학년도 일본어 임용고사 기출문제

1. 下の説明を読み、パズルA～Jに当てはまるひらがな(一字ずつ)を書きなさい。（3점）

1) A	2)	3)	4)			8)
5)			B	6)		C
				7)		
10)		G	D			
F				9)		E
11)	H	12)				
		13)	も	14)		
		I		J		

● ヨコのカギ

1) 人と会ったとき、礼儀としていうことばや行う動作
5) 人の言ったことに対して、だまっていないで、こちらからも反対するようなことを言う
7) よわいものをわざと苦しめたり、こまらせたりすること
9) (虫が食ったように)、穴があいたり、欠けたりしている歯
10) 少ない、少し、ちょっと
11) あたま
13) からだ全体に毛がはえていて4本の足で歩く動物

- ● タテのカギ
  1) 前と同じように、いつものとおり
  2) よい
  3) 一方が高く、もう一方がひくくかたむいている道
  4) 木・竹などで作り、これを手に持って歩くときの助けにするもの
  6) 吸って中のほうまで入れる
  8) 女の子、年がわかい、まだ結婚していない女の人
  12) 自分のほうにきた物を手に取る
  14) 屋号などを染め抜いて店頭にたらす布など

[答え]
가로키　 1)
　　　　 5)
　　　　 7)
　　　　 9)
　　　　10)
　　　　11)
　　　　13)
세로키
　　　　 1)
　　　　 2)
　　　　 3)
　　　　 4)
　　　　 6)
　　　　 8)
　　　　12)

14)

A	B	C	D	E	F	G	H	I	J

2. A)~D)に入る最も適当なものを下の例から選び、書きなさい。(2점)

A：ねえ、ねえ、今日映画見に行かない。
B：ごめん。今日はちょっと。
　　3時に打ち合わせがあるんだよ。(　　A　　)5時には新宿で約束があるし。
A：ひさしぶりに一緒に行こうとしたのに。
B：邦子さんと行ったら。(　　B　　)尚子さんと行く？
A：いやなの。邦子はおしゃべりだし(　　C　　)二人ともけちじゃ。
B：そうなの。ぼくはそうは思わないけど。
A：(　　D　　)、あんたが一緒に行けば。

<例>　・それから　・それとも　・それなら
　　　・それこそ　・それに

［答え］
　　(A)
　　(B)
　　(C)
　　(D)

3. 次の問いに答えなさい。(총 4점)

3-1. (　　)の中に入る最も適当な言葉を選び、その記号を書きなさい。(1점)

 (1) 銭湯は夜10時(ⓐまで ⓑまでに)ですが、
 (2) 9時(ⓐまで ⓑまでに)入らなければなりません。
 (3) 君が寝ている(ⓐあいだ ⓑあいだに)地震が3回もあったよ。

[答え]
 (1)
 (2)
 (3)

3-2. 下線部「れ」の文法的意味を下の例ⓐ～ⓓから選び、その記号を書きなさい。(1점)

 (1) この絵はあの方がかか<u>れ</u>ました。
 (2) この子は、父に死な<u>れ</u>て、学校へも行けなくなりました。
 (3) まだ若いのに気の毒に思わ<u>れ</u>てならない。

| <例> | ⓐ 可能 | ⓑ 自発 | ⓒ 受身 | ⓓ 尊敬 |

[答え]
 (1)
 (2)
 (3)

3-3. 下の会話の場面を考えた上で、下線部A～Dの間違った敬語表現を書き直しなさい。(2점)

金　　　：「金ですが、先生A)いますか。」 先生の妻：「ええ、B)待っていました。どうぞ、お入りください。」 金　　　：「失礼致します。仙台へC)行ってきましたので、これお菓子、少しばかりですが。 　　　　　D)食べていただこうと思いまして……。」 先生の妻：「それはありがとうございます。さっそく今晩いただきます。」

[答え]
　A)
　B)
　C)
　D)

4. 次の問いに答えなさい。(총 6점)

4-1. (　)に接頭語「お・ご」を付けなさい。ただし、両方とも付けにくいのは(×)にしなさい。(2점)

　　1) (　)料理　　2) (　)学校　　3) (　)希望
　　4) (　)味噌　　5) (　)ゆっくり

[答え]
　　1)　　　2)　　　3)　　　4)　　　5)

4-2. 次の下線部のところをひらがなで書きなさい。(2점)

　　　1) 커피 <u>4잔</u>　　　2) 자동차 <u>2대</u>　　　3) 소 <u>1마리</u>
　　　4) 비둘기 <u>3마리</u>　5) 볼펜 <u>3자루</u>

[答え]
　　　1)　　　2)　　　3)　　　4)　　　5)

4-3. 下線部の品詞名を書きなさい。ただし、学校文法として認められている10品詞の中で答えなさい。(답은 한글 또는 漢字로 쓸 것)(2점)

　　　1) 彼女は<u>また</u>ふられたね。　2) あの男は<u>おかしな</u>人だわ。
　　　3) <u>うん</u>、私も行くよ。　　　4) 雨は降ら<u>ない</u>だろう。
　　　5) さっぱり<u>きれい</u>になった。

[答え]
　　　1)　　　2)　　　3)　　　4)　　　5)

5. 次の下線部A～Eのカタカナを漢字に書きなおしなさい。(2점)

> 　極めて残念なことであるが、学校において、いまだに児童生徒への体罰が跡を絶たない。文部省の調査においても平成9年度に体罰ではないかとして問題とされ、学校において調査した事件は989件に上っている。
> 　体罰については、学校教育法により厳にA)<u>キンシ</u>されているものであるが、もとより体罰による懲戒は、児童生徒のB)<u>ジンケン</u>の尊重という観点からも許されるものではない。また、教師と児童生徒とのC)<u>シンライ</u>関係を損なう原因ともなり、教育的なD)<u>コウ</u>

> カも期待されないと考えられる。
> 　文部省では、従来から、各種通知や各種会議等を通じて体罰の根絶について指導を行ってきたが、今後ともその E)テッテイを図っていくこととしている。

[答え]
　　A)
　　B)
　　C)
　　D)
　　E)

6. 次の問いに答えなさい。(총 4점)

6-1. 1)~4)の意味に当てはまるものを選び、その記号を書きなさい。(2점)

　　1) 一点に集中しない　　　2) 雨が静かに降る
　　3) 油気なくて、ざらざらする　4) 勢いよく伸びる

> 〈例〉　ⓐ しとしとと　　ⓑ ぼんやりと　　ⓒ がさがさ
> 　　　ⓓ もぐもぐと　　ⓔ すくすくと

[答え]
　　1)　　　　2)　　　　3)　　　　4)

6-2. 1)~5)の意味に当てはまるものを選び、その記号を書きなさい。

(2점)

1) 口をすべらす　2) 腰がひくい　3) ほらを吹く
4) 歯がたたない　5) 帯に短かし、たすきに長し

(例)

ⓐ お世辞がうまい	ⓑ 相手が強すぎる
ⓒ 中途半端である	ⓓ つい言ってしまう
ⓔ 大体程度が分かっている	ⓕ 謙虚な態度を示す
ⓖ おおげさなでたらめを言う	

[答え]
　　1)　　　2)　　　3)　　　4)　　　5)

7. 次のA~Cに入る最も適当なものを選び、書きなさい。(2점)

　一定の年齢以上の人が口にする言葉に、「近ごろの若い者はものを知らない」というのがあります。私もそう思っています。しかし、だからといって「近ごろの若い者は知るべきことを知らない」と思っているわけではありません。（　A　）、「近ごろの若い者はものを知らない」というのは、「高齢者が知っていることを知らない」ということに過ぎないからです。（　B　）、「若者が知っていることを高齢者は知らない」という意味では、「近ごろの高齢者はものを知らない」とも言えるのです。（　C　）、若者と高齢者とでは、知っていることが違うというだけのことなのです。

(例)

・それで　・なぜなら　・要するに　・たとえば　・逆に

[答え] A)　　　　　　B)　　　　　　C)

8. 次の問いに答えなさい。(총 4점)

8-1. 同音異意語(ミニマルペア)になっている語の中で1拍(mora)目が高く発音される語をⓐ~ⓗから選び、その記号を書きなさい。(2점)

　　ⓐ ハシ(橋)　ⓒ アサ(朝)　ⓔ キル(切る)　ⓖ カウ(買う)
　　ⓑ ハシ(箸)　ⓓ アサ(麻)　ⓕ キル(着る)　ⓗ カウ(飼う)

[答え]

8-2. 次の単語の音節数と拍(mora)数を書きなさい。

1) センセイ(先生)	(　　音節、　　拍)
2) イッタイ(一体)	(　　音節、　　拍)

[答え]
　　1)
　　2)

8-3. 元々はアイ[ai]、オイ[oi]、アエ[ae]の発音が東京方言でエー[eː]に発音される現象(例えば「いたい」が「イテー」になること)を何というのか、書きなさい。(1점)

[答え]

9. 次の文章を読み、あとの問いに答えなさい。(총 5점)

> ルース・ベネディクトの『菊と刀』は、もうA)押しも押されもせぬ古典である。それを疑うものは誰もいないだろう。アメリカでのことは知らないが、日本におけるこの古典の売れ行きは群を抜いていた。古典となることとベストセラーになることはかならずしも重ならないが、ただ、私の手元にある長谷川松治氏の日本語訳(教養文庫版)はすでに百刷を超えている。もっとも古典のなかには、ときにそれを取り巻く賞賛の声とはうらはらに、どこかいかがわしさの影を引きずっているものがないではない。だから、いつしか辛口の批評のB)槍玉にあげられることにもなる。ひょっとすると『菊と刀』の出来栄えが鮮やかだっただけに、それにたいする論難の調子もつい熱を帯びたということだったのかもしれない。歴史の無視、資料操作の恣意的偏向、「罪の文化」(西欧)と(　　　　)(日本)というあまりにもナイーブにすぎる二元論…、挙げていけばきりもない。おまけにベネディクトは一度も来日したことがなかった。日本と日本人をじかに体験していなかった。そのいわば文化研究のルール違反が、必要以上の反発を招いたのであったのかもしれない。むろん、反発や論難は日本の国内から発せられただけではなかった。やがて当のアメリカからもC)火の手が上がりはじめる。

9-1. 例文の(　　)の中に入る言葉を、漢字またはひらがなで書きなさい。(1점)

[答え]

9-2. 下線部 A), B), C)の部分を韓国語に訳しなさい。(2점)

[答え] A)

　　　B)

　　　C)

9-3. ルース・ベネディクトの『菊と刀』とともに戦後、日本人の書いた日本論の中では、土居健郎と中根千枝の書いた日本論が一番よく知られている。二人の書いた日本論の一番代表的な書名を一つずつ漢字またはひらがなで書きなさい。(2점)

[答え]

10. 次の文章を読み、あとの問いに答えなさい。(총 5점)

> 　現在、世界のどの民族においても、自らの社会の歴史を通史の教科書として叙述しようとするとき、国際的視野をもって自らの社会や文化の歩みへの理解を深め、世界に開かれた自己の社会の現在と将来に、自主的な指針をA)示唆できるよう努力することは、B)立場や視点を超えた共通の課題となってきている。ところで、この三・四年の間に論壇に積極的に登場するようになった「自由主義史観」論者は、一様に戦後、とりわけ一九九〇年代に入ってからの中学義務教育の歴史の教科書が、上の理解やC)指針を全面否定する「自虐史観」で貫かれていると、批判・糾弾している。「自虐史観」とは、同論者の定義を俟つまでもなく、必要以上に自らを責め苛め、他者のいいなりに媚び諂う悪者として描き上げる史観であるから、現行の中学の日本史教科書、すなわち『歴史』のほとんどが、この「自虐史観」で日本の歴史を叙述しているのだとすれば、

> たんに史実でないというのみならず、国民的歴史D)認識の形成という観点からも、不問に付すわけにはゆかない。

10-1.　下線部A)〜D)の漢字の読み方をひらがなで書きなさい。
　　　（2점）

[答え] A)
　　　 B)
　　　 C)
　　　 D)

10-2.　최근, 일본 우익세력이 연계된 역사 교과서 왜곡 움직임 중에서도, 「自由主義史観研究会」를 조직한 藤岡信勝는 이 문제가 일본의 중학교 역사 교과서에 실리는 것을 '노예범죄에는 위안소 같은 것이 들어있지 않다'고 반대하였고, 2000년 12월 8일부터 12일까지 일본 東京에서 개최된 '일본군 성노예 전국 국제법정'에서도 중요한 안건이었던 이 문제는 무엇인지 그 답을 한글 또는 漢字로 쓰시오. (1점)

[答え]

10-3.　일본의 역사 교과서 왜곡사건과 함께, 한일 양국간의 「古代史論争」은 항상 중요한 쟁점으로 인식되어져 왔다. 예를 들어 「任那日本府説」도 그 중의 하나이다. 한일 간의 「古代史論争」 중에서 고대유물이나 유적으로 인해 논쟁이 되고 있는 것 2개를 漢字 또는 한글로 쓰시오. (2점)

[答え]

11. 次のA~Dに入るものを漢字またはひらがなで書きなさい。(2점)

> 1) 日本の国旗は日章旗または(　　A　　)といわれている。
> 2) 日本の国歌として歌われてきた(　　B　　)の歌詞は古今和歌集に収録されている和歌であるが、作者は不明である。
> 3) 日本では昔から桜が国を代表する花と考えられている。また、皇室の紋章が(　　C　　)であるため、これも日本を代表する花とされている。
> 4) 神話や昔話にしばしば登場する(　　D　　)が1947年日本鳥学会で国鳥に指定された。

[答え] A)
　　　 B)
　　　 C)
　　　 D)

12. 次は日本歴史の流れである。A~Dに入るものを漢字またはひらがなで書き入れなさい。(2점)

> 弥生時代 - 古墳時代 - (　A　) - 奈良時代 - (　B　) - 鎌倉時代 - 南北朝時代 - (　C　) - 戦国時代 - 安土桃山時代 - 江戸時代 - 明治時代 - (　D　) - 昭和時代

[答え]

A	B	C	D

13. 次の文章を読み、あとの問いに答えなさい。(총 2점)

> 『今昔物語集』は、<u>天竺</u>、<u>震旦</u>、<u>本朝</u>の三部を立て、更に仏法部と世俗部を区分するなど、細部まで整然とした組織によって、一千余の説話を集める。殊に、武士・庶民・盗賊等の貴族の目に隠されていた世界を描き出した功績は高く評価され、漢字仮名交じりの簡潔な独特の文体は、(　　　　　)等の和漢混交文を準備するものである。

13-1. 下線部はそれぞれその国を指す言葉である。その国名を順番どおりに漢字またはひらがなで書きなさい。(1점)

[答え]

13-2. 例文の(　)に入る作品は、軍記物語の一つで、「祇園精舎の鐘の声、諸行無常の響きあり。」という文から始まる。この作品名を漢字またはひらがなで書きなさい。(1점)

[答え]

14. 次の文章を読み、あとの問いに答えなさい。(총 4점)

> A) 海暮れて鴨の声ほのかに白し (野ざらし紀行)
>   　荒海や佐渡に横たふ天の河 (奥の細道)

> B) 時に一人の祖母涙をこぼし「ただ今のありがたいことを承りまして、さてもさてもわが心底の恥づかしう
> ございます。今夜のこと、信心にて参りましたではござらぬ。」(『世間胸算用』)

14-1.　例文A)からも味わえるように、芭蕉の文学理念で、「閑寂枯淡の境地、自然と一体化した内面の情調」を指す言葉を漢字またはひらがなで書きなさい。(1점)

[答え]

14-2.　例文B)の作家は、大阪の町人出身で、近世散文を代表する浮世草子を創始し、それを代表する人である。作家名を漢字またはひらがなで書きなさい。(1점)

[答え]

14-3.　例文B)の作家の書いた「町人物」の中で、例文以外の一番代表的な作品名を一つ漢字またはひらがなで書きなさい。(1점)

[答え]

14-4.　例文B)のような浮世草子には、「共同社会を営む他人に対して果たさなければならない道徳理念」と「人間の封建社会から拘束されない自然の心情」との矛盾と葛藤が文学理念として取り上げられている。この文学理念を指す言葉を漢字またはひらがなで書きなさい。(1점)

[答え]

15. 次の例文は日本の近・現代小説の代表的作品である。よく読み、あとの問いに答えなさい。(총 9점)

A) こんな夢を見た。
　腕組をして枕元に坐っていると、仰向に寝た女が、静かな声でもう死にますという。
　女は長い髪を枕に敷いて、輪廓の柔らかな瓜実顔をその中に横たえている。「夢十夜」

B) 私は、その男の写真を三葉、見たことがある。
　一葉は、その男の、幼年時代、とでも言うべきであろうか、十歳前後かと推定される頃の写真であって、「人間失格」

C) それはまだ人々が「愚か」という貴い徳を　持っていて、世の中が今のように激しく軋み合わない時分であった。「刺青」

D) 堀川の大殿様のような方は、これまでは固より、後の世には恐らく二人とはいらっしゃいますまい。噂に聞きますと、あの方の御誕生になる前には、大威徳明王の御姿が御母君の夢枕にお立ちになったとか申すことでございますが、「地獄変」

E) 山登りの連れというのは大阪の会社員達で、大社詣での帰途、此山に寄った連中だった。謙作は二三時間昼寝で睡気の方はよかったが、昼飯に食った鯛にあたったらしく、「暗夜行路」

F) 張述伊が没したのは、日本の長い戦争がもう十ヶ月もすると終りを告げる冬のある日のことだった。
　その日のことを僕は鮮明に憶えている。もう九ツになっていたからである。「砧をうつ女」

G) 死者たちは、濃褐色の液に浸って、腕を絡みあい、頭を押しつけあって、ぎっしり浮かび、また半ば沈みかかっている。「死者の奢り」

> H) 国境の長いトンネルを抜けると雪国であった。夜の底が白くなった。信号所に汽車が止まった。「雪国」

15-1. 例文の作家の中で、耽美派や白樺派の作家の名前を一人ずつ漢字またはひらがなで順番どおり書きなさい。(2점)

[答え]

15-2. 例文Cの作品を書いた作家の代表的長編小説の作品名を漢字またはひらがなで書きなさい。(1점)

[答え]

15-3. 例文の作家の中で、自殺した三人の作家の名前を漢字またはひらがなで書きなさい。(2점)

[答え]

15-4. 例文Hの作家の書いた作品の中で、1926年『文芸時代』に連載し、「旅芸人と行をともにするなかでの哀歓を美しく描いた青春小説」の作品名を漢字またはひらがなで書きなさい。(1점)

[答え]

15-5. 例文Fは在日韓国人作家としては、はじめて芥川賞を受賞した作品である。Fの作家名とともに芥川賞を受賞した、在日

僑胞出身の三人の作家の名前を(合わせて四人)漢字または韓国語で書きなさい。(2점)

［答え］

15-6　例文Gの作家がノーベル文学賞の受賞式で行った講演の題目を漢字またはひらがなで書きなさい。(1점)

［答え］

16. 다음 질문에 답하시오. (총 4점)

16-1. 일본어 音調중에서, 악센트·인터네이션과 함께 음성교육상 중요한 위치를 차지하고 있는「프로미넨스(プロミネンス)」에 대하여 설명하시오. (한글로 답할 것、50字 내외) (2점)

［答え］

16-2. 일본어 음성교육의 현장에서 50음도의 「ア行」과「カ行」을 지도할 경우, 특히 주의해야 할 점을 쓰시오.(각각 50字 내외의 한글로 답할 것) (2점)

［答え］

17. 다음 물음에 답하시오. (총 4점)

17-1. 「思う」와「考える」의 意味上 주된 차이점을 예를 들

어 설명하시오.(한글로 답할 것, 100字 내외) (2점)

[答え]

17-2. A)～C)の「ようだ」の文法上の用法をそれぞれ漢字または韓国語で書きなさい。(2점)
　　A) 彼はまるで白痴の<u>ようだ</u>。
　　B) 君の<u>ような</u>のを怠け者というのだ。
　　C) とても助からない<u>ようだ</u>。

[答え]

18. 다음 글을 읽고 물음에 답하시오. (3점)

> 일본어 문법에서 文語와 口語를 비교하면, 文의 구조, 품사의 종류, 작용 등의 문법상 기본적인 것은 비슷하나,「用言의 活用이 다르다」라는 등의 차이가 있다. 이 외의 주된 차이점을 3가지 더 쓰시오.

[答え]

19. 다음 글을 읽고 물음에 답하시오. (3점)

> 고등학교 7차 일본어 교육과정 <u>일본어 I</u>에서, 우선적으로 이수하기를 권장하는 <u>의사소통 기능 항목</u>은 크게 나누어 다섯 가지로 분류된다. 그 다섯 가지 항목을 기술하시오.(하위 개념의 항목은 쓰지 말 것)

[答え]

2000학년도 일본어 임용고사 기출문제

1. 次の文章を読んで、あとの問いに答えなさい。(총 6점)

1-1. (①, ②)の中に「この、その、あの」のうち、適当なものを入れなさい。(2점)

> A：鈴木先生が今度学会で発表なさった論文、もう読みましたか。
> B：ええ、ゆうべ一気に読み上げました。
> A：(　①　)結論どう思いましたか。
> B：そうですね。今図書館から借りてきた(　②　)本の結論とは大分違いますね。

[答え]

1-2. (①, ②)の中に『しかし、そうすると、そこで、ただし、そして』のうち、適当なものを入れなさい。(2점)

> 　大金持ちになった杜子春はすぐ立派な家を買って、玄宗皇帝にも負けないくらいぜいたくな暮らしをしはじめました。(　①　)、いくら大金持ちでもお金には際限がありますから、さすがのぜいたくやの杜子春も一年、二年とたつうちにはだんだん貧乏になりだしました。そうすると人間は薄情なものできのうまでは毎日来ていた友達も、きょうは門の前を通ってさえ、挨拶ひとつしていきません。
> 　(　②　)とうとう三年目の春、また杜子春が以前のとおり、一

> 　文なしになってみると、広い洛陽の都の中にも、彼に宿を貸そうという家は一軒もなくなってしまいました。いや、宿を貸すどころか、いまでは碗に一杯の水も恵んでくれるものはないのです。
> 　そこで彼はある日の夕方、もう一度あの洛陽の西の門の下に行って、ぼんやり空を眺めながら、途方にくれて立っていました。
> 　　＜芥川竜之介『杜子春』＞

[答え]

1-3. (①, ②)に最も適切な言葉を漢字または平仮名で書き入れなさい。(2점)

> 　拝啓　　当社の製品「電子伝言板」について詳しく知りたいというお問い合わせに対し、お答えいたします。当社の「電子伝言板」はお宅の電話をできる限り有効に利用して(　①　)ために開発された伝言電話ツールです。あなたがメッセージを伝えられたい相手の方がお留守の時でも、「電子伝言板」を使われると、あなたのメッセージは当社のコンピュータに保存され、コンピュータからメッセージが相手の方に自動的に伝えられます。伝言を希望する時刻の設定など、伝言のために必要と思われる機能も全て備えており、それらが極めて簡単に使えるように工夫されております。さらに一対一の伝言以外にも、複数の相手や不特定のメンバーへの伝言も可能です。また、相手の方も「電子伝言板」をお持ちであれば、あなたからのメッセージを聞きたい時に聞くことができます。…(　②　)

[答え]

2. 次の文の下線部(①, ②)を「目上の人」に言う表現にしなさい。(총 4점)

2-1. 風邪で頭痛が①しますので、②休みます。(2점)

[答え]

2-2. 都合の①いい日を②言ってください。(2점)

[答え]

3. 次の文章を読んで、あとの問いに答えなさい。(총 7점)

　科学技術の進歩がそのまま人間の幸福を増大する、と考える人はいまやごく少数だ。だが科学研究自体は真理の探究として保護されるべきで、問題はその利用方法にあると考える人は多いように思う。そんな考えを支えているのは純粋で①無垢な科学者というイメージではないだろうか。
　本書では、職業としての科学者と学会という名の科学者共同体の誕生に始まり、技術と密接に結び付くことで、科学がほかの学問とは比較にならないほど大きな社会的影響力をもつに至った経緯が語られる。そこからさらに、(a)自らの影響力に目をつぶり、学会内部だけに目を向けて研究する科学者の現状とその現状に潜む危険が、エピソードを交えて浮き彫りにされる。
　学会内での高い評価を求めて熾烈な競争に熱中する科学者の姿を、「ブレーキのない車」と著者は呼ぶ。科学技術の及ぼす影響を考

えれば、全人類がその車に同乗していると考えるべきだろう。それでも科学抜きの社会に戻れない以上、この危険な車を制御するすべを探るしかない。

　核エネルギーや遺伝子の発見が及ぼす影響を考えて社会に対する責任を訴える科学者は、科学者間の倫理基準では、自由な研究を②<u>阻害</u>する者と見なされるという。そこには、真理探究に名を借りた、科学者の無責任さが如実に現れている。他方その無責任さを容認し、いわば科学に隷属しつつ貪欲に利用してきた社会の対応も問題だ。

　無責任な科学者とそれを利用する社会という構図の問題点は、環境問題に凝縮されていると著者は言う。そこで環境問題への対処がその構図の転換につながるという立場から、(b)<u>著者の提案</u>が示される。　　　　　<『現代』　1995年2月号　講談社>

3-1. 下線部①と②の読み方をカタカナで書きなさい。(2점)

[答え]

3-2. 下線部(a)の意味を韓国語に訳しなさい。(2점)

[答え]

3-3. 下線部(b)は具体的にどのような提案になるだろうと思われますか。韓国語で書きなさい。(3줄 이내) (3점)

[答え]

4. 次の文章を読んで、あとの問いに答えなさい。(총 6점)

(A) ただ、突然やってくる災害と違って、(a)ゴサドウが発生するタイミングは特定されている。大事なのは、最後まで気を抜かずに手を打ち続けることである。
　　企業や(b)ギョウセイは時間が許す限り、あきらめずに対応をやり切る。とりわけ、対策の遅れが指摘される医療機関や、中小企業、地方自治体にこの点を強く求めたい。併せて、万一の事態に備えた危機管理計画を整備し、連絡体制や人の配置など、周到な打ち合わせも欠かせない。

(B) 2000年問題の予行演習となったカーナビゲーションのトラブル問題を思い起こしたい。鳴り物入りで行われた事前の注意喚起にもかかわらず、当日はメーカーに問い合わせの電話が殺到した。幸い深刻な事故はなかったが、情報周知の難しさや、無関心の壁の厚さを示した。
　　対応は着実に進んでいる。だからといってすべての分野で終わったことを確認するのは不可能だ。プログラム対応を済ませても、手落ちが残ることもある。この機会を狙って、システムに悪質な仕掛けが組み込まれる恐れを指摘する専門家もいる。先進国では着々と対応が進むが、十分に (c)손이 미치지 않는 途上国もある。

(C) 重要なのは、消費者や関係者が適切な対応を取りやすくする積極的な情報提供と、行き届いた相談に力を入れることだ。年末ぎりぎりになって、懸念される事態が新たに判明した場合でも、情報開示に二の足を踏むことだけは避けたい。
　　相手がソフトウェアーという目に見えない存在だけに、個人にはたしかにとっつきにくい。「対策は企業やギョウセイの責任」という受け身の思いも、個人の関心を薄める要因になっている。しかし、災害や事故に対するのと同様、自ら積極的に関心をもって万一に備えるという姿勢は社会生活の基本でもある。

(D) コンピューターが西暦年号を読み違え<u>ゴサドウ</u>を引き起こす2000年問題で、政府が初めて国民に11項目の具体的な留意点を呼び掛けた。

　2000年まであと2カ月。企業や<u>ギョウセイ</u>の取り組みは最終段階を迎え、かつてのような過剰な不安感は和らぎつつある。だが、完全に安心とは決して言い切れないところに、この問題の難しさがある。政府の呼び掛けは、行き過ぎた不安は無用だが、侮ってはならないというメッセージと受け止めるべきだろう。

4-1. 下線部(a)と(b)のカタカナを漢字に書き改めなさい。(2점)

[答え]

4-2. 下線部(c)の韓国語を日本語に書き改めなさい。(2점)

[答え]

4-3. 上の (A)~(D)は順序が違っています。正しい順序に直しなさい。(2점)

[答え]

5. 次の文章を読んで、あとの問いに答えなさい。(총 4점)

　明治37年から38年にかけて行われた日露戦争によって、日本国民の視野は世界的に拡がり、西洋近代精神の特色である個人主義的な自我意識と現実感は、従来の半封建的な因習や道徳を揺り動かし、また、資本主義も、その地歩を固めるにつれて、その内にひそむ矛

盾は、日本国民の前に露呈され、深刻な現実問題として取り上げられるに至った。こうした社会情勢を背景として登場した新しい文芸思潮は後の日本近代文学の展開に長くその影響を及ぼした

5-1. 上記の文の中に出ている新しい文芸思潮の名を<u>漢字で書き</u>、島崎藤村と田山花袋の作品としてこの新しい文芸思潮の成立と関わっている<u>作品名を一つだけ選んで</u>漢字または平仮名で書きなさい。(2점)

［答え］

5-2. この新しい思潮の暴露的な傾向に反発して官能の美を追求する耽美派が登場するが、当時そのいずれにも属さないで、独自で倫理的、理知的な作品を発表して次の時代の理想主義、理知主義の人々に深い影響を与えた二人の作家がいる。<u>二人の名前</u>を漢字または平仮名で書きなさい。(2)

［答え］

6. 次にあげた四つの作品名を参考にして、あとの問いに答えなさい。(총 4점)

A. 須磨には、いとど心づくしの秋風に、海はすこし遠けれど、行平の中納言の関吹き越ゆると言ひけむ浦波、夜々はげにいと近く聞こえて、またなくあはれなるものは、かかる所の秋なりけり。＜源氏物語＞ B. 夏は夜。月のころはさらなり。闇もなほ、蛍のおほく飛びちが

> いたる。　＜枕草子＞
> C. なほものはかなきを思へば、あるかなきかの心ちする、かげろふの日記といふべし。　＜蜻蛉日記＞
> D. あづまぢの道のはてよりも、なほ奥つかたにおひ出でたる人、いかばかりかはあやしかりけむを、いかに思ひはじめけることにか、…　＜更級日記＞

6-1. 上記の四つの作品はすべてが平安時代に書かれたものという共通点を持っているが、四人の作者が持っているもう一つの共通点を指摘し、『源氏物語』の作者の名前を漢字または平仮名で書きなさい。(2点)

［答え］

6-2. 四人の作者が持っている共通点に留意しながら、そのような人々の文学活動を可能にした背景を韓国語で書きなさい。(3줄 이내) (2点)

［答え］

7. 次の文章を読んで、あとの問いに答えなさい。(총 4점)

7-1. 下記の①と②に当たる年中行事の名称を日本語で書きなさい。(2点)

> 先祖の魂が戻って①七月にある星のお祭りです。紙に願いごとを書いて、笹に飾ります。
> ②8月13日から15日まで全国で行われる。これは古い伝統のある仏教の行事で、この日、というので花や食べ物を供えて祭る。

[答え]

7-2. 江戸時代初期に生まれ、江戸時代に完成した古典演劇です。女優を使わず、おやまと称する男優が女性の役割をつとめます。この演劇の名を日本語で書きなさい。(2점)

[答え]

8. 다음 글을 읽고 물음에 답하시오. (총 4점)

8-1. 최근 우리나라는 일본 대중문화를 적극적으로 이해하고 수용하기 위한 가시적인 조치의 하나로 1998년 10월 20일 '문화의 날'을 맞아 일본 대중문화에 대한 제한적인 개방을 하게 되었다. 아직 모든 분야에서 개방이 이루진 것은 아니지만 영상 분야 등이 일차적으로 개방되었다. 이에 따라 수 편의 일본 영화가 일반 극장에서 상영된 바 있다. 개방 조치 이후 우리나라의 일반 극장에서 상영되었거나 상영되고 있는 영화의 제목을 일본어로 2개만 쓰시오. (2점)

[答え]

8-2. 우리나라의 행정 구역은 특별시, 광역시, 도 단위의 광역 자치단체와 시, 군, 구의 기초 자치단체로 나누어진다. 일본은 「1都, 1道, 2府, 43県」의 광역 자치단체와 「市, 町, 村」의 기초 자치단체로 되어 있다. 「1都, 1道, 2府」는 각각 어디를 가리키는지 그 이름을 한자로 쓰시오. (2점)

[答え]

9. 다음 물음에 대해 답하시오. (총 6점)

9-1. 다음 문장 속에 쓰인 밑줄 친 「た」는 각각 서로 다른 의미 용법으로 쓰이고 있다. ①, ②, ③에 해당하는 같은 의미의 용법을 (a)~(f) 중에서 두 개씩 골라 쓰시오. (3점)

① 机の上に飾っ<u>た</u>花がとても美しい。
② あっ、汽車が来<u>た</u>。
③ 今朝は五時に起き<u>た</u>。

(a) 見つけ<u>た</u>時には届け出なさい。
(b) 心配していたことがついにやってきた。
(c) よく似<u>た</u>兄弟だ。
(d) ぼくも東京へ行ってき<u>た</u>ことがある。
(e) 彼が来た時はたしか十二時だっ<u>た</u>。
(f) 南側に面し<u>た</u>部屋は暖かい。

[答え] ①
②
③

9-2. 다음 (a)와 (b)의 문장에서 밑줄 친 「を」의 의미와 용법 차이를 「よむ」와 「とおる」의 동사의 성격과 관련지어 설명하시오. (3줄 이내) (3점)

(a) 本をよむ。

(b) 道をとおる。

[答え]

10. 한국어는 평음(平音 : ㄱ·ㄷ·ㅂ·ㅈ), 경음(硬音 : ㄲ·ㄸ·ㅃ·ㅉ), 기음(気音 : ㅊ·ㅋ·ㅌ·ㅍ)의 세 가지로 말의 뜻이 구별되는 언어이지만, 일본어는 영어처럼 무성음과 유성음이라는 두 가지로 말의 뜻이 구별되는 언어이다. 따라서 일본어의 음성 교육에서 가장 중요한 것은 무성음과 유성음을 구분하여 발음하는 일이다. 예를 들면「だいがく」[daigaku]는 '大学'이지만「たいがく」[taigaku]는 '退学'으로써 서로 전혀 다른 뜻이 된다. 일본어의 오십음도(五十音図)에 나타나는 46개의 음절 중에서 무성자음이 포함되는 음절을 행(行)으로 구분하여 쓰시오. (5줄 이내) (5점)

[答え]

11. 다음의 밑줄 친 부분은 크게 두 가지 의미로 나눌 수 있다. 두 가지 의미를 쓰고, 그 용법에 따라 (a)~(f)를 나누어 쓰시오. (4점)

(a) さじがなかったので、食べにくかったそうです。
(b) なんだか元気が出そうな曲ですね。
(c) 日本の秋はきれいそうなので、いつか行きたいと思います。
(d) ミンホさんは一人で行ってみたいそうです。
(e) 韓国語の先生は親切でやさしそうな女の先生です。
(f) 上手になるには練習しかいい方法がなさそうです。

[答え]

12. 커뮤니케이티브 어프로치(Communicative Approach)는 1970년대부터 학습자에게 언어를 지식이 아닌 사용 장면과 결부된 실제 사용 능력으로 가르치고자 하는 외국어 교수법이다. 이러한 커뮤니케이티브 어프로치 교수법을 일본어 교수-학습 현장에 적용하고자 할 때 사용할 수 있는 방법 중에서 다섯 가지를 쓰시오. (5줄 이내) (5점)

[答え]

13. 현재 고등학교 학생들에게 적용되고 있는 제 6차 교육과정의 가장 두드러진 특징은 학생의 자율 학습을 중시한 점과 정확성보다 유창성을 중시한 점이라고 할 수 있다. 고등학교 제 7차 교육과정은 제 6차 교육과정의 기본 정신을 계승·강화하여 2002학년도부터 시행하게 된다. 제 7차 일본어과 교육과정은 제 6차의 경우와 비교해 보면 특히 내용체제, 어휘, 교수학습 방법, 평가 방법 등에서 많은 변화를 보이고 있다. 이 중 어휘와 평가 방법 면에서 어떤 변화가 있는지 기술하시오. (6줄 이내) (총 6점)

13-1. 어휘 (4점)

[答え]

13-2. 평가 방법 (2점)

[答え]

14. 1997학년도부터 초·중등학교에 교육 정보화 기반이 구축되면서 멀티미디어 매체를 일본어 교수-학습에도 활용하고 있다. 멀티미디어 매체는 질 높은 음향과 영상 그리고 방대한 자료를 저장할 수 있다는 일반적인 장점을 가지고 있으므로 다른 교과에 비해 외국어 교과인 일본어 교육에서도 보다 효과적으로 활용할 수 있을 것이다. 이러한 <u>멀티미디어 매체를 일본어 교육 현장에 적용했을 때의 장점</u>을 기술하시오. (5줄 이내) (5점)

[答え]

 **[자료3] 일본어 학습에 대한 조사표**

기관 명 :
기입 년 월 일:

이 조사표71)는 당신의 흥미·관심 및 일본어 학습의 목적 등에 대해서 자세하게 파악하여 일본어 교육을 가르치는 자료로 이용하기 위함입니다. 다른 목적으로 사용하는 일은 없기 때문에, 반드시 마지막까지 정확하게 답해 주시길 부탁드립니다. 답변은 표로 되어 있는 곳은 표에, 그 외엔 우측의 답란에 기입해 주세요. 기입을 다른 사람이 도와주어도 상관이 없습니다. 상급생은 스스로 답해 주세요.

성 명			연 령		남 녀	기혼·미혼
국 적		모국어			종 교	
직업·학교명						
				전 공		
현재 사용하고 있는 교과서					입문	초급
					중급	상급

---

71) 이 조사표는 니즈 분석을 위한 것으로 조사표에 실을 항목은 각각의 기관에 가장 적합한 선택할 필요가 있다. 니즈 분석을 위한 조사표를 작성하는데 참고가 되는 것으로 일본어 교육학회 코스 디자인 연구회가 작성한 조사표가 많은 참고가 되리라 생각하여 한국어로 번역하여 제시하고자 한다. 니즈에 대한 조사표를 작성할 때 이 조사표를 참고로 각각의 학습 환경에 맞는 조사표를 만들면 좋을 것이다.

Ⅰ. 지금까지 사용해 온 언어에 대해서

1. 현재까지의 거주지와 사용 언어에 대해서 다음과 같이 아래의 표에 기입해 주세요.

연령	거주지	집에서 사용한 언어	학교·직장에서의 언어
0~8	일본(동경)	영 어	일본어
8~19	영국(런던)	영 어	영 어
19~20	페루(리마)	영 어	스페인어

2. 지금까지 학습한 적이 있는 언어에 대해서 예와 같이 기입해 주세요. 또, 그 중에서 실제로 회화에 사용되는 것에 체크해 주세요.

[예]

연 령	학습한 언어	연 령	학습한 언어
12~19	프랑스어		
24~25	중국어		

Ⅱ. 來日 経験에 대해서

1. 이번을 포함에서 모두 몇 번 일본에 왔습니까?
2. 지난번까지의 체재 기간은 모두해서 어느 정도 됩니까?
3. 이번 일본에 온 주된 목적은 무엇입니까?
   아래에서 하나만 선택해 주세요.
   (e. 기타를 선택한 사람은 구체적으로 목적을 써 주세요.)
   　　a. 일　　b. 공부　　c. 여행　　d. 가족의 일
   　　e. 기타(　　　　　　　　　　　　　　　)
4. 이번 일본 방문에 대해 묻겠습니다.
   (1) 언제 일본에 왔습니까?
   (2) 언제까지 일본에 있을 예정입니까?

1.	2.	3.	4.(1)	4. (2)
번	년　개월			

Ⅲ. 현재까지의 일본어 학습에 대해서

1. 지금까지 어떻게 일본어를 학습해 왔었습니까?
   예와 같이 아래 표에 써 주세요.
   (1) 기간 : 언제부터 언제까지 배웠습니까?
   (2) 장소
   　ⅰ) 어느 나라의 어느 도시에서 배웠습니까?
   　ⅱ) 어떤 기관에서 배웠습니까?
   　　　a. 중학교　　　b. 고교　　　c. 대학
   　　　d. 어학 학교　e. 개인 교수　f. 기타(　)
   (3) 교수 방법, 형태
   　ⅰ) 어떠한 형태로 배웠습니까?

    a. 선생님과 1:1로 배웠다.
    b. 수업을 통해 배웠다.
    c. 자기 혼자서 공부했다.
  ⅱ) 선생님은?
    a. 일본인 b. 자국인 c. 일본인과 자국인
    d. 기타( )
  ⅲ) 선생님은 어떤 언어를 사용해서 가르쳤습니까?
  ⅳ) 어떤 교재를 사용했었습니까?
    a. 프린트 b. 교과서 c. 텔레비전 d. 라디오
    e. Tape recorder f. L. L. g. 비디오 h. 기타
  ⅴ) 어떤 교과서를 사용했습니까?
 (4) 주 몇 번, 몇 시간 배웠습니까?

1.(1)	1975년3월~1977년5월		
1.(2) ⅰ)	독 일		
	케 룬		
1.(2) ⅱ)	d		
1.(3) ⅰ)	b		
1.(3) ⅱ)	b		
1.(3) ⅲ)	독일어		
1.(3) ⅳ)	b.e.f.g.		
1.(3) ⅴ)	Basic Japanese		
1.(4)	주2회		
	2시간		

2. 해당되는 곳에 체크해 주세요.
 (1) 히라가나는 어느 정도 읽을 수 있습니까?

a. 전부 읽을 수 있다.
b. 조금 읽을 수 있다.
c. 전혀 읽을 수 없다.
(2) 히라가나는 어느 정도 쓸 수 있습니까?
a. 전부 쓸 수 있다.
b. 조금 쓸 수 있다.
c. 전혀 읽지 못한다.
(3) 가타카나는 어느 정도 읽을 수 있습니까?
a. 전부 읽을 수 있다.
b. 조금 읽을 수 있다.
c. 전혀 읽지 못한다.
(4) 가타카나는 어느 정도 쓸 수 있습니까?
a. 전부 쓸 수 있다.
b. 조금 쓸 수 있다.
c. 전혀 쓰지 못한다.
(5) 한자는 어느 정도 읽을 수 있습니까?
a. 신문에 나오는 한자는 대개 읽을 수 있다.
b. 신문에 나오는 한자는 절반 정도 읽을 수 있다.
c. 쉬운 한자는 읽을 수 있다.
d. 전혀 못 읽는다.
(6) 한자는 어느 정도 쓸 수 있습니까?
a. 상당히 쓸 수 있다.
b. 조금 쓸 수 있다.
c. 전혀 못 쓴다.

(1)	(2)	(3)	(4)	(5)	(6)
a b c	a b c	a b c	a b c	a b c d	a b c

Ⅳ. 이 학교에서의 일본어 학습에 대해서

1. 이 학교에서 「읽기」「쓰기」「듣기」「말하기」 4개의 기능 중에, 어떤 것을 중심으로 공부하고 싶습니까?
   희망하는 순서대로, 1·2·3·4의 번호를 붙여주세요.

읽 기	쓰 기	듣 기	말하기

2. 하루 몇 시간 정도 예습·복습을 할 수 있습니까?
   아래 표에 체크를 해 주세요.
   (1) 월요일~금요일
      a. 0~1시간   b. 1~2시간   c. 2시간 이상
   (2) 토요일~ 일요일
      a. 할 수 있다.(약   시간)
      b. 할 수 없다.

2. (1)	2. (2)
a b c	a b

3. 일본어 공부의 예습·복습을 위해, 어떠한 것을 사용할 수 있습니까?
   아래 답란에, 사용할 수 있는 것을 모두 기입해 주세요.
      a. 라디오   b. 텔레비전
      c. Tape recorder   d. 비디오
      e. 사전(사전 이름   )

3	

4. 다음 중에서, 당신이 할 수 있는 것을 A 란에 체크해 주세요. 또한, 자신에게 필요해서 공부하고 싶은 것을 B 란에 체크해 주세요.
   1) 인사를 한다.
   2) 시간을 묻는다.
   3) 간단한 질문을 한다.
   4) 가는 길을 물어서 목적지까지 간다.
   5) 백화점에서 물건을 산다.
   6) 레스토랑에서 주문을 한다.
   7) 전화로 응답을 한다.
   8) 호텔 예약을 하고, 여행을 한다.
   9) 은행·우체국에서 응답을 한다.
   10) 구청·시청에서 응답을 한다.
   11) 혼자서 병원에 간다.
   12) 전차·버스를 갈아탈 수 있다.
   13) 수도·화장실 등의 수리를 부탁한다.
   14) 역이나 전차 안에서의 방송을 알아들을 수 있다.
   15) 텔레비전에서 일기 예보를 알아들을 수 있다.
   16) 직장에서 일본어를 사용하여 대화를 한다.
   17) 가까운 사람과 친하게 지낸다.
   18) 파티에 참가한다.
   19) 거리의 표시를 읽는다.
   20) 아파트를 찾고, 계약·이사를 한다.
   21) 일본 요리를 배운다.
   22) 출입국·비자 연장 등에 관한 이야기를 한다.

23) 다른 사람에게 부탁을 한다.
24) 다른 사람을 방문한다.
25) 인사를 한다.
26) 남을 설득한다./ 권유를 거절한다.
27) 일본, 혹은 자기 나라에 대해 이야기한다.
28) 경어를 써서 이야기한다.
29) 곤란한 때에 도움을 청한다.
　　(도둑을 당하거나, 물건을 분실했을 때 등)
30) 도서관에서 책을 찾는다.
31) 병문안을 간다.
32) 일을 찾는다.
33) 텔레비전・라디오에서 뉴스를 듣는다.
34) 자기 전공의 강의・세미나를 듣는다.
35) 회사에서 회의・협의 사항을 듣는다.
36) 회사에서 회의・협의 사항에 대해서 발언한다.
37) 강연을 한다.
38) 일반적인 내용의 강의를 듣는다.
39) 일반적인 내용의 강의를 한다.
40) 신문・잡지를 읽는다.
41) 편지를 읽는다.
42) 편지를 쓴다.
43) 일반적인 내용의 책을 읽는다.
44) 교과서・전문 서적을 읽는다.
45) 도서관에서 자료를 조사한다.
47) 텔레비전에서 드라마・영화를 본다.

48) 연구 논문·리포트를 읽는다.
49) 연구 논문·리포트를 쓴다.
50) 토론을 한다.
51) 간단한 통역을 할 수 있다.
52) 관공서·학교에서 취급하는 서류를 읽는다/ 쓴다.
53) 회사에서의 자료·서류·보고를 읽는다/ 쓴다.
54) 사용할 수 있는 언어의 양을 늘린다.
55) 한자·숙어를 몸에 익힌다.
56) 자연스런 발음·억양으로 이야기한다.
56. 기타(   )

	1	2	3	4	5	6	7	8	9	10	11	12	13	14	15	16	17	18	19	20	21	22	23	24	25	26	27	28	29
A																													
B																													
	30	31	32	33	34	35	36	37	38	39	40	41	42	43	44	45	46	47	48	49	50	51	52	53	54	55	56	57	
A																													
B																													

5. 이상에 표시한 B란 중에서 당신에게 특히 필요한 것을 5가지 골라서 아래 칸에 기입해 주세요.

5					

6. 무엇을 위해 일본어를 공부하고 있습니까? 중요한 순서대로 3가지 골라 보세요.
    a. 일상생활에서 필요하므로
    b. 연수나 연구에 필요하므로

c. 일에 필요하므로

d. 일자리를 얻기 위해서

e. 일본어를 좋아하기 때문에

f. 신문을 읽고 싶어서

g. TV・라디오를 시청하고 싶어서

h. 문화・경제 등 일본에 대해 알고 싶어서

i. 대학원에 들어가고 싶어서

j. 4년제 대학에 들어가고 싶어서

k. 단기대학에 들어가고 싶어서

l. 전문학교에 들어가고 싶어서

m. 그 밖의 학교에 들어가고 싶어서 (   )

n. 기 타 (   )

6.			7.(1)
1	2	3	

7. i. j. k. l. m.을 선택한 학생에게 질문합니다.

  (1) 일본어 학습이 끝나면 무엇을 공부할 예정입니까?

      a. 사회학   b. 경제학   c. 인문학

      d. 일본문화   e. 일본어   f. 의학

      g. 공학   h. 이학   i. 농학

      j. 수산학   k. 기타(   )

  (2) 어떤 기초 과목 학습이 필요합니까? 1주일간 시간 수도 써 주세요.

      a. 영어   b. 화학   c. 물리

부록

d. 세계사   e. 수학   f. 기타(   )

과목	a	b	c	d	e	f
시간수	( )시간	( )시간	( )시간	( )시간	( )시간	( )시간

8. b. c. d.를 선택한 학생에게 질문합니다.

   (1) 어떤 일, 연구, 연수를 하고 있습니까 (할 예정입니까)?

      a. 농업, 수산업　　　b. 광업
      c. 건축, 토목　　　　d. 제조업
      e. 상업　　　　　　　f. 금융
      g. 운수　　　　　　　h. 보도, 출판
      i. 의학, 의료　　　　j. 전기, 가스, 원자력
      k. 통신　l. 법률　　　m. 공업 디자인
      n. 패션　　　　　　　o. 교사
      p. 컴퓨터 (소프트)　　q. 기타 (   )

   (2) 일본어는 당신의 일에
      a. 필요합니다.
      b. 필요하지 않습니다.

   (3) 「a. 일에 필요합니다」라고 대답한 사람에게 질문합니다.
      당신이 일본어를 필요로 하는 때는 언제입니까?
      필요한 순서대로 5가지를 써 주세요.
      a. 일에 대한 이야기를 할 때
      b. 전화로 대답할 때

     c. 접대할 때

     d. 편지·서류를 읽을 때

     e. 회의할 때

     f. 편지·서류 등을 쓸 때

     g. 기타 (　　　　　　　　　　)

  (4) 무엇 때문에 필요합니까?

     a. 승진을 위해

     b. 고객을 늘리기 위해

     c. 일의 기회를 늘리기 위해

     d. 직장 동료와 이야기하기 위해

     e. 기타 (　　　　　　　　　　)

8(1)	8. (2)	8. (3)					8. (4)
		1	2	3	4	5	

9. 어느 정도 일본어를 공부할 예정입니까?

    a. 3개월   b. 6개월   c. 1년

    d. 1년 반   e. 2년   f. 2년 이상

9	

Ⅴ. 일본인과 이야기할 기회에 대해서

1. 일본인과 이야기할 기회는 어느 정도 있습니까? 기호로 답해 주세요.

    a. 자주 한다.

    b. 가끔 한다.
    c. 거의 하지 않는다.

2. 가족 또는 같이 살고 있는 사람과 일본어로 이야기합니까?
    a. 매일 한다.
    b. 가끔 한다.
    c. 거의 말하지 않는다.

3. 가족 또는 같이 살고 있는 사람 이외에 어떠한 사람과 일본어로 이야기합니까?
    알맞은 것을 골라 주세요.
    a. 학교 선생님   b. 회사 상사
    c. 회사 동료   d. 친구
    e. 이웃   f. 관공서·은행 등의 직원
    g. 수금원   h. 의사
    i. 점원   j. 고객
    k. 기타 (   )

1	2	3

Ⅵ. 취미와 흥미에 대해서

1. 신문·잡지·책
    (1) 신문·잡지를 일본어로 읽고 있습니까?
        a. 자주 읽는다.
        b. 가끔 읽는다.(신문·잡지 명)

c. 읽지 않는다.

| (1) | |

(2) 일본어 책을 읽고 있습니까?
　　　a. 자주 읽는다.
　　　b. 가끔 읽는다.
　　　c. 읽지 않는다.
　　　(a, b로 답한 경우는 다음 중 어디에 해당합니까?)
　　　　ㄱ. 일·연구를 위해 읽는다.
　　　　ㄴ. 일과 관계없이 읽는다.

| (2) | | |

(3) 신문·잡지·책에서 자주 읽는 기사 (일본어 이외에도) 분야를, 자주 읽는 순서대로 3가지 써 주세요.
　　　a. 정치　　　b. 경제　　　c. 국제문제
　　　d. 사회　　　e. 문화　　　f. 스포츠
　　　g. 음악　　　h. 교육　　　i. 과학기술
　　　j. 연극　　　k. 영화　　　l. 미술
　　　m. 오락　　　n. 종교　　　o. 기타(　　　)

(3)		

(4) 신문·잡지에서 최근 읽은 것 중에서 인상에 남는 기사는(일본어 이외에도) 어떤 것이 있습니까?

| (4) | |

(5) ⅰ) 최근 어떤 책을 읽었습니까?
　　ⅱ) 어떤 언어로 읽었습니까?

| | i) |
| (5) | ii) |

(6) 최근, 어떤 영화를 보았습니까?

| 6 | |

2. TV・라디오

   (1) TV를 자주 봅니까?

       a. 자주 본다.   b. 가끔 본다.   c. 보지 않는다.

   (2) 라디오를 듣습니까?

       a. 자주 듣는다.   b. 가끔 듣는다. c. 듣지 않는다.

(1)	(2)

   (3) TV・라디오에서 자주 보는/ 자주 듣는 프로그램 (일본어 이외에도)자주 보는/자주 듣는 순서대로 3가지 써 주세요.

       a. 뉴스   b. 다큐멘터리   c. 드라마
       d. 토크 쇼・버라이어티쇼   e. 음악
       f. 퀴즈   g. 스포츠   h. 요리
       i. 시대극   j. 방송대학   k. 어학 강좌
       l. 기타 (   )

(3)		

   (4) 항상 보는 프로그램이 있으면 프로그램을 써 주세요.

| (4) | |

3. 다음 중에서 당신의 취미와 흥미가 있는 것을 골라 주세요. (5개까지)

1) 테니스   2) 하이킹
3) 볼링   4) 스키
5) 골프   6) 스모
7) 유도   8) 가라테
9) 수영   10) 야구
11) 에어로빅 12). 축구
13) 태극권   14) 조깅
15) 댄스   16) 사이클
17) 수예   18) 독서
19) 음악   20) 회화·판화
21) 사진   22) 영화
23) 도예   24) 문학
25) 역사   26) 여행
27) 요리   28) 화도(華道)
29) 다도(茶道) 30) 서도(書道)
31) 종이접기 32) 가부키
33) 노   34) 마츠리
35) 기타 (   )

Ⅶ. 기 타

1. (1) 일본 국내의 일본어 교육 현장에 만족합니까?
       a. 예   b. 아니오
   (2) 어떤 점이 불만입니까?
   아래 칸에 체크해 주세요.

a.	강좌 비용이 비싸다
b.	코스 종류와 수가 적다
c.	교사가 부족하다
d.	교과서가 좋지 않다
e.	설비(L. L. Tape recorder)가 불만족스럽다
f.	기타 ( )

2. 이 조사표에 대답할 때 누군가에게 도움을 받았습니까?
       a. 예   b. 아니오

도와주셔서 대단히 감사합니다.

日本語 教育學의 理解

초판 1쇄 인쇄일	2005년 8월22일
초판 1쇄 발행일	2005년 8월29일
지은이	禹 燦 三
펴낸이	박 영 희
표 지	최 은 영
편 집	조 백 선
펴낸곳	도서출판 어문학사
	132-891 서울특별시 도봉구 쌍문동 525-13
전 화	(02) 998-0094 / 팩스 / (02) 998-2268
홈페이지	www.amhbook.com
e-mail	am@amhbook.com
URL	어문학사
출판등록	2004년 4월 6일 제7-276호

인지는
저자와의
합의하에
생략함

ISBN 89-91222-47-1   13730

정가 : **17,000원**

• 잘못된 책은 교환해드립니다.